⟙尺丹几乙ㄥ丹⟙と
Translated Language Learning

The Adventures of Pinocchio

Pinokyo'nun Maceraları

Carlo Collodi

English / Türkçe

Copyright © 2024 Tranzlaty
All rights reserved
Published by Tranzlaty
ISBN: 978-1-83566-710-1
Le Avventure di Pinocchio. Storia di un Burattino
Original text by Carlo Callodi
First published in Italianin 1883
Illustrated By Alice Carsey
www.tranzlaty.com

The Piece of Wood that Laughed and Cried like a Child
Bir Çocuk Gibi Gülen ve Ağlayan Odun Parçası

Centuries ago there lived...
Yüzyıllar önce orada yaşadı...
"A king!" my little readers will say immediately
"Bir kral!" diyecek küçük okuyucularım hemen,
No, children, you are mistaken
Hayır çocuklar, yanılıyorsunuz
Once upon a time there was a piece of wood
Bir zamanlar bir tahta parçası varmış
the wood was in the shop of an old carpenter
Odun yaşlı bir marangozun dükkanındaydı
this old carpenter was named Master Antonio
bu yaşlı marangoza Usta Antonio adı verildi
Everybody, however, called him Master. Cherry
Ancak herkes ona Usta diyordu. Kiraz
they called him Master. Cherry on account of his nose
Ona Usta dediler. Burnu yüzünden kiraz
his nose was always as red and polished as a ripe cherry
Burnu her zaman olgun bir kiraz kadar kırmızı ve cilalıydı
Master Cherry set eyes upon the piece of wood
Kiraz Usta gözlerini tahta parçasına dikti
his face beamed with delight when he saw the log
Kütüğü gördüğünde yüzü sevinçle parladı
he rubbed his hands together with satisfaction
Memnuniyetle ellerini ovuşturdu
and the kind master softly spoke to himself
Ve nazik usta yumuşak bir şekilde kendi kendine konuştu
"This wood has come to me at the right moment"
"Bu odun bana doğru zamanda geldi"
"I have been planning to make a new table"
"Yeni bir masa yapmayı planlıyorum"
"it is perfect for the leg of a little table"
"Küçük bir masanın ayağı için mükemmel"
He immediately went out to find a sharp axe
Hemen keskin bir balta bulmak için dışarı çıktı

he was going to remove the bark of the wood first
Önce ahşabın kabuğunu çıkaracaktı
and then he was going to remove any rough surface
Ve sonra herhangi bir pürüzlü yüzeyi kaldıracaktı
and he was just about to strike the wood with his axe
Ve tam baltasıyla tahtaya vurmak üzereydi
but just before he struck the wood he heard something
Ama tahtaya çarpmadan hemen önce bir şey duydu
"Do not strike me so hard!" a small voice implored
"Bana bu kadar sert vurma!" diye yalvardı küçük bir ses
He turned his terrified eyes all around the room
Dehşete düşmüş gözlerini odanın her yerine çevirdi
where could the little voice possibly have come from?
Bu küçük ses nereden gelmiş olabilir?
he looked everywhere, but he saw nobody!
Her yere baktı ama kimseyi görmedi!
He looked under the bench, but there was nobody
Bankın altına baktı ama kimse yoktu
he looked into a cupboard that was always shut
Her zaman kapalı olan bir dolaba baktı
but there was nobody inside the cupboard either
Ama dolabın içinde de kimse yoktu
he looked into a basket where he kept sawdust
Talaş tuttuğu bir sepete baktı
there was nobody in the basket of sawdust either
Talaş sepetinde de kimse yoktu
at last he even opened the door of the shop
Sonunda dükkanın kapısını bile açtı
and he glanced up and down the empty street
Ve boş sokağa bir aşağı bir yukarı baktı
But there was no one to be seen in the street either
Ama sokakta da görülecek kimse yoktu
"Who, then, could it be?" he asked himself
"O zaman kim olabilir?" diye sordu kendi kendine
at last he laughed and scratched his wig
Sonunda güldü ve peruğunu kaşıdı
"I see how it is," he said to himself, amused

"Nasıl olduğunu anlıyorum," dedi kendi kendine, eğlenerek
"evidently the little voice was all my imagination"
"Açıkçası küçük ses tamamen benim hayal gücümdü"
"Let us set to work again," he concluded
"Tekrar işe koyulalım," diye bitirdi
he picked up his axe again and set to work
Baltasını tekrar eline aldı ve işe koyuldu
he struck a tremendous blow to the piece of wood
Tahta parçasına muazzam bir darbe indirdi
"Oh! oh! you have hurt me!" cried the little voice
"Eyvah! aman! Beni incittin!" diye bağırdı küçük ses
it was exactly the same voice as it was before
Daha önce olduğu gibi tamamen aynı sesti
This time Master. Cherry was petrified
Bu sefer Usta. Kiraz taşlaşmıştı
His eyes popped out of his head with fright
Gözleri korkuyla kafasından fırladı
his mouth remained open and his tongue hung out
Ağzı açık kaldı ve dili dışarı sarktı
his tongue almost came to the end of his chin
Dili neredeyse çenesinin sonuna geliyordu
and he looked just like a face on a fountain
Ve tıpkı bir çeşmenin üzerindeki bir yüz gibi görünüyordu
Master. Cherry first had to recover from his fright
Efendi. Mum-fitili önce korkusundan kurtulmak zorunda kaldı
the use of his speech returned to him
Konuşmasının kullanımı ona geri döndü
and he began to talk in a stutter;
ve kekeleyerek konuşmaya başladı;
"where on earth could that little voice have come from?"
"Bu küçük ses dünyanın neresinden gelmiş olabilir?"
"could it be that this piece of wood has learned to cry?"
"Bu tahta parçası ağlamayı öğrenmiş olabilir mi?"
"I cannot believe it," he said to himself
"İnanamıyorum," dedi kendi kendine
"This piece of wood is nothing but a log for fuel"

"Bu odun parçası yakıt kütüğünden başka bir şey değil"
"it is just like all the logs of wood I have"
"Tıpkı sahip olduğum tüm odun kütükleri gibi"
"it would only just suffice to boil a saucepan of beans"
"Sadece bir tencere fasulye kaynatmak yeterli olur"
"Can anyone be hidden inside this piece of wood?"
"Bu tahta parçasının içine gizlenmiş biri olabilir mi?"
"If anyone is inside, so much the worse for him"
"İçeride biri varsa, onun için çok daha kötü"
"I will finish him at once," he threatened the wood
"Onu hemen bitireceğim," diye tahtayı tehdit etti
he seized the poor piece of wood and beat it
Zavallı tahta parçasını yakaladı ve dövdü
he mercilessly hit it against the walls of the room
Acımasızca odanın duvarlarına vurdu
Then he stopped to see if he could hear the little voice
Sonra küçük sesi duyup duymadığını görmek için durdu
He waited two minutes, nothing. Five minutes, nothing
İki dakika bekledi, hiçbir şey yapmadı. Beş dakika, hiçbir şey
he waited another ten minutes, still nothing!
On dakika daha bekledi, hala bir şey yok!
"I see how it is," he then said to himself
"Nasıl olduğunu anlıyorum," dedi kendi kendine
he forced himself to laugh and pushed up his wig
Kendini gülmeye zorladı ve peruğunu yukarı itti
"evidently the little voice was all my imagination!"
"Belli ki bu küçük ses tamamen benim hayal gücümdü!"
"Let us set to work again," he decided, nervously
"Tekrar işe koyulalım," diye karar verdi gergin bir şekilde
next he started to polish the bit of wood
Sonra tahta parçasını cilalamaya başladı
but while polishing he heard the same little voice
Ama cilalarken aynı küçük sesi duydu
this time the little voice was laughing uncontrollably
Bu sefer küçük ses kontrolsüz bir şekilde gülüyordu
"Stop! you are tickling me all over!" it said
"Durun! Her tarafımı gıdıklıyorsun!" dedi

poor Master. Cherry fell down as if struck by lightning
zavallı Usta. Kiraz yıldırım çarpmış gibi yere düştü
sometime later he opened his eyes again
Bir süre sonra gözlerini tekrar açtı
he found himself seated on the floor of his workshop
Kendini atölyesinin zemininde otururken buldu
His face was very changed from before
Yüzü eskisinden çok değişmişti
and even the end of his nose had changed
Ve burnunun ucu bile değişmişti
his nose was not its usual bright crimson colour
Burnu her zamanki parlak kıpkırmızı renginde değildi
his nose had become icy blue from the fright
Burnu korkudan buz mavisi olmuştu

Master. Cherry Gives the Wood Away
Efendi. Kiraz ahşabı ele veriyor

At that moment someone knocked at the door
O sırada biri kapıyı çaldı
"Come in," said the carpenter to the visitor
"İçeri gel," dedi marangoz ziyaretçiye
he didn't have the strength to rise to his feet
Ayağa kalkacak gücü yoktu
A lively little old man walked into the shop
Hayat dolu, küçük yaşlı bir adam dükkana girdi
this lively little man was called Geppetto
bu canlı küçük adama Geppetto adı verildi
although there was another name he was known by
Bilindiği başka bir isim olmasına rağmen
there was a group of naughty neighbourhood boys
Bir grup yaramaz mahalle çocuğu vardı
when they wished to anger him they called him pudding
Onu kızdırmak istediklerinde ona puding derlerdi
there is a famous yellow pudding made from Indian corn
Hint mısırından yapılan ünlü bir sarı puding var

and Geppetto's wig looks just like this famous pudding
ve Geppetto'nun peruğu tıpkı bu ünlü pudinge benziyor
Geppetto was a very fiery little old man
Geppetto çok ateşli, küçük, yaşlı bir adamdı
Woe to him who called him pudding!
Ona puding diyenin vay haline!
when furious there was no holding him back
Öfkeli olduğunda onu tutan kimse yoktu
"Good-day, Master. Antonio," said Geppetto
"İyi günler Usta. Antonio," dedi Geppetto
"what are you doing there on the floor?"
"Orada yerde ne yapıyorsun?"
"I am teaching the alphabet to the ants"
"Karıncalara alfabeyi öğretiyorum"
"I can't imagine what good it does to you"
"Sana ne kadar iyi geldiğini hayal bile edemiyorum"
"What has brought you to me, neighbour Geppetto?"
"Seni bana getiren neydi, komşu Geppetto?"
"My legs have brought me here to you"
"Bacaklarım beni buraya, sana getirdi"
"But let me tell you the truth, Master. Antonio"
"Ama size gerçeği söyleyeyim, Usta. Antonio" ile ilgili Görüşlerine Dair T
"the real reason I came is to ask a favour of you"
"Asıl gelme sebebim senden bir iyilik istemek"
"Here I am, ready to serve you," replied the carpenter
"İşte buradayım, size hizmet etmeye hazırım," diye yanıtladı marangoz
and he got off the floor and onto his knees
Yerden kalkıp dizlerinin üzerine çöktü
"This morning an idea came into my head"
"Bu sabah aklıma bir fikir geldi"
"Let us hear the idea that you had"
"Sahip olduğunuz fikri duyalım"
"I thought I would make a beautiful wooden puppet"
"Çok güzel bir tahta kukla yapayım dedim"
"a puppet that could dance and fence"

"Dans edebilen ve çit çekebilen bir kukla"
"a puppet that can leap like an acrobat"
"Bir akrobat gibi sıçrayabilen bir kukla"
"With this puppet I could travel about the world!"
"Bu kukla ile dünyayı dolaşabilirim!"
"the puppet would let me earn a piece of bread"
"Kukla bana bir parça ekmek kazandıracaktı"
"and the puppet would let me earn a glass of wine"
"Ve kukla bir kadeh şarap kazanmama izin verirdi"
"What do you think of my idea, Antonio?"
"Benim fikrim hakkında ne düşünüyorsun, Antonio?"
"Bravo, pudding!" exclaimed the little voice
"Bravo, puding!" diye bağırdı küçük ses
it was impossible to know where the voice had came from
Sesin nereden geldiğini bilmek imkansızdı
Geppetto didn't like hearing himself called pudding
Geppetto, kendisine puding dendiğini duymaktan hoşlanmazdı
you can imagine he became as red as a turkey
Bir hindi kadar kırmızı olduğunu hayal edebilirsiniz
"Why do you insult me?" he asked his friend
"Bana neden hakaret ediyorsun?" diye sordu arkadaşı
"Who insults you?" his friend replied
"Sana kim hakaret ediyor?" diye cevap verdi arkadaşı
"You called me pudding!" Geppetto accused him
"Bana puding dedin!" Geppetto onu suçladı
"It was not I!" Antonio honestly said
"Ben değildim!" Antonio dürüstçe dedi ki
"Do you think I called myself pudding?"
"Kendime puding mi dediğimi sanıyorsun?"
"It was you, I say!", "No!", "Yes!", "No!"
"Sendin, diyorum!", "Hayır!", "Evet!", "Hayır!"
becoming more and more angry, they came to blows
Gittikçe daha fazla sinirlendiler, darbelere geldiler
they flew at each other and bit and fought and scratched
Birbirlerine uçtular, ısırdılar, savaştılar ve tırmaladılar
as quickly as it had started the fight was over again

Başladığı gibi kavga tekrar sona erdi
Geppetto had the carpenter's grey wig between his teeth
Geppetto'nun dişlerinin arasında marangozun gri peruğu vardı
and Master. Antonio had Geppetto's yellow wig
ve Usta. Antonio, Geppetto'nun sarı peruğuna sahipti
"Give me back my wig" screamed Master. Antonio
"Bana peruğumu geri ver" diye bağırdı Usta. Antonio
"and you give me back my wig" screamed Master. Cherry
"ve bana peruğumu geri ver," diye bağırdı Usta. Kiraz
"let us be friends again" they agreed
"Tekrar arkadaş olalım" diye anlaştılar
The two old men gave each other their wigs back
İki yaşlı adam birbirlerine peruklarını geri verdiler
and the old men shook each other's hands
Yaşlı adamlar birbirlerinin elini sıktılar
they swore that all had been forgiven
Her şeyin affedildiğine yemin ettiler
they would remain friends to the end of their lives
Hayatlarının sonuna kadar arkadaş kalacaklardı
"Well, then, neighbour Geppetto" said the carpenter
"Peki, o zaman, komşu Geppetto," dedi marangoz
he asked "what is the favour that you wish of me?"
"Benden dilediğin iyilik nedir?" diye sordu.
this would prove that peace was made
Bu, barışın yapıldığını kanıtlayacaktı
"I want a little wood to make my puppet"
"Kuklasımı yapmak için biraz odun istiyorum"
"will you give me some wood?"
"Bana biraz odun verir misin?"
Master. Antonio was delighted to get rid of the wood
Efendi. Antonio tahtadan kurtulduğu için çok mutluydu
he immediately went to his work bench
Hemen çalışma tezgahına gitti
and he brought back the piece of wood
Ve tahta parçasını geri getirdi
the piece of wood that had caused him so much fear

Onu bu kadar çok korkutan odun parçası
he was bringing the piece of wood to his friend
Odun parçasını arkadaşına getiriyordu
but then the piece of wood started to shake!
Ama sonra tahta parçası sallanmaya başladı!
the piece of wood wriggled violently out of his hands
Tahta parçası elinden şiddetle sıyrıldı
this piece of wood knew how to make trouble!
Bu tahta parçası nasıl sorun çıkaracağını biliyordu!
with all its might it struck against poor Geppetto
tüm gücüyle zavallı Geppetto'ya saldırdı
and it hit him right on his poor dried-up shins
Ve bu ona zavallı, kurumuş inciklerine çarptı
you can imagine the cry that Geppetto gave
Geppetto'nun attığı çığlığı hayal edebilirsiniz
"is that the courteous way you make your presents?"
"Hediyelerini böyle mi kibarca yapıyorsun?"
"You have almost lamed me, Master. Antonio!"
"Beni neredeyse dövüyordunuz, Usta. Antonio!"
"I swear to you that it was not I!"
"Yemin ederim ki ben değildim!"
"Do you think I did this to myself?"
"Bunu kendime mi yaptığımı sanıyorsun?"
"The wood is entirely to blame!"
"Odun tamamen suçlu!"
"I know that it was the wood"
"Odun olduğunu biliyorum"
"but it was you that hit my legs with it!"
"Ama onunla bacaklarıma vuran sendin!"
"I did not hit you with it!"
"Sana onunla vurmadım!"
"Liar!" exclaimed Geppetto
"Yalancı!" diye bağırdı Geppetto
"Geppetto, don't insult me or I will call you Pudding!"
"Geppetto, bana hakaret etme yoksa sana Puding derim!"
"Knave!", "Pudding!", "Donkey!"
"Knave!", "Puding!", "Eşek!"

"Pudding!", "Baboon!", "Pudding!"
"Puding!", "Babun!", "Puding!"
Geppetto was mad with rage all over again
Geppetto yine öfkeden deliye dönmüştü
he had been called been called pudding three times!
Üç kez puding olarak adlandırılmıştı!
he fell upon the carpenter and they fought desperately
Marangozun üzerine düştü ve umutsuzca savaştılar
this battle lasted just as long as the first
Bu savaş ilki kadar uzun sürdü
Master. Antonio had two more scratches on his nose
Efendi. Antonio'nun burnunda iki çizik daha vardı
his adversary had lost two buttons off his waistcoat
Rakibi yeleğinin iki düğmesini kaybetmişti
Their accounts being thus squared, they shook hands
Hesapları bu şekilde karelendikten sonra el sıkıştılar
and they swore to remain good friends for the rest of their lives
Ve hayatlarının geri kalanında iyi arkadaş kalacaklarına yemin ettiler
Geppetto carried off his fine piece of wood
Geppetto ince tahta parçasını alıp götürdü
he thanked Master. Antonio and limped back to his house
Üstad'a teşekkür etti. Antonio ve topallayarak evine geri döndü

Geppetto Names his Puppet Pinocchio
Geppetto Kuklasına Pinokyo Adını Verdi

Geppetto lived in a small ground-floor room
Geppetto, zemin katta küçük bir odada yaşıyordu
his room was only lighted from the staircase
Odası sadece merdivenlerden aydınlatılıyordu
The furniture could not have been simpler
Mobilya daha basit olamazdı
a rickety chair, a poor bed, and a broken table
Köhne bir sandalye, fakir bir yatak ve kırık bir masa
At the end of the room there was a fireplace
Odanın sonunda bir şömine vardı
but the fire was painted, and gave no fire
Ama ateş boyandı ve ateş vermedi
and by the painted fire was a painted saucepan
Ve boyalı ateşin yanında boyalı bir tencere vardı
and the painted saucepan was boiling cheerfully
Ve boyalı tencere neşeyle kaynıyordu
a cloud of smoke rose exactly like real smoke
Bir duman bulutu tıpkı gerçek duman gibi yükseldi
Geppetto reached home and took out his tools
Geppetto eve ulaştı ve aletlerini çıkardı
and he immediately set to work on the piece of wood

Ve hemen tahta parçası üzerinde çalışmaya başladı
he was going to cut out and model his puppet
Kuklasını kesip modelleyecekti
"What name shall I give him?" he said to himself
"Ona ne isim vereyim?" dedi kendi kendine
"I think I will call him Pinocchio"
"Sanırım ona Pinokyo diyeceğim"
"It is a name that will bring him luck"
"Ona şans getirecek bir isim"
"I once knew a whole family called Pinocchio"
"Bir zamanlar Pinokyo adında koca bir aile tanıyordum"
"There was Pinocchio the father and Pinocchio the mother"
"Baba Pinokyo ve anne Pinokyo vardı"
"and there were Pinocchio the children"
"ve çocuklar Pinokyo vardı"
"and all of them did well in life"
"Ve hepsi hayatta başarılı oldu"
"The richest of them was a beggar"
"En zengini bir dilenciydi"
he had found a good name for his puppet
Kuklası için iyi bir isim bulmuştu
so he began to work in good earnest
Bu yüzden iyi bir ciddiyetle çalışmaya başladı
he first made his hair, and then his forehead
Önce saçını, sonra alnını yaptı
and then he worked carefully on his eyes
Ve sonra gözleri üzerinde dikkatlice çalıştı
Geppetto thought he noticed the strangest thing
Geppetto en tuhaf şeyi fark ettiğini düşündü
he was sure he saw the eyes move!
Gözlerin hareket ettiğini gördüğünden emindi!
the eyes seemed to look fixedly at him
Gözler sabit bir şekilde ona bakıyor gibiydi
Geppetto got angry from being stared at
Geppetto kendisine bakıldığı için sinirlendi
the wooden eyes wouldn't let him out of their sight
Tahta gözler onu gözlerinin önünden ayırmazdı

"Wicked wooden eyes, why do you look at me?"
"Kötü tahta gözler, neden bana bakıyorsun?"
but the piece of wood made no answer
Ama tahta parçası cevap vermedi
He then proceeded to carve the nose
Daha sonra burnu oymaya başladı
but as soon as he had made the nose it began to grow
ama burnu yapar yapmaz büyümeye başladı
And the nose grew, and grew, and grew
Ve burun büyüdü, büyüdü ve büyüdü
in a few minutes it had become an immense nose
Birkaç dakika içinde kocaman bir burun haline gelmişti
it seemed as if it would never stop growing
Sanki büyümesi hiç durmayacakmış gibi görünüyordu
Poor Geppetto tired himself out with cutting it off
Zavallı Geppetto onu kesmekle kendini yordu
but the more he cut, the longer the nose grew!
Ama ne kadar çok keserse, burun o kadar uzadı!
The mouth was not even completed yet
Ağız henüz tamamlanmamıştı bile
but it already began to laugh and deride him
Ama zaten gülmeye ve onunla alay etmeye başladı
"Stop laughing!" said Geppetto, provoked
"Gülmeyi kes!" dedi Geppetto, kışkırtılmış bir şekilde
but he might as well have spoken to the wall
Ama duvarla da konuşabilirdi
"Stop laughing, I say!" he roared in a threatening tone
"Gülmeyi kes, diyorum!" diye tehditkar bir tonda kükredi
The mouth then ceased laughing
Ağız daha sonra gülmeyi bıraktı
but the face put out its tongue as far as it would go
ama yüz dilini gidebildiği kadar çıkardı
Geppetto did not want to spoil his handiwork
Geppetto el işçiliğini bozmak istemedi
so he pretended not to see, and continued his labours
Bu yüzden görmemiş gibi yaptı ve işlerine devam etti
After the mouth he fashioned the chin

Ağızdan sonra çeneyi şekillendirdi

then the throat and then the shoulders
sonra boğaz ve sonra omuzlar
then he carved the stomach and made the arms hands
Sonra mideyi oydu ve kolları el yaptı
now Geppetto worked on making hands for his puppet
şimdi Geppetto kuklası için eller yapmak için çalışıyordu
and in a moment he felt his wig snatched from his head
Ve bir anda peruğunun kafasından koptuğunu hissetti
He turned round, and what did he see?
Arkasını döndü ve ne gördü?
He saw his yellow wig in the puppet's hand
Kuklanın elinde sarı peruğunu gördü
"Pinocchio! Give me back my wig instantly!"
"Pinokyo! Bana hemen peruğumu geri ver!"
But Pinocchio did anything but return him his wig
Ama Pinokyo ona peruğunu geri vermekten başka bir şey yapmadı
Pinocchio put the wig on his own head instead!
Pinokyo onun yerine peruğu kendi kafasına taktı!
Geppetto didn't like this insolent and derisive behaviour
Geppetto bu ve alaycı davranıştan hoşlanmadı
he felt sadder and more melancholy than he had ever felt
Hiç hissetmediği kadar üzgün ve melankolik hissediyordu
turning to Pinocchio, he said "You young rascal!"

Pinokyo'ya dönerek, "Seni genç!" dedi.
"I have not even completed you yet"
"Seni henüz tamamlamadım bile"
"and you are already failing to respect to your father!"
"Ve sen zaten babana saygı göstermiyorsun!"
"That is bad, my boy, very bad!"
"Bu kötü, oğlum, çok kötü!"
And he dried a tear from his cheek
Ve yanağından bir gözyaşı sildi
The legs and the feet remained to be done
Bacaklar ve ayaklar yapılması gereken kaldı
but he soon regretted giving Pinocchio feet
ama kısa süre sonra Pinokyo'ya ayak verdiğine pişman oldu
as thanks he received a kick on the point of his nose
Teşekkür olarak burnunun ucuna bir tekme attı
"I deserve it!" he said to himself
"Bunu hak ediyorum!" dedi kendi kendine
"I should have thought of it sooner!"
"Bunu daha önce düşünmeliydim!"
"Now it is too late to do anything about it!"
"Artık bu konuda bir şey yapmak için çok geç!"
He then took the puppet under the arms
Daha sonra kuklayı kollarının altına aldı
and he placed him on the floor to teach him to walk
Ve ona yürümeyi öğretmek için onu yere yatırdı
Pinocchio's legs were stiff and he could not move
Pinokyo'nun bacakları sertti ve hareket edemiyordu
but Geppetto led him by the hand
ama Geppetto onu elinden tuttu
and he showed him how to put one foot before the other
Ve ona bir ayağını diğerinin önüne nasıl koyacağını gösterdi
eventually Pinocchio's legs became limber
sonunda Pinokyo'nun bacakları daha esnek hale geldi
and soon he began to walk by himself
Ve kısa süre sonra kendi başına yürümeye başladı
and he began to run about the room
Ve odanın etrafında koşmaya başladı

then he got out of the house door
Sonra evin kapısından çıktı
and he jumped into the street and escaped
Ve sokağa atladı ve kaçtı
poor Geppetto rushed after him
zavallı Geppetto onun peşinden koştu
of course he was not able to overtake him
Tabii ki onu geçemedi
because Pinocchio leaped in front of him like a hare
çünkü Pinokyo bir tavşan gibi önüne sıçradı
and he knocked his wooden feet against the pavement
Ve tahta ayaklarını kaldırıma vurdu
it made as much clatter as twenty pairs of peasants' clogs
Yirmi çift köylü takunyası kadar takırdama çıkardı
"Stop him! stop him!" shouted Geppetto
"Durdur onu! durdurun onu!" diye bağırdı Geppetto
but the people in the street stood still in astonishment
Ama sokaktaki insanlar şaşkınlık içinde hareketsiz kaldılar
they had never seen a wooden puppet running like a horse
Hiç at gibi koşan tahta bir kukla görmemişlerdi
and they laughed and laughed at Geppetto's misfortune
ve Geppetto'nun talihsizliğine güldüler ve güldüler
At last, as good luck would have it, a soldier arrived
Sonunda, şans eseri bir asker geldi
the soldier had heard the uproar
Asker kargaşayı duymuştu
he imagined that a colt had escaped from his master
Bir tayın efendisinden kaçtığını hayal etti
he planted himself in the middle of the road
Kendini yolun ortasına dikti
he waited with the determined purpose of stopping him
Onu durdurmak için kararlı bir şekilde bekledi
thus he would prevent the chance of worse disasters
Böylece daha kötü felaketlerin yaşanma ihtimalini önleyecekti
Pinocchio saw the soldier barricading the whole street
Pinokyo, askerin tüm caddeye barikat kurduğunu gördü
so he endeavoured to take him by surprise

Bu yüzden onu şaşırtmaya çalıştı
he planned to run between his legs
Bacaklarının arasından koşmayı planladı
but the soldier was too clever for Pinocchio
ama asker Pinokyo için fazla zekiydi
The soldier caught him cleverly by the nose
Asker onu zekice burnundan yakaladı
and he gave Pinocchio back to Geppetto
ve Pinokyo'yu Geppetto'ya geri verdi
Wishing to punish him, Geppetto intended to pull his ears
Onu cezalandırmak isteyen Geppetto, kulaklarını çekmeye niyetlendi
But he could not find Pinocchio's ears!
Ama Pinokyo'nun kulaklarını bulamadı!
And do you know the reason why?
Ve nedenini biliyor musun?
he had forgotten to make him any ears
Ona kulak yapmayı unutmuştu
so then he took him by the collar
Sonra onu yakasından tuttu
"We will go home at once," he threatened him
"Hemen eve gideceğiz," diye tehdit etti
"as soon as we arrive we will settle our accounts"
"Gelir gelmez hesaplarımızı kapatacağız"
At this information Pinocchio threw himself on the ground
Bu bilgi üzerine Pinokyo kendini yere attı
he refused to go another step
Bir adım daha atmayı reddetti
a crowd of inquisitive people began to assemble
Meraklı insanlardan oluşan bir kalabalık toplanmaya başladı
they made a ring around them
Etraflarına bir halka yaptılar
Some of them said one thing, some another
Bazıları bir şey söyledi, bazıları başka bir şey söyledi
"Poor puppet!" said several of the onlookers
"Zavallı kukla!" dedi izleyicilerden birkaçı
"he is right not to wish to return home!"

"Eve dönmek istememekte haklı!"
"Who knows how Geppetto will beat him!"
"Geppetto'nun onu nasıl yeneceğini kim bilebilir!"
"Geppetto seems a good man!"
"Geppetto iyi bir adam gibi görünüyor!"
"but with boys he is a regular tyrant!"
"Ama erkeklerle birlikte sıradan bir tiran!"
"don't leave that poor puppet in his hands"
"O zavallı kuklayı elinde bırakma"
"he is quite capable of tearing him to pieces!"
"Onu parçalara ayırma konusunda oldukça yetenekli!"
from what was said the soldier had to step in again
Söylenenlere göre asker tekrar devreye girmek zorunda kaldı
the soldier gave Pinocchio his freedom
asker Pinokyo'ya özgürlüğünü verdi
and the soldier led Geppetto to prison
ve asker Geppetto'yu hapse attı
The poor man was not ready to defend himself with words
Zavallı adam kendini kelimelerle savunmaya hazır değildi
he cried like a calf "Wretched boy!"
bir buzağı gibi bağırdı: "Zavallı çocuk!"
"to think how I laboured to make him a good puppet!"
"Onu iyi bir kukla yapmak için nasıl çaba sarf ettiğimi düşünmek!"
"But all I have done serves me right!"
"Ama yaptığım her şey bana doğru hizmet ediyor!"
"I should have thought of it sooner!"
"Bunu daha önce düşünmeliydim!"

The Talking Little Cricket Scolds Pinocchio
Konuşan Küçük Cırcır Böceği Pinokyo'yu Azarlıyor

poor Geppetto was being taken to prison
zavallı Geppetto hapse atılıyordu
all of this was not his fault, of course
Bütün bunlar elbette onun suçu değildi
he had not done anything wrong at all
Hiçbir şekilde yanlış bir şey yapmamıştı
and that little imp Pinocchio found himself free
ve o küçük imp Pinokyo kendini özgür buldu
he had escaped from the clutches of the soldier
Askerin pençelerinden kaçmıştı
and he ran off as fast as his legs could carry him
Ve bacaklarının onu taşıyabildiği kadar hızlı koştu
he wanted to reach home as quickly as possible
Mümkün olduğunca çabuk eve ulaşmak istiyordu
therefore he rushed across the fields
bu nedenle tarlalara koştu
in his mad hurry he jumped over thorny hedges
Çılgın telaşıyla dikenli çitlerin üzerinden atladı
and he jumped across ditches full of water
Ve su dolu hendeklerin üzerinden atladı
Arriving at the house, he found the door ajar
Eve vardığında kapıyı aralık buldu
He pushed it open, went in, and fastened the latch
Kapıyı iterek açtı, içeri girdi ve mandalı sıktı
he threw himself on the floor of his house
Kendini evinin zeminine attı
and he gave a great sigh of satisfaction
Ve büyük bir memnuniyetle iç çekti
But soon he heard someone in the room
Ama kısa süre sonra odada birinin sesini duydu
something was making a sound like "Cri-cri-cri!"
bir şey "Cri-cri-cri!" gibi bir ses çıkarıyordu.
"Who calls me?" said Pinocchio in a fright
"Beni kim çağırıyor?" dedi Pinokyo korkuyla

"It is I!" answered a voice
"Benim!" diye cevap verdi bir ses
Pinocchio turned round and saw a little cricket
Pinokyo arkasını döndü ve küçük bir cırcır böceği gördü
the cricket was crawling slowly up the wall
Cırcır böceği duvarda yavaşça sürünüyordu
"Tell me, little cricket, who may you be?"
"Söyle bana, küçük kriket, sen kim olabilirsin?"
"who I am is the talking cricket"
"Ben kimim, konuşan cırcır böceği"
"and I have lived in this room a hundred years or more"
"ve ben bu odada yüz yıl ya da daha fazla yaşadım"
"Now, however, this room is mine," said the puppet
"Ama şimdi bu oda benim," dedi kukla
"if you would do me the pleasure, go away at once"
"Bana zevk vermek istersen, hemen git"
"and when you're gone, please never come back"
"Ve gittiğinde, lütfen asla geri dönme"
"I will not go until I have told you a great truth"
"Size büyük bir gerçeği söylemeden gitmeyeceğim"
"Tell it me, then, and be quick about it"
"O zaman bana söyle ve hızlı ol"
"Woe to those boys who rebel against their parents"
"Anne babasına isyan eden çocukların vay haline"
"and woe to boys who run away from home"
"Ve evden kaçan çocukların vay haline"
"They will never come to any good in the world"
"Dünyada hiçbir hayır gelmeyecek"
"and sooner or later they will repent bitterly"
"Ve er ya da geç acı bir şekilde tövbe edecekler"
"Sing all you want you little cricket"
"İstediğin her şeyi söyle, seni küçük cırcır böceği"
"and feel free to sing as long as you please"
"Ve istediğiniz kadar şarkı söylemekten çekinmeyin"
"For me, I have made up my mind to run away"
"Benim için kaçmaya karar verdim"
"tomorrow at daybreak I will run away for good"

"Yarın şafak sökerken sonsuza dek kaçacağım"
"if I remain I shall not escape my fate"
"Kalırsam kaderimden kaçamayacağım"
"it is the same fate as all other boys"
"Diğer tüm çocuklarla aynı kaderi paylaşıyor"
"if I stay I shall be sent to school"
"Kalırsam okula gönderileceğim"
"and I shall be made to study by love or by force"
"ve ben sevgiyle ya da zorla çalışmaya zorlanacağım"
"I tell you in confidence, I have no wish to learn"
"Size güvenle söylüyorum, öğrenmek gibi bir isteğim yok"
"it is much more amusing to run after butterflies"
"Kelebeklerin peşinden koşmak çok daha eğlenceli"
"I prefer climbing trees with my time"
"Zamanımla ağaçlara tırmanmayı tercih ediyorum"
"and I like taking young birds out of their nests"
"ve genç kuşları yuvalarından çıkarmayı seviyorum"
"Poor little goose" interjected the talking cricket
"Zavallı küçük kaz" diye araya girdi konuşan cırcır böceği
"don't you know you will grow up a perfect donkey?"
"Büyüyünce mükemmel bir eşek olacağını bilmiyor musun?"
"and every one will make fun of you"
"Ve herkes seninle dalga geçecek"
Pinocchio was not pleased with what he heard
Pinokyo duyduklarından memnun değildi
"Hold your tongue, you wicked, ill-omened croaker!"
"Dilini tut, seni kötü, uğursuz şarlatan!"
But the little cricket was patient and philosophical
Ama küçük cırcır böceği sabırlı ve felsefiydi
he didn't become angry at this impertinence
Bu küstahlığa kızmadı
he continued in the same tone as he had before
Daha önce olduğu gibi aynı tonda devam etti
"perhaps you really do not wish to go to school"
"Belki de gerçekten okula gitmek istemiyorsunuzdur"
"so why not at least learn a trade?"
"Öyleyse neden en azından bir ticaret öğrenmiyorsunuz?"

"a job will enable you to earn a piece of bread!"
"Bir iş size bir parça ekmek kazandıracak!"
"What do you want me to tell you?" replied Pinocchio
"Sana ne söylememi istiyorsun?" diye yanıtladı Pinokyo
he was beginning to lose patience with the little cricket
Küçük cırcır böceğine karşı sabrını kaybetmeye başlamıştı
"there are many trades in the world I could do"
"Dünyada yapabileceğim birçok meslek var"
"but only one calling really takes my fancy"
"Ama sadece bir çağrı gerçekten hoşuma gidiyor"
"And what calling is it that takes your fancy?"
"Ve senin hoşuna giden hangi çağrı?"
"to eat, and to drink, and to sleep"
"yemek, içmek ve uyumak"
"I am called to amuse myself all day"
"Bütün gün kendimi eğlendirmek için çağrıldım"
"to lead a vagabond life from morning to night"
"Sabahtan akşama kadar bir hayat sürmek"
the talking little cricket had a reply for this
Konuşan küçük cırcır böceğinin bunun için bir cevabı vardı
"most who follow that trade end in hospital or prison"
"Bu mesleği takip edenlerin çoğu hastanede ya da cezaevinde sona eriyor"
"Take care, you wicked, ill-omened croaker"
"Kendine iyi bak, seni kötü, uğursuz şarlatan"
"Woe to you if I fly into a passion!"
"Bir tutkuya uçarsam vay halinize!"
"Poor Pinocchio I really pity you!"
"Zavallı Pinokyo, sana gerçekten acıyorum!"
"Why do you pity me?"
"Neden bana acıyorsun?"
"I pity you because you are a puppet"
"Sana acıyorum, çünkü sen bir kuklasın"
"and I pity you because you have a wooden head"
"ve sana acıyorum, çünkü tahta bir kafan var"
At these last words Pinocchio jumped up in a rage
Bu son sözler üzerine Pinokyo öfkeyle ayağa fırladı

he snatched a wooden hammer from the bench
Banktan tahta bir çekiç kaptı

and he threw the hammer at the talking cricket
Ve çekici konuşan cırcır böceğine fırlattı
Perhaps he never meant to hit him
Belki de ona asla vurmak istemedi
but unfortunately it struck him exactly on the head
Ama ne yazık ki tam olarak kafasına çarptı
the poor Cricket had scarcely breath to cry "Cri-cri-cri!"
zavallı Cırcır Böceğinin "Cri-cri-cri!" diye bağırmak için neredeyse nefesi yoktu.
he remained dried up and flattened against the wall
Kurumuş ve duvara yaslanmış halde kaldı

The Flying Egg
Uçan Yumurta

The night was quickly catching up with Pinocchio
Gece hızla Pinokyo'yu yakalıyordu
he remembered that he had eaten nothing all day
Bütün gün hiçbir şey yemediğini hatırladı
he began to feel a gnawing in his stomach
Midesinde bir kemirme hissetmeye başladı
the gnawing very much resembled appetite
kemirme iştahı çok andırıyordu
After a few minutes his appetite had become hunger
Birkaç dakika sonra iştahı açlığa dönüşmüştü
and in little time his hunger became ravenous
Ve kısa sürede açlığı şiddetlendi
Poor Pinocchio ran quickly to the fireplace
Zavallı Pinokyo hızla şömineye koştu
the fireplace where a saucepan was boiling
bir tencerenin kaynadığı şömine
he was going to take off the lid
Kapağı çıkaracaktı
then he could see what was in it
Sonra içinde ne olduğunu görebiliyordu
but the saucepan was only painted on the wall
Ancak tencere sadece duvara boyandı
You can imagine his feelings when he discovered this
Bunu keşfettiğinde hissettiklerini tahmin edebilirsiniz
His nose, which was already long, became even longer
Zaten uzun olan burnu daha da uzadı
it must have grown by at least three inches
En az üç inç büyümüş olmalı
He then began to run about the room
Daha sonra odanın içinde koşmaya başladı
he searched in the drawers and every imaginable place
Çekmecelerde ve akla gelebilecek her yerde aradı
he hoped to find a bit of bread or crust
Biraz ekmek ya da kabuk bulmayı umuyordu

perhaps he could find a bone left by a dog
Belki bir köpeğin bıraktığı bir kemik bulabilirdi
a little moldy pudding of Indian corn
Hint mısırının biraz küflü pudingi
somewhere someone might have left a fish bone
Bir yerlerde birisi bir balık kılçığı bırakmış olabilir
even a cherry stone would be enough
Bir kiraz taşı bile yeterli olacaktır
if only there was something that he could gnaw
Keşke kemirebileceği bir şey olsaydı
But he could find nothing to get his teeth into
Ama dişlerini geçirecek hiçbir şey bulamadı
And in the meanwhile his hunger grew and grew
Ve bu arada açlığı büyüdü ve büyüdü
Poor Pinocchio had no other relief than yawning
Zavallı Pinokyo'nun esnemekten başka bir çaresi yoktu
his yawns were so big his mouth almost reached his ears
Esnemeleri o kadar büyüktü ki ağzı neredeyse kulaklarına ulaşıyordu
and felt as if he were going to faint
ve bayılacakmış gibi hissetti
Then he began to cry desperately
Sonra umutsuzca ağlamaya başladı
"The talking little cricket was right"
"Konuşan küçük kriket haklıydı"
"I did wrong to rebel against my papa"
"Babama isyan etmekle yanlış yaptım"
"I should not have ran away from home"
"Evden kaçmamalıydım"
"If my papa were here I wouldn't be dying of yawning!"
"Babam burada olsaydı esnemekten ölmezdim!"
"Oh! what a dreadful illness hunger is!"
"Eyvah! Açlık ne korkunç bir hastalıktır!"
Just then he thought he saw something in the dust-heap
Tam o sırada toz yığınının içinde bir şey gördüğünü sandı
something round and white that looked like a hen's egg
tavuk yumurtasına benzeyen yuvarlak ve beyaz bir şey

he sprung up to his feet and seized hold of the egg
Ayağa fırladı ve yumurtayı yakaladı
It was indeed a hen's egg, as he thought
Düşündüğü gibi gerçekten de bir tavuk yumurtasıydı
Pinocchio's joy was beyond description
Pinokyo'nun sevinci tarif edilemezdi
he had to make sure that he wasn't just dreaming
Sadece rüya görmediğinden emin olmak zorundaydı
so he kept turning the egg over in his hands
Bu yüzden yumurtayı elinde çevirmeye devam etti
he felt and kissed the egg
Yumurtayı hissetti ve öptü
"And now, how shall I cook it?"
"Peki şimdi, onu nasıl pişireceğim?"
"Shall I make an omelet?"
"Omlet yapayım mı?"
"it would be better to cook it in a saucer!"
"Bir tabakta pişirmek daha iyi olurdu!"
"Or would it not be more savory to fry it?"
"Yoksa kızartmak daha lezzetli olmaz mıydı?"
"Or shall I simply boil the egg?"
"Yoksa sadece yumurtayı haşlayayım mı?"
"No, the quickest way is to cook it in a saucer"
"Hayır, en hızlı yol onu bir tabakta pişirmek"
"I am in such a hurry to eat it!"
"Onu yemek için çok acelem var!"
Without loss of time he got an earthenware saucer
Zaman kaybetmeden bir toprak tabağı aldı
he placed the saucer on a brazier full of red-hot embers
Tabağı kızgın közlerle dolu bir mangalın üzerine koydu
he didn't have any oil or butter to use
Kullanabileceği herhangi bir yağı ya da tereyağı yoktu
so he poured a little water into the saucer
Bu yüzden tabağa biraz su döktü
and when the water began to smoke, crack!
Ve su tütmeye başladığında, çatla!
he broke the egg-shell over the saucer

Tabağın üzerindeki yumurta kabuğunu kırdı
and he let the contents of the egg drop into the saucer
Ve yumurtanın içindekilerin tabağa düşmesine izin verdi
but the egg was not full of white and yolk
Ancak yumurta beyaz ve yumurta sarısı ile dolu değildi
instead, a little chicken popped out the egg
Bunun yerine, küçük bir tavuk yumurtayı dışarı attı

it was a very gay and polite little chicken
Çok eşcinsel ve kibar küçük bir tavuktu
the little chicken made a beautiful courtesy
Küçük tavuk güzel bir nezaket gösterdi
"A thousand thanks, Master. Pinocchio"
"Binlerce teşekkür, Usta. Pinokyo"
"you have saved me the trouble of breaking the shell"
"Beni kabuğu kırma zahmetinden kurtardın"

"Adieu, until we meet again" the chicken said
"Hoşça kalın, tekrar buluşuncaya kadar," dedi tavuk
"Keep well, and my best compliments to all at home!"
"Sağlıcakla kalın ve evdeki herkese en iyi iltifatlarımı sunuyorum!"
the little chicken spread its little wings
Küçük tavuk küçük kanatlarını açtı
and the little chicken darted through the open window
Ve küçük tavuk açık pencereden içeri fırladı
and then the little chicken flew out of sight
Ve sonra küçük tavuk gözden kayboldu
The poor puppet stood as if he had been bewitched
Zavallı kukla sanki büyülenmiş gibi duruyordu
his eyes were fixed, and his mouth was open
Gözleri sabitti ve ağzı açıktı
and he still had the egg-shell in his hand
Ve elinde hala yumurta kabuğu vardı
slowly he Recovered from his stupefaction
yavaş yavaş sersemliğinden kurtuldu
and then he began to cry and scream
Sonra ağlamaya ve çığlık atmaya başladı
he stamped his feet on the floor in desperation
Çaresizlik içinde ayaklarını yere vurdu
amidst his sobs he gathered his thoughts
Hıçkırıkları arasında düşüncelerini topladı
"Ah, indeed, the talking little cricket was right"
"Ah, gerçekten, konuşan küçük cırcır böceği haklıydı"
"I should not have run away from home"
"Evden kaçmamalıydım"
"then I would not now be dying of hunger!"
"o zaman şimdi açlıktan ölüyor olmazdım!"
"and if my papa were here he would feed me"
"Ve eğer babam burada olsaydı beni beslerdi"
"Oh! what a dreadful illness hunger is!"
"Eyvah! Açlık ne korkunç bir hastalıktır!"
his stomach cried out more than ever
Midesi her zamankinden daha fazla ağladı

and he did not know how to quiet his hunger
Ve açlığını nasıl susturacağını bilmiyordu
he thought about leaving the house
Evi terk etmeyi düşündü
perhaps he could make an excursion in the neighborhood
Belki mahallede bir gezi yapabilirdi
he hoped to find some charitable person
Hayırsever bir kişi bulmayı umuyordu
maybe they would give him a piece of bread
Belki ona bir parça ekmek verirlerdi

Pinocchio's Feet Burn to Cinders
Pinokyo'nun Ayakları Küllere Yanıyor

It was an especially wild and stormy night
Özellikle vahşi ve fırtınalı bir geceydi
The thunder was tremendously loud and fearful
Gök gürültüsü son derece gürültülü ve korkunçtu
the lightning was so vivid that the sky seemed on fire
Şimşek o kadar canlıydı ki gökyüzü yanıyor gibiydi
Pinocchio had a great fear of thunder
Pinokyo'nun büyük bir gök gürültüsü korkusu vardı
but hunger can be stronger than fear
Ancak açlık korkudan daha güçlü olabilir
so he closed the door of the house
Bu yüzden evin kapısını kapattı
and he made a desperate rush for the village
Ve köy için umutsuz bir koşuşturma yaptı
he reached the village in a hundred bounds
Köye yüz sınırda ulaştı
his tongue was hanging out of his mouth
Dili ağzından dışarı sarkıyordu
and he was panting for breath like a dog
Ve bir köpek gibi nefes nefese kalıyordu
But he found the village all dark and deserted
Ama köyü tamamen karanlık ve ıssız buldu

The shops were closed and the windows were shut
Dükkanlar kapatıldı ve pencereler kapatıldı
and there was not so much as a dog in the street
Ve sokakta bir köpek kadar çok şey yoktu
It seemed like he had arrived in the land of the dead
Ölüler diyarına gelmiş gibi görünüyordu
Pinocchio was urged on by desperation and hunger
Pinokyo çaresizlik ve açlık tarafından teşvik edildi
he took hold of the bell of a house
Bir evin zilini tuttu
and he began to ring the bell with all his might
Ve tüm gücüyle zili çalmaya başladı
"That will bring somebody," he said to himself
"Bu birini getirecek," dedi kendi kendine
And it did bring somebody!
Ve birini getirdi!
A little old man appeared at a window
Pencerede küçük yaşlı bir adam belirdi
the little old man still had a night-cap on his head
Küçük yaşlı adamın başında hala bir gece şapkası vardı
he called to him angrily
Öfkeyle ona seslendi
"What do you want at such an hour?"
"Böyle bir saatte ne istiyorsun?"
"Would you be kind enough to give me a little bread?"
"Bana biraz ekmek verme nezaketini gösterir misiniz?"
the little old man was very obliging
Küçük yaşlı adam çok itaatkardı
"Wait there, I will be back directly"
"Orada bekle, doğrudan döneceğim"
he thought it was one of the local rascals
Onun yerel rezillerden biri olduğunu düşündü
they amuse themselves by ringing the house-bells at night
Geceleri evin zillerini çalarak kendilerini eğlendirirler
After half a minute the window opened again
Yarım dakika sonra pencere tekrar açıldı
the voice of the same little old man shouted to Pinocchio

aynı küçük yaşlı adamın sesi Pinokyo'ya bağırdı
"Come underneath and hold out your cap"
"Altına gel ve şapkanı uzat"
Pinocchio pulled off his cap and held it out
Pinokyo şapkasını çıkardı ve uzattı
but Pinocchio's cap was not filled with bread or food
ama Pinokyo'nun şapkası ekmek ya da yiyecekle dolu değildi
an enormous basin of water was poured down on him
Üzerine kocaman bir leğen su döküldü
the water soaked him from head to foot
Su onu baştan ayağa ıslattı
as if he had been a pot of dried-up geraniums
sanki kurumuş sardunyalardan oluşan bir tencere gibi
He returned home like a wet chicken
Islak bir tavuk gibi eve döndü
he was quite exhausted with fatigue and hunger
Yorgunluk ve açlıktan oldukça bitkin düşmüştü
he no longer had the strength to stand
Artık ayakta duracak gücü kalmamıştı
so he sat down and rested his damp and muddy feet
Bu yüzden oturdu ve nemli ve çamurlu ayaklarını dinlendirdi
he put his feet on a brazier full of burning embers
Ayaklarını yanan közlerle dolu bir mangalın üzerine koydu
and then he fell asleep, exhausted from the day
Ve sonra uykuya daldı, günün yorgunluğundan
we all know that Pinocchio has wooden feet
Pinokyo'nun tahta ayakları olduğunu hepimiz biliyoruz
and we know what happens to wood on burning embers
Ve yanan közlerde ahşaba ne olduğunu biliyoruz
little by little his feet burnt away and became cinders
Yavaş yavaş ayakları yandı ve kül oldu
Pinocchio continued to sleep and snore
Pinokyo uyumaya ve horlamaya devam etti
his feet might as well have belonged to someone else
Ayakları bir başkasına ait de olabilirdi
At last he awoke because someone was knocking at the door
Sonunda uyandı çünkü biri kapıyı çalıyordu

"Who is there?" he asked, yawning and rubbing his eyes
"Kim var orada?" diye sordu, esneyerek ve gözlerini ovuşturarak
"It is I!" answered a voice
"Benim!" diye cevap verdi bir ses
And Pinocchio recognized Geppetto's voice
Ve Pinokyo, Geppetto'nun sesini tanıdı

Geppetto Gives his own Breakfast to Pinocchio
Geppetto, Pinokyo'ya Kendi Kahvaltısını Veriyor

Poor Pinocchio's eyes were still half shut from sleep
Zavallı Pinokyo'nun gözleri hala uykudan yarı kapalıydı
he had not yet discovered what had happened
Ne olduğunu henüz keşfetmemişti
his feet had were completely burnt off
Ayakları tamamen yanmıştı
he heard the voice of his father at the door
Kapıda babasının sesini duydu
and he jumped off the chair he had slept on
Ve uyuduğu sandalyeden atladı
he wanted to run to the door and open it
Kapıya koşup kapıyı açmak istedi
but he stumbled around and fell on the floor
Ama tökezledi ve yere düştü
imagine having a sack of wooden ladles
Bir çuval dolusu tahta kepçeniz olduğunu hayal edin
imagine throwing the sack off the balcony
Çuvalı balkondan attığınızı hayal edin
that is was the sound of Pinocchio falling to the floor
yani Pinokyo'nun yere düşme sesiydi
"Open the door!" shouted Geppetto from the street
"Kapıyı aç!" diye bağırdı Geppetto sokaktan
"Dear papa, I cannot," answered the puppet
"Sevgili baba, yapamam," diye yanıtladı kukla
and he cried and rolled about on the ground

Ve ağladı ve yerde yuvarlandı
"Why can't you open the door?"
"Neden kapıyı açamıyorsun?"
"Because my feet have been eaten"
"Çünkü ayaklarım yenildi"
"And who has eaten your feet?"
"Peki ayaklarını kim yedi?"
Pinocchio looked around for something to blame
Pinokyo suçlanacak bir şey aradı
eventually he answered "the cat ate my feet"
Sonunda "Kedi ayaklarımı yedi" diye cevap verdi.
"Open the door, I tell you!" repeated Geppetto
"Kapıyı aç, sana söylüyorum!" diye tekrarladı Geppetto
"If you don't open it, you shall have the cat from me!"
"Açmazsan, kediyi benden alacaksın!"
"I cannot stand up, believe me"
"Ayağa kalkamıyorum, inan bana"
"Oh, poor me!" lamented Pinocchio
"Ah, zavallı ben!" diye hayıflandı Pinokyo
"I shall have to walk on my knees for the rest of my life!"
"Hayatımın geri kalanında dizlerimin üzerinde yürümek zorunda kalacağım!"
Geppetto thought this was another one of the puppet's tricks
Geppetto bunun kuklanın hilelerinden biri olduğunu düşündü
he thought of a means of putting an end to his tricks
Hilelerine bir son vermenin bir yolunu düşündü
he climbed up the wall and got in through the window
Duvara tırmandı ve pencereden içeri girdi
He was very angry when he first saw Pinocchio
Pinokyo'yu ilk gördüğünde çok sinirlendi
and he did nothing but scold the poor puppet
Ve zavallı kuklayı azarlamaktan başka bir şey yapmadı

but then he saw Pinocchio really was without feet
ama sonra Pinokyo'nun gerçekten ayaksız olduğunu gördü
and he was quite overcome with sympathy again
Ve yine sempati ile aşıldı
Geppetto took his puppet in his arms
Geppetto kuklasını kucağına aldı
and he began to kiss and caress him
Ve onu öpmeye ve okşamaya başladı
he said a thousand endearing things to him
Ona binlerce sevimli şey söyledi
big tears ran down his rosy cheeks
Pembe yanaklarından büyük gözyaşları süzüldü
"My little Pinocchio!" he comforted him
"Benim küçük Pinokyo'm!" diye teselli etti onu
"how did you manage to burn your feet?"
"Ayaklarını yakmayı nasıl başardın?"
"I don't know how I did it, papa"
"Nasıl yaptığımı bilmiyorum baba"
"but it has been such a dreadful night"
"Ama çok korkunç bir gece oldu"

"I shall remember it as long as I live"
"Yaşadığım sürece hatırlayacağım"
"there was thunder and lightning all night"
"Bütün gece gök gürültüsü ve şimşek çaktı"
"and I was very hungry all night"
"ve bütün gece çok acıktım"
"and then the talking cricket scolded me"
"Ve sonra konuşan cırcır böceği beni azarladı"
"the talking cricket said 'it serves you right'"
"Konuşan Kriket 'Size doğru hizmet ediyor' dedi"
"he said; 'you have been wicked and deserve it'"
"Dedi ki; ' Sen kötüydün ve bunu hak ediyorsun'"
"and I said to him: 'Take care, little Cricket!'"
"ve ona dedim ki: 'Kendine iyi bak, küçük Kriket!'"
"and he said; 'You are a puppet'"
"Ve dedi ki; ' Sen bir kuklasın'"
"and he said; 'you have a wooden head'"
"Ve dedi ki; ' Tahta bir kafan var'"
"and I threw the handle of a hammer at him"
"ve ona bir çekicin sapını fırlattım"
"and then the talking little cricket died"
"Ve sonra konuşan küçük cırcır böceği öldü"
"but it was his fault that he died"
"Ama ölmesi onun suçuydu"
"because I didn't wish to kill him"
"Çünkü onu öldürmek istemedim"
"and I have proof that I didn't mean to"
"ve bunu yapmak istemediğime dair kanıtım var"
"I had put an earthenware saucer on burning embers"
"Yanan közlerin üzerine toprak tabak koymuştum"
"but a chicken flew out of the egg"
"Ama yumurtadan bir tavuk uçtu"
"the chicken said; 'Adieu, until we meet again'"
"Tavuk dedi ki; ' Tekrar buluşuncaya kadar hoşça kalın'"
'send my compliments to all at home'
'Evdeki herkese iltifatlarımı iletin'
"and then I got even more hungry"

"ve sonra daha da acıktım"
"then there was that little old man in a night-cap"
"Sonra gece şapkalı o küçük yaşlı adam vardı"
"he opened the window up above me"
"Pencereyi üstüme açtı"
"and he told me to hold out my hat"
"Ve bana şapkamı uzatmamı söyledi"
"and he poured a basinful of water on me"
"Ve üzerime bir leğen dolusu su döktü"
"asking for a little bread isn't a disgrace, is it?"
"Biraz ekmek istemek utanç verici değil, değil mi?"
"and then I returned home at once"
"ve sonra hemen eve döndüm"
"I was hungry and cold and tired"
"Acıkmıştım, üşümüştüm ve yorgundum"
"and I put my feet on the brazier to dry them"
"ve onları kurutmak için ayaklarımı mangalın üzerine koydum"
"and then you returned in the morning"
"Ve sonra sabah geri döndün"
"and I found my feet were burnt off"
"ve ayaklarımın yanmış olduğunu fark ettim"
"and I am still hungry"
"ve hala açım"
"but I no longer have any feet!"
"ama artık hiç ayağım yok!"
And poor Pinocchio began to cry and roar
Ve zavallı Pinokyo ağlamaya ve kükremeye başladı
he cried so loudly that he was heard five miles off
O kadar yüksek sesle ağladı ki, beş mil öteden duyuldu
Geppetto, only understood one thing from all this
Geppetto, tüm bunlardan sadece bir şey anladı
he understood that the puppet was dying of hunger
Kuklanın açlıktan ölmek üzere olduğunu anlamıştı
so he drew from his pocket three pears
Bu yüzden cebinden üç armut çıkardı
and he gave the pears to Pinocchio

ve armutları Pinokyo'ya verdi
"These three pears were intended for my breakfast"
"Bu üç armut benim kahvaltım için tasarlandı"
"but I will give you my pears willingly"
"ama sana armutlarımı seve seve vereceğim"
"Eat them, and I hope they will do you good"
"Onları ye ve umarım sana iyi gelirler"
Pinocchio looked at the pears distrustfully
Pinokyo armutlara güvensizce baktı
"but you can't expect me to eat them like that"
"Ama benden onları böyle yememi bekleyemezsin"
"be kind enough to peel them for me"
"Onları benim için soyacak kadar nazik ol"
"Peel them?" said Geppetto, astonished
"Soyun onları mı?" dedi Geppetto şaşkınlıkla
"I didn't know you were so dainty and fastidious"
"Bu kadar zarif ve titiz olduğunu bilmiyordum"
"These are bad habits to have, my boy!"
"Bunlar kötü alışkanlıklar, oğlum!"
"we must accustom ourselves to like and to eat everything"
"Her şeyi sevmeye ve yemeye kendimizi alıştırmalıyız"
"there is no knowing to what we may be brought"
"Nelerle karşılaşabileceğimizi bilemeyiz"
"There are so many chances!"
"O kadar çok şans var ki!"
"You are no doubt right," interrupted Pinocchio
"Hiç şüphe yok ki haklısın," diye sözünü kesti Pinokyo
"but I will never eat fruit that has not been peeled"
"Ama soyulmamış meyveyi asla yemeyeceğim"
"I cannot bear the taste of rind"
"Kabuğun tadına dayanamıyorum"
So good Geppetto peeled the three pears
Çok iyi Geppetto üç armutu soydu
and he put the pear's rinds on a corner of the table
Ve armutun kabuklarını masanın bir köşesine koydu
Pinocchio had eaten the first pear
Pinokyo ilk armutu yemişti

he was about to throw away the pear's core
Armutun çekirdeğini atmak üzereydi
but Geppetto caught hold of his arm
ama Geppetto kolunu yakaladı
"Do not throw the core of the pear away"
"Armutun çekirdeğini atmayın"
"in this world everything may be of use"
"BU DÜNYADA HER ŞEY IŞE YARAYABILIR"
But Pinocchio refused to see the sense in it
Ancak Pinokyo bunun içindeki anlamı görmeyi reddetti
"I am determined I will not eat the core of the pear"
"Kararlıyım, armutun çekirdeğini yemeyeceğim"
and Pinocchio turned upon him like a viper
ve Pinokyo bir engerek yılanı gibi ona döndü
"Who knows!" repeated Geppetto
"Kim bilir!" diye tekrarladı Geppetto
"there are so many chances," he said
"Çok fazla şans var" dedi
and Geppetto never lost his temper even once
ve Geppetto bir kez bile öfkesini kaybetmedi
And so the three pear cores were not thrown out
Ve böylece üç armut çekirdeği atılmadı
they were placed on the corner of the table with the rinds
Kabukları ile masanın köşesine yerleştirildiler
after his small feast Pinocchio yawned tremendously
küçük şöleninden sonra Pinokyo muazzam bir şekilde esnedi
and he spoke again in a fretful tone
Ve yine ürkütücü bir tonda konuştu
"I am as hungry as ever!"
"Her zamanki gibi açım!"
"But, my boy, I have nothing more to give you!"
"Ama oğlum, sana verecek başka bir şeyim yok!"
"You have nothing? Really? Nothing?"
"Hiçbir şeyin yok mu? Gerçekten? Hiçbir şey?"
"I have only the rind and the cores of the pears"
"Armutların sadece kabuğu ve çekirdeği bende"
"One must have patience!" said Pinocchio

"Sabırlı olmak lazım!" dedi Pinokyo
"if there is nothing else I will eat the pear's rind"
"Başka bir şey yoksa armutun kabuğunu yerim"
And he began to chew the rind of the pear
Ve armutun kabuğunu çiğnemeye başladı
At first he made a wry face
İlk başta alaycı bir yüz yaptı
but then, one after the other, he quickly ate them
Ama sonra, birbiri ardına, onları çabucak yedi
and after the pear's rinds he even ate the cores
Ve armutun kabuklarından sonra çekirdeklerini bile yedi
when he had eaten everything he rubbed his belly
Her şeyi yedikten sonra karnını ovuşturdu
"Ah! now I feel comfortable again"
"Ah! şimdi tekrar rahat hissediyorum"
"Now you see I was right," smiled Gepetto
"Şimdi görüyorsunuz, haklıydım," diye gülümsedi Gepetto
"it's not good to accustom ourselves to our tastes"
"Damak zevklerimize alışmak iyi değil"
"We can never know, my dear boy, what may happen to us"
"Başımıza ne gelebileceğini asla bilemeyiz sevgili oğlum"
"There are so many chances!"
"O kadar çok şans var ki!"

Geppetto Makes Pinocchio New Feet
Geppetto Pinokyo'ya Yeni Ayaklar Yapıyor

the puppet had satisfied his hunger
Kukla onun açlığını gidermişti
but he began to cry and grumble again
Ama tekrar ağlamaya ve homurdanmaya başladı
he remembered he wanted a pair of new feet
Bir çift yeni ayak istediğini hatırladı
But Geppetto punished him for his naughtiness
Ancak Geppetto, yaramazlığı için onu cezalandırdı
he allowed him to cry and to despair a little

Ağlamasına ve biraz umutsuzluğa kapılmasına izin verdi
Pinocchio had to accept his fate for half the day
Pinokyo günün yarısı için kaderini kabul etmek zorunda kaldı
at the end of the day he said to him:
Günün sonunda ona şöyle dedi:
"Why should I make you new feet?"
"Neden sana yeni ayaklar yapayım?"
"To enable you to escape again from home?"
"Evden tekrar kaçabilmen için mi?"
Pinocchio sobbed at his situation
Pinokyo durumuna hıçkıra hıçkıra ağladı
"I promise you that for the future I will be good"
"Gelecek için iyi olacağıma söz veriyorum"
but Geppetto knew Pinocchio's tricks by now
ama Geppetto artık Pinokyo'nun hilelerini biliyordu
"All boys who want something say the same thing"
"Bir şey isteyen tüm erkekler aynı şeyi söylüyor"
"I promise you that I will go to school"
"Sana söz veriyorum okula gideceğim"
"and I will study and bring home a good report"
"ve çalışacağım ve eve iyi bir rapor getireceğim"
"All boys who want something repeat the same story"
"Bir şey isteyen tüm çocuklar aynı hikayeyi tekrar eder"
"But I am not like other boys!" Pinocchio objected
"Ama ben diğer çocuklar gibi değilim!" Pinokyo itiraz etti
"I am better than all of them," he added
"Ben hepsinden daha iyiyim" diye ekledi
"and I always speak the truth," he lied
"ve ben her zaman doğruyu söylerim," diye yalan söyledi
"I promise you, papa, that I will learn a trade"
"Sana söz veriyorum baba, bir meslek öğreneceğim"
"I promise that I will be the consolation of your old age"
"Söz veriyorum ki yaşlılığınızın tesellisi olacağım"
Geppetto's eyes filled with tears on hearing this
Bunu duyan Geppetto'nun gözleri yaşlarla doldu
his heart was sad at seeing his son like this
Oğlunu böyle görünce kalbi üzüldü

Pinocchio was in such a pitiable state
Pinokyo çok acınacak bir durumdaydı
He did not say another word to Pinocchio
Pinokyo'ya başka bir şey söylemedi
he got his tools and two small pieces of seasoned wood
Aletlerini ve iki küçük terbiyeli tahta parçasını aldı
he set to work with great diligence
Büyük bir titizlikle işe koyuldu
In less than an hour the feet were finished
Bir saatten kısa bir süre içinde ayaklar bitti
They might have been modelled by an artist of genius
Dahi bir sanatçı tarafından modellenmiş olabilirler
Geppetto then spoke to the puppet
Geppetto daha sonra kukla ile konuştu
"Shut your eyes and go to sleep!"
"Gözlerini kapat ve uyu!"
And Pinocchio shut his eyes and pretended to sleep
Ve Pinokyo gözlerini kapadı ve uyuyormuş gibi yaptı
Geppetto got an egg-shell and melted some glue in it
Geppetto bir yumurta kabuğu aldı ve içinde biraz yapıştırıcı eritti
and he fastened Pinocchio's feet in their place
ve Pinokyo'nun ayaklarını yerlerine bağladı
it was masterfully done by Geppetto
Geppetto tarafından ustaca yapıldı
not a trace could be seen of where the feet were joined
Ayakların birleştiği yere dair tek bir iz bile görülemedi
Pinocchio soon realized that he had feet again
Pinokyo kısa süre sonra tekrar ayakları olduğunu fark etti
and then he jumped down from the table
Ve sonra masadan aşağı atladı
he jumped around the room with energy and joy
Enerji ve neşeyle odanın etrafında zıpladı
he danced as if he had gone mad with his delight
Zevkinden çıldırmış gibi dans etti
"thank you for all you have done for me"
"Benim için yaptığın her şey için teşekkür ederim"

"I will go to school at once," Pinocchio promised
"Hemen okula gideceğim," diye söz verdi Pinokyo
"but to go to school I shall need some clothes"
"ama okula gitmek için biraz kıyafete ihtiyacım olacak"
by now you know that Geppetto was a poor man
Artık Geppetto'nun fakir bir adam olduğunu biliyorsunuz
he had not so much as a penny in his pocket
Cebinde bir kuruş kadar bile yoktu
so he made him a little dress of flowered paper
Bu yüzden ona çiçekli kağıttan küçük bir elbise yaptı
a pair of shoes from the bark of a tree
Bir ağacın kabuğundan bir çift ayakkabı
and he made a hat out of the bread
Ve ekmekten bir şapka yaptı

Pinocchio ran to look at himself in a crock of water
Pinokyo bir su kabında kendine bakmak için koştu
he was ever so pleased with his appearance
Görünüşünden hiç bu kadar memnun olmamıştı
and he strutted about the room like a peacock
Ve bir tavus kuşu gibi odanın etrafında dolaştı
"I look quite like a gentleman!"
"Oldukça beyefendi gibi görünüyorum!"
"Yes, indeed," answered Geppetto
"Evet, kesinlikle," diye yanıtladı Geppetto
"it is not fine clothes that make the gentleman"
"Beyefendiyi beyefendi yapan güzel kıyafetler değil"
"rather, it is clean clothes that make a gentleman"
"Aksine, bir beyefendi yapan temiz kıyafetlerdir"
"By the way," added the puppet
"Bu arada," diye ekledi kukla
"to go to school there's still something I need"
"Okula gitmek için hala ihtiyacım olan bir şey var"
"I am still without the best thing"
"Hala en iyi şeyden yoksunum"
"it is the most important thing for a school boy"
"Bir okul çocuğu için en önemli şey budur"
"And what is it?" asked Geppetto
"Ne oldu?" diye sordu Geppetto
"I have no spelling-book"
"İmla kitabım yok"
"You are right" realized Geppetto
"Haklısın," diye düşündü Geppetto
"but what shall we do to get one?"
"Ama bir tane almak için ne yapmalıyız?"
Pinocchio comforted Geppetto, "It is quite easy"
Pinokyo, Geppetto'yu teselli etti, "Oldukça kolay"
"all we have to do is go to the bookseller's"
"Tek yapmamız gereken kitapçıya gitmek"
"all I have to do is buy from them"
"tek yapmam gereken onlardan satın almak"
"but how do we buy it without money?"

"Ama para olmadan nasıl satın alacağız?"
"I have got no money," said Pinocchio
"Hiç param yok," dedi Pinokyo
"Neither have I," added the good old man, very sadly
"Ben de yapmadım," diye ekledi yaşlı adam, çok üzgün bir şekilde
although he was a very merry boy, Pinocchio became sad
çok neşeli bir çocuk olmasına rağmen, Pinokyo üzüldü
poverty, when it is real, is understood by everybody
Yoksulluk, gerçek olduğunda, herkes tarafından anlaşılır
"Well, patience!" exclaimed Geppetto, rising to his feet
"Eh, sabır!" diye bağırdı Geppetto ayağa kalkarak
and he put on his old corduroy jacket
Ve eski kadife ceketini giydi
and he ran out of the house into the snow
Ve evden karın içine koşarak çıktı
He returned back to the house soon after
Kısa bir süre sonra eve geri döndü
in his hand he held a spelling-book for Pinocchio
elinde Pinokyo için bir yazım kitabı tutuyordu
but the old jacket he had left with was gone
Ama yanında bıraktığı eski ceket gitmişti
The poor man was in his shirt-sleeves
Zavallı adam gömleğinin kollarındaydı
and outdoors it was cold and snowing
ve dışarıda hava soğuktu ve kar yağıyordu
"And your jacket, papa?" asked Pinocchio
"Ya ceketin baba?" diye sordu Pinokyo
"I have sold it," confirmed old Geppetto
"Sattım," diye onayladı yaşlı Geppetto
"Why did you sell it?" asked Pinocchio
"Neden sattın?" diye sordu Pinokyo
"Because I found my jacket was too hot"
"Çünkü ceketimi çok sıcak buldum"
Pinocchio understood this answer in an instant
Pinokyo bu cevabı bir anda anladı
Pinocchio was unable to restrain the impulse of his heart

Pinokyo kalbinin dürtüsünü dizginleyemedi
Because Pinocchio did have a good heart after all
Çünkü Pinokyo'nun her şeye rağmen iyi bir kalbi vardı
he sprang up and threw his arms around Geppetto's neck
ayağa fırladı ve kollarını Geppetto'nun boynuna doladı
and he kissed him again and again a thousand times
Ve onu binlerce kez tekrar tekrar öptü

Pinocchio Goes to See a Puppet Show
Pinokyo bir kukla gösterisi izlemeye gidiyor

eventually it stopped snowing outside
Sonunda dışarıda kar yağışı durdu

and Pinocchio set out to go to school
ve Pinokyo okula gitmek için yola çıktı

and he had his fine spelling-book under his arm
ve kolunun altında güzel heceleme kitabı vardı

he walked along with a thousand ideas in his head
Kafasında binlerce fikirle birlikte yürüdü

his little brain thought of all the possibilities
Küçük beyni tüm olasılıkları düşündü

and he built a thousand castles in the air
Ve havada bin kale inşa etti

each castle was more beautiful than the other
Her kale diğerinden daha güzeldi

And, talking to himself, he said;
Ve kendi kendine konuşarak dedi ki;

"Today at school I will learn to read at once"
"Bugün okulda bir kerede okumayı öğreneceğim"

"then tomorrow I will begin to write"
"o zaman yarın yazmaya başlayacağım"

"and the day after tomorrow I will learn the numbers"
"ve yarından sonraki gün sayıları öğreneceğim"

"all of these things will prove very useful"
"Bunların hepsi çok faydalı olacak"

"and then I will earn a great deal of money"
"ve sonra çok para kazanacağım"

"I already know what I will do with the first money"
"İlk parayla ne yapacağımı zaten biliyorum"

"I will immediately buy a beautiful new cloth coat"
"Hemen güzel bir yeni kumaş mont alacağım"

"my papa will not have to be cold anymore"
"Babam artık üşümek zorunda kalmayacak"

"But what am I saying?" he realized
"Ama ben ne diyorum?" diye fark etti

"It shall be all made of gold and silver"

"Hepsi altın ve gümüşten yapılacak"
"and it shall have diamond buttons"
"Ve elmas düğmeleri olacak"
"That poor man really deserves it"
"O zavallı adam gerçekten bunu hak ediyor"
"he bought me books and is having me taught"
"Bana kitap aldı ve bana ders okutuyor"
"and to do so he has remained in a shirt"
"Ve bunu yapmak için bir gömlek içinde kaldı"
"he has done all this for me in such cold weather"
"O kadar soğuk havada bütün bunları benim için yaptı ki"
"only papas are capable of such sacrifices!"
"Sadece babalar bu tür fedakarlıklar yapabilir!"
he said all this to himself with great emotion
Bütün bunları büyük bir duyguyla kendi kendine söyledi
but in the distance he thought he heard music
ama uzaktan müzik duyduğunu sandı
it sounded like pipes and the beating of a big drum
Borular ve büyük bir davulun vuruşu gibi geliyordu
He stopped and listened to hear what it could be
Durdu ve ne olabileceğini duymak için dinledi
The sounds came from the end of a street
Sesler bir sokağın sonundan geliyordu
and the street led to a little village on the seashore
Ve sokak deniz kıyısındaki küçük bir köye çıkıyordu
"What can that music be?" he wondered
"Bu müzik ne olabilir?" diye merak etti
"What a pity that I have to go to school"
"Okula gitmek zorunda olmam ne yazık"
"if only I didn't have to go to school..."
"Keşke okula gitmek zorunda kalmasaydım..."
And he remained irresolute
Ve kararsız kaldı
It was, however, necessary to come to a decision
Ancak bir karara varmak gerekliydi
"Should I go to school?" he asked himself
"Okula gitmeli miyim?" diye sordu kendi kendine

"or should I go after the music?"
"Yoksa müziğin peşinden mi gitmeliyim?"
"Today I will go and hear the music" he decided
"Bugün gidip müziği dinleyeceğim," diye karar verdi
"and tomorrow I will go to school"
"ve yarın okula gideceğim"
the young scapegrace of a boy had decided
Bir çocuğun genç günahkarlığı karar vermişti
and he shrugged his shoulders at his choice
Ve seçimine omuz silkti
The more he ran the nearer came the sounds of the music
Ne kadar çok koşarsa, müziğin sesleri o kadar yaklaşıyordu
and the beating of the big drum became louder and louder
Ve büyük davulun vuruşu daha da yükseldi ve daha yüksek sesle
At last he found himself in the middle of a town square
Sonunda kendini bir kasaba meydanının ortasında buldu
the square was quite full of people
Meydan oldukça insanlarla doluydu
all the people were all crowded round a building
Bütün insanlar bir binanın etrafında toplanmıştı
and the building was made of wood and canvas
ve bina ahşap ve tuvalden yapılmıştır
and the building was painted a thousand colours
ve bina bin renge boyandı
"What is that building?" asked Pinocchio
"Bu bina da ne?" diye sordu Pinokyo
and he turned to a little boy
Ve küçük bir çocuğa döndü
"Read the placard," the boy told him
"Pankartı oku," dedi çocuk ona
"it is all written there," he added
"Hepsi orada yazılı" diye ekledi
"read it and and then you will know"
"Oku ve sonra bileceksin"
"I would read it willingly," said Pinocchio
"İsteyerek okurum," dedi Pinokyo

"but it so happens that today I don't know how to read"
"ama öyle oluyor ki bugün nasıl okuyacağımı bilmiyorum"
"Bravo, blockhead! Then I will read it to you"
"Bravo, aptal! Sonra sana okuyacağım"
"you see those words as red as fire?"
"Bu kelimeleri ateş kadar kırmızı görüyor musun?"
"The Great Puppet Theatre," he read to him
"Büyük Kukla Tiyatrosu," diye okudu ona
"Has the play already begun?"
"Oyun çoktan başladı mı?"
"It is beginning now," confirmed the boy
"Şimdi başlıyor," diye onayladı çocuk
"How much does it cost to go in?"
"İçeri girmenin maliyeti nedir?"
"A dime is what it costs you"
"Bir kuruş sana mal oluyor"
Pinocchio was in a fever of curiosity
Pinokyo bir merak ateşi içindeydi
full of excitement he lost all control of himself
Heyecan dolu, tüm kontrolünü kaybetti
and Pinocchio lost all sense of shame
ve Pinokyo tüm utanç duygusunu kaybetti
"Would you lend me a dime until tomorrow?"
"Yarına kadar bana bir kuruş borç verir misin?"
"I would lend it to you willingly," said the boy
"Onu seve seve sana ödünç verirdim," dedi çocuk
"but unfortunately today I cannot give it to you"
"ama ne yazık ki bugün sana veremem"
Pinocchio had another idea to get the money
Pinokyo'nun parayı almak için başka bir fikri vardı
"I will sell you my jacket for a dime"
"Sana ceketimi bir kuruşa satacağım"
"but your jacket is made of flowered paper"
"Ama ceketin çiçekli kağıttan yapılmış"
"what use could I have for such a jacket?"
"Böyle bir ceket için ne işim olabilir?"
"imagine it rained and the jacket got wet"

"Yağmur yağdığını ve ceketin ıslandığını hayal edin"
"it would be impossible to get it off my back"
"Onu sırtımdan çıkarmak imkansız olurdu"
"Will you buy my shoes?" tried Pinocchio
"Ayakkabılarımı alır mısın?" diye sordu Pinokyo
"They would only be of use to light the fire"
"Sadece ateşi yakmak için işe yararlar"
"How much will you give me for my cap?"
"Şapkam için bana ne kadar vereceksin?"
"That would be a wonderful acquisition indeed!"
"Bu gerçekten harika bir satın alma olurdu!"
"A cap made of bread crumb!" joked the boy
"Ekmek kırıntısından yapılmış bir kapak!" diye şaka yaptı çocuk
"There would be a risk of the mice coming to eat it"
"Farelerin onu yemeye gelme riski olurdu"
"they might eat it whilst it was still on my head!"
"Hala kafamın üzerindeyken yiyebilirler!"
Pinocchio was on thorns about his predicament
Pinokyo, içinde bulunduğu çıkmaz hakkında diken üstündeydi
He was on the point of making another offer
Başka bir teklifte bulunma noktasındaydı
but he had not the courage to ask him
Ama ona sormaya cesaret edemedi
He hesitated, felt irresolute and remorseful
Tereddüt etti, kararsız ve pişman hissetti
At last he raised the courage to ask
Sonunda sorma cesaretini topladı
"Will you give me a dime for this new spelling-book?"
"Bu yeni yazım kitabı için bana bir kuruş verir misin?"
but the boy declined this offer too
Ancak çocuk bu teklifi de reddetti
"I am a boy and I don't buy from boys"
"Ben bir erkeğim ve erkeklerden alışveriş yapmam"
a hawker of old clothes had overheard them
Eski giysiler giyen bir seyyar satıcı onlara kulak misafiri

olmuştu
"I will buy the spelling-book for a dime"
"İmla kitabını bir kuruşa alacağım"
And the book was sold there and then
Ve kitap orada ve sonra satıldı
poor Geppetto had remained at home trembling with cold
zavallı Geppetto soğuktan titreyerek evde kalmıştı
in order that his son could have a spelling-book
Oğlunun bir imla kitabı olsun diye

The Puppets Recognize their Brother Pinocchio
Kuklalar Kardeşleri Pinokyo'yu Tanıdı

Pinocchio was in the little puppet theatre
Pinokyo küçük kukla tiyatrosundaydı
an incident occurred that almost produced a revolution
Neredeyse bir devrim yaratan bir olay meydana geldi
The curtain had gone up and the play had already begun
Perde açılmış ve oyun çoktan başlamıştı
Harlequin and Punch were quarrelling with each other
Harlequin ve Punch birbirleriyle tartışıyorlardı
every moment they were threatening to come to blows
Her an darbelere gelmekle tehdit ediyorlardı
All at once Harlequin stopped and turned to the public
Harlequin birdenbire durdu ve halka döndü
he pointed with his hand to someone far down in the pit
Eliyle çukurun çok aşağısındaki birini işaret etti
and he exclaimed in a dramatic tone
Ve dramatik bir tonda haykırdı
"Gods of the firmament!"
"Gök kubbenin tanrıları!"
"Do I dream or am I awake?"
"Rüya görüyor muyum yoksa uyanık mıyım?"
"But, surely that is Pinocchio!"
"Ama, kesinlikle bu Pinokyo!"
"It is indeed Pinocchio!" cried Punch

"Gerçekten de Pinokyo!" diye bağırdı Punch
And Rose peeped out from behind the scenes
Ve Rose perde arkasından dışarı baktı
"It is indeed himself!" screamed Rose
"Gerçekten de kendisi!" diye bağırdı Rose
and all the puppets shouted in chorus
Ve tüm kuklalar koro halinde bağırdı
"It is Pinocchio! it is Pinocchio!"
"Bu Pinokyo! bu Pinokyo'dur!"
and they leapt from all sides onto the stage
Ve her taraftan sahneye sıçradılar
"It is Pinocchio!" all the puppets exclaimed
"Bu Pinokyo!" diye bağırdı tüm kuklalar
"It is our brother Pinocchio!"
"O bizim kardeşimiz Pinokyo!"
"Long live Pinocchio!" they cheered together
"Yaşasın Pinokyo!" diye hep bir ağızdan tezahürat yaptılar
"Pinocchio, come up here to me," cried Harlequin
"Pinokyo, yanıma gel," diye bağırdı Harlequin
"throw yourself into the arms of your wooden brothers!"
"Kendini tahta kardeşlerinin kollarına at!"
Pinocchio couldn't decline this affectionate invitation
Pinokyo bu sevgi dolu daveti reddedemedi
he leaped from the end of the pit into the reserved seats
Çukurun ucundan ayrılan koltuklara atladı
another leap landed him on the head of the drummer
Başka bir sıçrama onu davulcunun kafasına indirdi
and he then sprang upon the stage
Ve sonra sahneye fırladı
The embraces and the friendly pinches
Kucaklamalar ve dostça çimdikler
and the demonstrations of warm brotherly affection
ve sıcak kardeş sevgisi gösterileri
Pinocchio reception from the puppets was beyond description
Kuklalardan Pinokyo alımı tarifin ötesindeydi
The sight was doubtless a moving one

Manzara şüphesiz dokunaklı bir manzaraydı
but the public in the pit had become impatient
Ancak çukurdaki halk sabırsızlanmaya başlamıştı
they began to shout, "we came to watch a play"
"Oyun izlemeye geldik" diye bağırmaya başladılar
"go on with the play!" they demanded
"Oyuna devam edin!" diye talep ettiler
but the puppets didn't continue the recital
Ancak kuklalar resitalin devamına devam etmedi
the puppets doubled their noise and outcries
Kuklalar gürültülerini ve çığlıklarını ikiye katladı
they put Pinocchio on their shoulders
Pinokyo'yu omuzlarına koydular
and they carried him in triumph before the footlights
ve onu ayak ışıklarının önünde zaferle taşıdılar
At that moment the ringmaster came out
O anda elebaşı dışarı çıktı
He was a big and ugly man
İri ve çirkin bir adamdı
the sight of him was enough to frighten anyone
Onu görmek herkesi korkutmak için yeterliydi
His beard was as black as ink and long
Sakalı mürekkep kadar siyah ve uzundu
and his beard reached from his chin to the ground
ve sakalı çenesinden yere kadar uzanıyordu
and he trod upon his beard when he walked
ve yürürken sakalına bastı
His mouth was as big as an oven
Ağzı bir fırın kadar büyüktü
and his eyes were like two lanterns of burning red glass
Ve gözleri yanan kırmızı camdan iki fener gibiydi
He carried a large whip of twisted snakes and foxes' tails
Bükülmüş yılanlardan ve tilki kuyruklarından oluşan büyük bir kırbaç taşıyordu
and he cracked his whip constantly
Ve sürekli kırbacını şaklattı
At his unexpected appearance there was a profound silence

Beklenmedik bir şekilde ortaya çıktığında derin bir sessizlik oldu
no one dared to even breathe
Kimse nefes almaya bile cesaret edemedi
A fly could have been heard in the stillness
Sessizlikte bir sinek sesi duyulabilirdi
The poor puppets of both sexes trembled like leaves
Her iki cinsiyetten zavallı kuklalar yapraklar gibi titriyordu
"have you come to raise a disturbance in my theatre?"
"Tiyatromda bir karışıklık çıkarmaya mı geldiniz?"
he had the gruff voice of a goblin
Bir goblinin sert sesine sahipti
a goblin suffering from a severe cold
Şiddetli soğuk algınlığından muzdarip bir goblin
"Believe me, honoured sir, it it not my fault!"
"İnanın bana, saygıdeğer bayım, bu benim suçum değil!"
"That is enough from you!" he blared
"Bu kadar yeter!" diye bağırdı
"Tonight we will settle our accounts"
"Bu akşam hesaplarımızı çekeceğiz"
soon the play was over and the guests left
Kısa süre sonra oyun bitti ve konuklar ayrıldı
the ringmaster went into the kitchen
Elebaşı mutfağa girdi
a fine sheep was being prepared for his supper
Akşam yemeği için güzel bir koyun hazırlanıyordu
it was turning slowly on the fire
Ateşte yavaş yavaş dönüyordu
there was not enough wood to finish roasting the lamb
Kuzu kavurmayı bitirmek için yeterli odun yoktu
so he called for Harlequin and Punch
bu yüzden Harlequin ve Punch'ı çağırdı
"Bring that puppet here," he ordered them
"O kuklayı buraya getirin," diye emretti onlara
"you will find him hanging on a nail"
"Onu bir çiviye asılı bulacaksın"
"It seems to me that he is made of very dry wood"

"Bana öyle geliyor ki çok kuru tahtadan yapılmış"
"I am sure he would make a beautiful blaze"
"Eminim çok güzel bir alev çıkarırdı"
At first Harlequin and Punch hesitated
İlk başta Harlequin ve Punch tereddüt ettiler
but they were appalled by a severe glance from their master
Ama efendilerinin sert bakışları karşısında dehşete düştüler
and they had no choice but to obey his wishes
ve O'nun isteklerine itaat etmekten başka çareleri yoktu
In a short time they returned to the kitchen
Kısa sürede mutfağa geri döndüler
this time they were carrying poor Pinocchio
bu sefer zavallı Pinokyo'yu taşıyorlardı
he was wriggling like an eel out of water
Sudan çıkmış bir yılan balığı gibi kıvranıyordu
and he was screaming desperately
Ve umutsuzca çığlık atıyordu
"Papa! papa! save me! I will not die!"
"Baba! Baba! Beni kurtar! Ölmeyeceğim!"

The Fire-Eater Sneezes and Pardons Pinocchio
Ateş yiyen hapşırır ve Pinokyo'yu affeder

The ringmaster looked like a wicked man
Elebaşı kötü bir adama benziyordu
and he was known by all as Fire-eater
ve herkes tarafından Ateş yiyen olarak biliniyordu
his black beard covered his chest and legs
Siyah sakalı göğsünü ve bacaklarını kaplıyordu
it was like he was wearing an apron
Sanki önlük giyiyor gibiydi
and this made him look especially wicked
Ve bu onu özellikle kötü gösteriyordu
On the whole, however, he did not have a bad heart
Bununla birlikte, genel olarak, kötü bir kalbi yoktu
he saw poor Pinocchio brought before him

zavallı Pinokyo'nun önüne getirildiğini gördü
he saw the puppet struggling and screaming
Kuklanın çırpındığını ve çığlık attığını gördü
"I will not die, I will not die!"
"Ölmeyeceğim, ölmeyeceğim!"
and he was quite moved by what he saw
Ve gördüklerinden oldukça etkilendi
he felt very sorry for the helpless puppet
Çaresiz kukla için çok üzüldü
he tried to hold his sympathies within himself
Sempatisini kendi içinde tutmaya çalıştı
but after a little they all came out
Ama bir süre sonra hepsi çıktı
he could contain his sympathy no longer
Sempatisini daha fazla kontrol altına alabiliyordu
and he let out an enormous violent sneeze
Ve çok şiddetli bir hapşırık çıkardı
up until that moment Harlequin had been worried
o ana kadar Harlequin endişeliydi
he had been bowing down like a weeping willow
Ağlayan bir söğüt gibi eğilmişti
but when he heard the sneeze he became cheerful
Ama hapşırığı duyunca neşelendi
he leaned towards Pinocchio and whispered;
Pinokyo'ya doğru eğildi ve fısıldadı;
"Good news, brother, the ringmaster has sneezed"
"Müjde kardeşim, elebaşı hapşırdı"
"that is a sign that he pities you"
"Bu size acıdığının bir işaretidir"
"and if he pities you, then you are saved"
"Ve eğer sana acırsa, o zaman kurtulursun"
most men weep when they feel compassion
Çoğu erkek merhamet hissettiğinde ağlar
or at least they pretend to dry their eyes
Ya da en azından gözlerini kurutuyormuş gibi yapıyorlar
Fire-Eater, however, had a different habit
Ancak Ateş Yiyen'in farklı bir alışkanlığı vardı

when moved by emotion his nose would tickle him
Duygularıyla hareket ettiğinde burnu onu gıdıklardı
the ringmaster didn't stop acting the ruffian
Yüzük Ustası, kabadayı gibi davranmayı bırakmadı
"are you quite done with all your crying?"
"Tüm ağlamalarını bitirdin mi?"
"my stomach hurts from your lamentations"
"Ağıtlarınızdan midem ağrıyor"
"I feel a spasm that almost..."
"Neredeyse öyle bir spazm hissediyorum ki..."
and the ringmaster let out another loud sneeze
Ve elebaşı yüksek sesle bir hapşırık daha çıkardı
"Bless you!" said Pinocchio, quite cheerfully
"Seni korusun!" dedi Pinokyo oldukça neşeli bir şekilde
"Thank you! And your papa and your mamma?"
"Teşekkür ederim! Ya baban ve annen?"
"are they still alive?" asked Fire-Eater
"Hâlâ hayattalar mı?" diye sordu Ateş Yiyen
"My papa is still alive and well," said Pinocchio
"Babam hala hayatta ve iyi," dedi Pinokyo
"but my mamma I have never known," he added
"Ama anneciğimi hiç tanımadım," diye ekledi
"good thing I did not have you thrown on the fire"
"İyi ki seni ateşe attırmamışım"
"your father would have lost all who he still had"
"Baban hala sahip olduğu her şeyi kaybederdi"
"Poor old man! I pity him!"
"Zavallı yaşlı adam! Ona acıyorum!"
"Etchoo! etchoo! etchoo!" Fire-eater sneezed
"Eyvah! vesaire! vesaire!" Ateş yiyen hapşırdı
and he sneezed again three times
ve üç kez daha hapşırdı
"Bless you," said Pinocchio each time
"Seni korusun," dedi Pinokyo her seferinde
"Thank you! Some compassion is due to me"
"Teşekkür ederim! Biraz merhamet benden kaynaklanıyor"
"as you can see I have no more wood"

"Gördüğünüz gibi artık odunum yok"
"so I will struggle to finish roasting my mutton"
"bu yüzden koyun etimi kavurmayı bitirmek için mücadele edeceğim"
"you would have been of great use to me!"
"Benim için çok faydalı olurdun!"
"However, I have had pity on you"
"Ancak sana acıdım"
"so I must have patience with you"
"bu yüzden sana karşı sabırlı olmalıyım"
"Instead of you I will burn another puppet"
"Senin yerine bir kukla daha yakacağım"
At this call two wooden gendarmes immediately appeared
Bu çağrı üzerine hemen iki tahta jandarma ortaya çıktı
They were very long and very thin puppets
Çok uzun ve çok ince kuklalardı
and they had wonky hats on their heads
ve başlarında çarpık şapkalar vardı
and they held unsheathed swords in their hands
ve ellerinde kınından çıkarılmış kılıçlar tutuyorlardı
The ringmaster said to them in a hoarse voice:
Elebaşı boğuk bir sesle onlara şöyle dedi:
"Take Harlequin and bind him securely"
"Harlequin'i al ve onu sıkıca bağla"
"and then throw him on the fire to burn"
"Ve sonra onu yakması için ateşe at"
"I am determined that my mutton shall be well roasted"
"Koyun etimin iyi kavrulması konusunda kararlıyım"
imagine how poor Harlequin must have felt!
Harlequin'in ne kadar zavallı hissettiğini hayal edin!
His terror was so great that his legs bent under him
Dehşeti o kadar büyüktü ki bacakları altında büküldü
and he fell with his face on the ground
Ve yüzü yere düşmüş
Pinocchio was agonized by what he was seeing
Pinokyo gördükleri karşısında acı çekti
he threw himself at the ringmaster's feet

Kendini Elebaşı'nın ayaklarına attı
he bathed his long beard with his tears
Uzun sakalını gözyaşlarıyla yıkadı
and he tried to beg for Harlequin's life
ve Harlequin'in hayatı için yalvarmaya çalıştı
"Have pity, Sir Fire-Eater!" Pinocchio begged
"Merhamet edin, Efendim Ateş Yiyen!" Pinokyo yalvardı
"Here there are no sirs," the ringmaster answered severely
"Burada efendim yok," diye cevap verdi elebaşı sertçe
"Have pity, Sir Knight!" Pinocchio tried
"Acıyın, Sör Şövalye!" Pinokyo denedi
"Here there are no knights!" the ringmaster answered
"Burada hiç şövalye yok!" diye cevap verdi elebaşı
"Have pity, Commander!" Pinocchio tried
"Acıyın Komutanım!" Pinokyo denedi
"Here there are no commanders!"
"Burada komutan yok!"
"Have pity, Excellence!" Pinocchio pleaded
"Merhamet et, Mükemmellik!" Pinokyo yalvardı
Fire-eater quite liked what he had just heard
Ateş yiyen az önce duyduklarını oldukça beğendi
Excellence was something he did aspire to
Mükemmellik, arzuladığı bir şeydi
and the ringmaster began to smile again
Ve yüzük ustası tekrar gülümsemeye başladı
and he became at once kinder and more tractable
Ve bir anda daha kibar ve daha uyumlu hale geldi
Turning to Pinocchio, he asked:
Pinokyo'ya dönerek sordu:
"Well, what do you want from me?"
"Peki, benden ne istiyorsun?"
"I implore you to pardon poor Harlequin"
"Zavallı Harlequin'i affetmen için sana yalvarıyorum"
"For him there can be no pardon"
"Onun için af olamaz"
"I have spared you, if you remember"
"Hatırlarsan, seni bağışladım"

"so he must be put on the fire"
"Bu yüzden ateşe verilmeli"
"I am determined that my mutton shall be well roasted"
"Koyun etimin iyi kavrulması konusunda kararlıyım"
Pinocchio stood up proudly to the ringmaster
Pinokyo gururla elebaşının karşısına dikildi
and he threw away his cap of bread crumb
Ve ekmek kırıntısı kapağını fırlattı
"In that case I know my duty"
"O halde ben görevimi biliyorum"
"Come on, gendarmes!" he called the soldiers
"Haydi jandarmalar!" diye seslendi askerlere
"Bind me and throw me amongst the flames"
"Beni bağla ve alevlerin arasına at"
"it would not be just for Harlequin to die for me!"
"Harlequin'in benim için ölmesi sadece Harlequin için olmazdı!"
"he has been a true friend to me"
"O benim için gerçek bir arkadaş oldu"
Pinocchio had spoken in a loud, heroic voice
Pinokyo yüksek sesle, kahramanca bir sesle konuşmuştu
and his heroic actions made all the puppets cry
Ve kahramanca eylemleri tüm kuklaları ağlattı
Even though the gendarmes were made of wood
Jandarmalar tahtadan yapılmış olmasına rağmen
they wept like two newly born lambs
Yeni doğmuş iki kuzu gibi ağladılar
Fire-eater at first remained as hard and unmoved as ice
Ateş yiyen ilk başta buz kadar sert ve hareketsiz kaldı
but little by little he began to melt and sneeze
Ama yavaş yavaş erimeye ve hapşırmaya başladı
he sneezed again four or five times
Dört ya da beş kez tekrar hapşırdı
and he opened his arms affectionately
Ve kollarını sevgiyle açtı
"You are a good and brave boy!" he praised Pinocchio
"Sen iyi ve cesur bir çocuksun!" diye övdü Pinokyo

"Come here and give me a kiss"
"Buraya gel ve bana bir öpücük ver"
Pinocchio ran to the ringmaster at once
Pinokyo hemen elebaşının yanına koştu
he climbed up the ringmaster's beard like a squirrel
Elebaşının sakalına bir sincap gibi tırmandı
and he deposited a hearty kiss on the point of his nose
Ve burnunun ucuna içten bir öpücük kondurdu
"Then the pardon is granted?" asked poor Harlequin
"O zaman af kabul edildi mi?" diye sordu zavallı Harlequin
in a faint voice that was scarcely audible
zar zor duyulabilen zayıf bir sesle
"The pardon is granted!" answered Fire-Eater
"Af kabul edildi!" diye cevap verdi Ateş Yiyen
he then added, sighing and shaking his head:
Sonra içini çekerek ve başını sallayarak ekledi:
"I must have patience with my puppets!"
"Kuklalarıma karşı sabırlı olmalıyım!"
"Tonight I shall have to eat the mutton half raw;"
"Bu gece koyun etini yarı çiğ yemem gerekecek;
"but another time, woe to him who displeases me!"
"Ama başka bir zaman, beni hoşnut etmeyen kişinin vay haline!"
At the news of the pardon the puppets all ran to the stage
Af haberi üzerine kuklaların hepsi sahneye koştu
they lit all the lamps and chandeliers of the show
Gösterinin tüm lambalarını ve avizelerini yaktılar
it was as if there was a full-dress performance
Sanki tam elbiseli bir performans vardı
they began to leap and to dance merrily
Sıçramaya ve neşeyle dans etmeye başladılar
when dawn had come they were still dancing
Şafak söktüğünde hala dans ediyorlardı

Pinocchio Receives Five Gold Pieces
Pinokyo Beş Altın Aldı

The following day Fire-eater called Pinocchio over
Ertesi gün Ateş yiyen Pinokyo'yu çağırdı
"What is your father's name?" he asked Pinocchio
"Babanın adı ne?" diye sordu Pinokyo'ya
"My father is called Geppetto," Pinocchio answered
"Babamın adı Geppetto," diye yanıtladı Pinokyo
"And what trade does he follow?" asked Fire-eater
"Peki hangi ticareti takip ediyor?" diye sordu Ateş Yiyen
"He has no trade, he is a beggar"
"Ticareti yok, dilenci"
"Does he earn much?" asked Fire-eater
"Çok mu kazanıyor?" diye sordu Ateş Yiyen
"No, he has never a penny in his pocket"
"Hayır, cebinde hiç kuruş yok"
"once he bought me a spelling-book"
"Bir keresinde bana bir imla kitabı almıştı"
"but he had to sell the only jacket he had"
"Ama sahip olduğu tek ceketi satmak zorunda kaldı"
"Poor devil! I feel almost sorry for him!"

"Zavallı şeytan! Neredeyse onun için üzülüyorum!"
"Here are five gold pieces for him"
"İşte onun için beş altın"
"Go at once and take the gold to him"
"Hemen git ve altını ona götür"
Pinocchio was overjoyed by the present
Pinokyo bu hediyeye çok sevindi
he thanked the ringmaster a thousand times
Elebaşına binlerce kez teşekkür etti
He embraced all the puppets of the company
Şirketin tüm kuklalarını kucakladı
he even embraced the troop of gendarmes
Jandarma birliğini bile kucakladı
and then he set out to return straight home
Ve sonra doğruca eve dönmek için yola çıktı
But Pinocchio didn't get very far
Ancak Pinokyo çok uzağa gidemedi
on the road he met a Fox with a lame foot
Yolda topal ayaklı bir tilki ile karşılaştı
and he met a Cat blind in both eyes
ve her iki gözü kör olan bir kediyle karşılaştı
they were going along helping each other
Birbirlerine yardım etmeye devam ediyorlardı
they were good companions in their misfortune
Talihsizliklerinde iyi arkadaşlardı
The Fox, who was lame, walked leaning on the Cat
Topal olan Tilki, Kedinin üzerine yaslanarak yürüdü
and the Cat, who was blind, was guided by the Fox
ve kör olan Kedi, Tilki tarafından yönlendirildi
the Fox greeted Pinocchio very politely
Tilki Pinokyo'yu çok kibarca karşıladı
"Good-day, Pinocchio," said the Fox
"İyi günler Pinokyo," dedi Tilki
"How do you come to know my name?" asked the puppet
"Adımı nasıl öğrendin?" diye sordu kukla
"I know your father well," said the fox
"Babanı iyi tanıyorum," dedi tilki

"Where did you see him?" asked Pinocchio
"Onu nerede gördün?" diye sordu Pinokyo
"I saw him yesterday, at the door of his house"
"Onu dün evinin kapısında gördüm"
"And what was he doing?" asked Pinocchio
"Peki ne yapıyordu?" diye sordu Pinokyo
"He was in his shirt and shivering with cold"
"Gömleğinin içindeydi ve soğuktan titriyordu"
"Poor papa! But his suffering is over now"
"Zavallı baba! Ama artık çektiği acılar sona erdi"
"in the future he shall shiver no more!"
"Gelecekte artık titremeyecek!"
"Why will he shiver no more?" asked the fox
"Neden daha fazla titremeyecek?" diye sordu tilki
"Because I have become a gentleman" replied Pinocchio
"Çünkü ben bir beyefendi oldum," diye yanıtladı Pinokyo
"A gentleman—you!" said the Fox
"Bir beyefendi, sen!" dedi Tilki
and he began to laugh rudely and scornfully
Ve kaba ve küçümseyici bir şekilde gülmeye başladı
The Cat also began to laugh with the fox
Kedi de tilkiyle birlikte gülmeye başladı
but she did better at concealing her laughter
Ama kahkahasını gizlemekte daha başarılı oldu
and she combed her whiskers with her forepaws
Ve ön ayaklarıyla bıyıklarını taradı
"There is little to laugh at," cried Pinocchio angrily
"Gülünecek pek bir şey yok," diye bağırdı Pinokyo öfkeyle
"I am really sorry to make your mouth water"
"Ağzını sulandırdığım için gerçekten üzgünüm"
"if you know anything then you know what these are"
"Bir şey biliyorsan, bunların ne olduğunu biliyorsun"
"you can see that they are five pieces of gold"
"Onların beş parça altın olduğunu görebilirsiniz"
And he pulled out the money that Fire-eater had given him
Ve Ateş Yiyen'in ona verdiği parayı çıkardı
for a moment the fox and the cat did a strange thing

Bir an için tilki ve kedi garip bir şey yaptılar
the jingling of the money really got their attention
Paranın şıngırdaması gerçekten dikkatlerini çekti
the Fox stretched out the paw that seemed crippled
Tilki sakat görünen pençesini uzattı
and the Cat opened wide her two eyes
ve Kedi iki gözünü kocaman açtı
her eyes looked like two green lanterns
Gözleri iki yeşil fener gibi görünüyordu

it is true that she shut her eyes again
Gözlerini tekrar kapattığı doğru
she was so quick that Pinocchio didn't notice
o kadar hızlıydı ki Pinokyo fark etmedi
the Fox was very curious about what he had seen
Tilki ne gördüğünü çok merak ediyordu
"what are you going to do with all that money?"
"Bu kadar parayla ne yapacaksın?"
Pinocchio was all too proud to tell them his plans
Pinokyo onlara planlarını anlatmaktan gurur duyuyordu
"First of all, I intend to buy a new jacket for my papa"

"Öncelikle babama yeni bir ceket almayı düşünüyorum"
"the jacket will be made of gold and silver"
"CEKET ALTIN VE GÜMÜŞTEN YAPILACAK"
"and the coat will come with diamond buttons"
"Ve ceket elmas düğmelerle gelecek"
"and then I will buy a spelling-book for myself"
"ve sonra kendim için bir yazım kitabı alacağım"
"You will buy a spelling book for yourself?"
"Kendin için bir heceleme kitabı alacak mısın?"
"Yes indeed, for I wish to study in earnest"
"Evet, kesinlikle, çünkü ciddi bir şekilde çalışmak istiyorum"
"Look at me!" said the Fox
"Bana bak!" dedi Tilki
"Through my foolish passion for study I have lost a leg"
"Çalışmaya olan aptalca tutkum yüzünden bir bacağımı kaybettim"
"Look at me!" said the Cat
"Bana bak!" dedi Kedi
"Through my foolish passion for study I have lost my eyes"
"Çalışmaya olan aptalca tutkum yüzünden gözlerimi kaybettim"
At that moment a white Blackbird began his usual song
O anda beyaz bir Karatavuk her zamanki şarkısına başladı
"Pinocchio, don't listen to the advice of bad companions"
"Pinokyo, kötü arkadaşların tavsiyelerini dinleme"
"if you listen to their advice you will repent it!"
"Eğer onların nasihatlerini dinlerseniz, tövbe edersiniz!"
Poor Blackbird! If only he had not spoken!
Zavallı Karatavuk! Keşke konuşmasaydı!
The Cat, with a great leap, sprang upon him
Kedi büyük bir sıçrayışla üzerine sıçradı
she didn't even give him time to say "Oh!"
ona "Ah!" demesi için zaman bile vermedi.
she ate him in one mouthful, feathers and all
Onu bir ağız dolusu, tüyleri ve hepsini yedi
Having eaten him, she cleaned her mouth
Onu yedikten sonra ağzını temizledi

and then she shut her eyes again
Ve sonra tekrar gözlerini kapattı
and she feigned blindness just as before
Ve daha önce olduğu gibi kör numarası yaptı
"Poor Blackbird!" said Pinocchio to the Cat
"Zavallı Karatavuk!" dedi Pinokyo Kedi'ye
"why did you treat him so badly?"
"Ona neden bu kadar kötü davrandın?"
"I did it to give him a lesson"
"Ona bir ders vermek için yaptım"
"He will learn not to meddle in other people's affairs"
"Başkalarının işlerine karışmamayı öğrenecek"
by now they had gone almost half-way home
Şimdiye kadar neredeyse eve yarı yolda gitmişlerdi
the Fox, halted suddenly, and spoke to the puppet
Tilki aniden durdu ve kuklayla konuştu
"Would you like to double your money?"
"Paranızı ikiye katlamak ister misiniz?"
"In what way could I double my money?"
"Paramı ne şekilde ikiye katlayabilirim?"
"Would you like to multiply your five miserable coins?"
"Beş sefil madeni paranızı çarpmak ister misiniz?"
"I would like that very much! but how?"
"Bunu çok isterim! Ama nasıl?"
"The way to do it is easy enough"
"Bunu yapmanın yolu yeterince kolay"
"Instead of returning home you must go with us"
"Eve dönmek yerine bizimle gelmelisiniz"
"And where do you wish to take me?"
"Peki beni nereye götürmek istiyorsun?"
"We will take you to the land of the Owls"
"Sizi Baykuşlar Ülkesi'ne götüreceğiz"
Pinocchio reflected a moment to think
Pinokyo düşünmek için bir anı yansıttı
and then he said resolutely "No, I will not go"
ve sonra kararlı bir şekilde "Hayır, gitmeyeceğim" dedi.
"I am already close to the house"

"Zaten eve yakınım"
"and I will return home to my papa"
"ve ben eve, babamın yanına döneceğim"
"he has been waiting for me in the cold"
"Soğukta beni bekliyordu"
"all day yesterday I did not come back to him"
"Dün bütün gün ona geri dönmedim"
"Who can tell how many times he sighed!"
"Kaç kez iç çektiğini kim bilebilir!"
"I have indeed been a bad son"
"Ben gerçekten kötü bir evlat oldum"
"and the talking little cricket was right"
"Ve konuşan küçük cırcır böceği haklıydı"
"Disobedient boys never come to any good"
"İtaatsiz çocuklar hiçbir işe yaramaz"
"what the talking little cricket said is true"
"Konuşan küçük cırcır böceğinin dediği doğru"
"many misfortunes have happened to me"
"Başıma birçok talihsizlik geldi"
"Even yesterday in fire-eater's house I took a risk"
"Dün bile itfaiyecinin evinde risk aldım"
"Oh! it makes me shudder to think of it!"
"Eyvah! Bunu düşünmek bile tüylerimi diken diken ediyor!"
"Well, then," said the Fox, "you've decided to go home?"
"Peki, öyleyse," dedi Tilki, "eve gitmeye karar verdin mi?"
"Go, then, and so much the worse for you"
"Git o zaman, senin için çok daha kötüsü"
"So much the worse for you!" repeated the Cat
"Senin için çok daha kötü!" diye tekrarladı Kedi
"Think well of it, Pinocchio," they advised him
"İyi düşün, Pinokyo," diye öğüt verdiler ona
"because you are giving a kick to fortune"
"Çünkü Talih'e bir tekme atıyorsun"
"a kick to fortune!" repeated the Cat
"Servete bir tekme!" diye tekrarladı Kedi
"all it would have taken would have been a day"
"SADECE BİR GÜN SÜRERDİ"

"by tomorrow your five coins could have multiplied"
"Yarına kadar beş madeni paranız çoğalabilirdi"
"your five coins could have become two thousand"
"Beş paranız iki bin olabilirdi"
"Two thousand sovereigns!" repeated the Cat
"İki bin hükümdar!" diye tekrarladı Kedi
"But how is it possible?" asked Pinocchio
"Ama bu nasıl mümkün olabilir?" diye sordu Pinokyo
and he remained with his mouth open from astonishment
ve şaşkınlıktan ağzı açık kaldı
"I will explain it to you at once," said the Fox
"Sana hemen açıklayacağım," dedi Tilki
"in the land of the Owls there is a sacred field"
"Baykuşların ülkesinde kutsal bir alan var"
"everybody calls it the field of miracles"
"Herkes buna mucizeler tarlası diyor"
"In this field you must dig a little hole"
"Bu alanda küçük bir çukur kazmalısınız"
"and you must put a gold coin into the hole"
"Ve deliğe bir altın para koymalısın"
"then you cover up the hole with a little earth"
"O zaman deliği biraz toprakla kapatıyorsun"
"you must get water from the fountain nearby"
"Yakındaki çeşmeden su almalısınız"
"you must water they hole with two pails of water"
"Çukurlarını iki kova su ile sulamalısınız"
"then sprinkle the hole with two pinches of salt"
"O zaman deliğe iki tutam tuz serpin"
"and when night comes you can go quietly to bed"
"Ve gece olduğunda sessizce yatağa gidebilirsin"
"during the night the miracle will happen"
"Gece boyunca mucize gerçekleşecek"
"the gold pieces you planted will grow and flower"
"Diktiğiniz altın parçaları büyüyecek ve çiçek açacak"
"and what do you think you will find in the morning?"
"Peki sabahleyin ne bulacağını sanıyorsun?"
"You will find a beautiful tree where you planted it"

"Diktiğin yerde güzel bir ağaç bulacaksın"
"they tree will be laden with gold coins"
"Ağaçlar altın paralarla dolu olacak"
Pinocchio grew more and more bewildered
Pinokyo giderek daha fazla şaşkına döndü
"let's suppose I bury my five coins in that field"
"Diyelim ki beş paramı o tarlaya gömüyorum"
"how many coins might I find the following morning?"
"Ertesi sabah kaç tane bozuk para bulabilirim?"
"That is an exceedingly easy calculation," replied the Fox
"Bu son derece kolay bir hesaplama," diye yanıtladı Tilki
"a calculation you can make with your hands"
"Ellerinizle yapabileceğiniz bir hesaplama"
"Every coin will give you an increase of five-hundred"
"Her madeni para size beş yüz artış sağlayacak"
"multiply five hundred by five and you have your answer"
"Beş yüz ile beşi çarpın ve cevabınızı alın"
"you will find two-thousand-five-hundred shining gold pieces"
"İki bin beş yüz parlayan altın bulacaksınız"
"Oh! how delightful!" cried Pinocchio, dancing for joy
"Eyvah! Ne kadar hoş!" diye bağırdı Pinokyo, sevinçten dans ederek
"I will keep two thousand for myself"
"İki bini kendime ayıracağım"
"and the other five hundred I will give you two"
"ve diğer beş yüzünü sana iki tane vereceğim"
"A present to us?" cried the Fox with indignation
"Bize bir hediye mi?" diye bağırdı Tilki öfkeyle
and he almost appeared offended at the offer
Ve teklife neredeyse gücenmiş görünüyordu
"What are you dreaming of?" asked the Fox
"Ne hayal ediyorsun?" diye sordu Tilki
"What are you dreaming of?" repeated the Cat
"Ne hayal ediyorsun?" diye tekrarladı Kedi
"We do not work to accumulate interest"
"Faiz biriktirmek için çalışmıyoruz"

"we work solely to enrich others"
"Sadece başkalarını zenginleştirmek için çalışıyoruz"
"to enrich others!" repeated the Cat
"Başkalarını zenginleştirmek için!" diye tekrarladı Kedi
"What good people!" thought Pinocchio to himself
"Ne kadar iyi insanlar!" diye düşündü Pinokyo kendi kendine
and he forgot all about his papa and the new jacket
Ve babasını ve yeni ceketini unuttu
and he forgot about the spelling-book
Ve imla kitabını unuttu
and he forgot all of his good resolutions
Ve tüm iyi kararlarını unuttu
"Let us be off at once" he suggested
"Hemen gidelim," diye önerdi
"I will go with you two to the field of Owls"
"Siz ikinizle Baykuşlar tarlasına gideceğim"

The Inn of the Red Craw-Fish
Kırmızı Karides Balığı Hanı

They walked, and walked, and walked
Yürüdüler, yürüdüler ve yürüdüler
all tired out, they finally arrived at an inn
Hepsi yorgun, sonunda bir hana vardılar
The Inn of The Red Craw-Fish
Kırmızı Karides Balığı Hanı
"Let us stop here a little," said the Fox
"Burada biraz duralım," dedi Tilki
"we should have something to eat," he added
"Yiyecek bir şeyler almalıyız" diye ekledi
"we need to rest ourselves for an hour or two"
"Bir iki saat dinlenmemiz gerekiyor"
"and then we will start again at midnight"
"Ve sonra gece yarısı tekrar başlayacağız"
"we'll arrive at the Field of Miracles in the morning"
"Sabah Mucizeler Tarlası'na varacağız"

Pinocchio was also tired from all the walking
Pinokyo da tüm yürüyüşlerden yorulmuştu
so he was easily convinced to go into the inn
Bu yüzden hana girmeye kolayca ikna edildi
all three of them sat down at a table
Üçü de bir masaya oturdu
but none of them really had any appetite
Ama hiçbirinin gerçekten iştahı yoktu

The Cat was suffering from indigestion
Kedi hazımsızlık çekiyordu
and she was feeling seriously indisposed
Ve ciddi bir şekilde isteksiz hissediyordu
she could only eat thirty-five fish with tomato sauce
Domates soslu sadece otuz beş balık yiyebilirdi
and she had just four portions of noodles with Parmesan
ve Parmesanlı sadece dört porsiyon erişte vardı
but she thought the noodles weres not seasoned enough
Ama eriştelerin yeterince baharatlı olmadığını düşündü
so she asked three times for the butter and grated cheese!
Bu yüzden üç kez tereyağı ve rendelenmiş peynir istedi!

The Fox could also have gone without eating
Tilki yemek yemeden de gidebilirdi
but his doctor had ordered him a strict diet
Ama doktoru ona sıkı bir diyet emretmişti
so he was forced to content himself simply with a hare
Bu yüzden sadece bir tavşanla yetinmek zorunda kaldı
the hare was dressed with a sweet and sour sauce
Tavşan tatlı ve ekşi bir sosla giyinmişti
it was garnished lightly with fat chickens
Yağlı tavuklarla hafifçe süslendi
then he ordered a dish of partridges and rabbits
Sonra bir tabak keklik ve tavşan sipariş etti
and he also ate some frogs, lizards and other delicacies
Ayrıca bazı kurbağalar, kertenkeleler ve diğer lezzetleri de yedi
he really could not eat anything else
Gerçekten başka bir şey yiyemiyordu
He cared very little for food, he said
Yemeğe çok az önem verdiğini söyledi
and he said he struggled to put it to his lips
Ve bunu dudaklarına götürmekte zorlandığını söyledi
The one who ate the least was Pinocchio
En az yiyen Pinokyo'ydu
He asked for some walnuts and a hunch of bread
Biraz ceviz ve bir parça ekmek istedi
and he left everything on his plate
Ve her şeyi tabağında bıraktı
The poor boy's thoughts were not with the food
Zavallı çocuğun düşünceleri yemekle ilgili değildi
he continually fixed his thoughts on the Field of Miracles
düşüncelerini sürekli olarak Mucizeler Alanı'na sabitledi
When they had supped, the Fox spoke to the host
Onlar sustuklarında, Tilki ev sahibiyle konuştu
"Give us two good rooms, dear inn-keeper"
"Bize iki güzel oda ver, sevgili hancı"
"please provide us one room for Mr. Pinocchio"
"Lütfen bize Bay Pinokyo için bir oda sağlayın"

"and I will share the other room with my companion"
"ve diğer odayı arkadaşımla paylaşacağım"
"We will snatch a little sleep before we leave"
"Ayrılmadan önce biraz uyku çekeceğiz"
"Remember, however, that we wish to leave at midnight"
"Ancak unutmayın ki gece yarısı ayrılmak istiyoruz"
"so please call us, to continue our journey"
"Bu yüzden yolculuğumuza devam etmek için lütfen bizi arayın"
"Yes, gentlemen," answered the host
"Evet beyler," diye yanıtladı ev sahibi
and he winked at the Fox and the Cat
Tilki ve Kediye göz kırptı
it was as if he said "I know what you are up to"
sanki "Ne yaptığını biliyorum" der gibiydi
the wink seemed to say, "we understand one another!"
Göz kırparak, "Birbirimizi anlıyoruz!" der gibiydi.
Pinocchio was very tired from the day
Pinokyo o günden beri çok yorgundu
he fell asleep as soon as he got into his bed
Yatağına girer girmez uykuya daldı
and as soon as he started sleeping he started to dream
Ve uyumaya başlar başlamaz rüya görmeye başladı
he dreamed that he was in the middle of a field
Rüyasında bir tarlanın ortasında olduğunu gördü
the field was full of shrubs as far as the eye could see
Tarla göz alabildiğine çalılarla doluydu
the shrubs were covered with clusters of gold coins
Çalılar altın sikke kümeleriyle kaplıydı
the gold coins swung in the wind and rattled
Altın paralar rüzgarda sallandı ve sallandı
and they made a sound like, "tzinn, tzinn, tzinn"
Ve şöyle bir ses çıkardılar, "Tzinn, Tzinn, Tzinn"
they sounded as if they were speaking to Pinocchio
sanki Pinokyo ile konuşuyormuş gibi geliyorlardı
"Let who whoever wants to come and take us"
"İsteyen gelsin bizi alsın"

Pinocchio was just about to stretch out his hand
Pinokyo tam elini uzatmak üzereydi
he was going to pick handfuls of those beautiful gold pieces
O güzel altın parçalarından avuç dolusu toplayacaktı
and he almost was able to put them in his pocket
Ve neredeyse onları cebine koyabiliyordu
but he was suddenly awakened by three knocks on the door
Ama aniden kapının üç kez çalınmasıyla uyandı
It was the host who had come to wake him up
Onu uyandırmaya gelen ev sahibiydi
"I have come to let you know it's midnight"
"Gece yarısı olduğunu sana haber vermeye geldim"
"Are my companions ready?" asked the puppet
"Arkadaşlarım hazır mı?" diye sordu kukla
"Ready! Why, they left two hours ago"
"Hazır! Neden, iki saat önce gittiler"
"Why were they in such a hurry?"
"Neden bu kadar aceleleri vardı?"
"Because the Cat had received a message"
"Çünkü Kedi bir mesaj almıştı"
"she got news that her eldest kitten was ill"
"En büyük yavru kedisinin hasta olduğu haberini aldı"
"Did they pay for the supper?"
"Akşam yemeği için para ödediler mi?"
"What are you thinking of?"
"Ne düşünüyorsun?"
"They are too well educated to dream of insulting you"
"Size hakaret etmeyi hayal edemeyecek kadar iyi eğitimliler"
"a gentleman like you would not let his friends pay"
"Senin gibi bir beyefendi arkadaşlarının ödemesine izin vermez"
"What a pity!" thought Pinocchio
"Ne yazık!" diye düşündü Pinokyo
"such an insult would have given me much pleasure!"
"Böyle bir hakaret bana çok zevk verirdi!"
"And where did my friends say they would wait for me?"
"Peki arkadaşlarım beni bekleyeceklerini nerede söylediler?"

"At the Field of Miracles, tomorrow morning at daybreak"
"Mucizeler Tarlasında, yarın sabah şafakta "
Pinocchio paid a coin for the supper of his companions
Pinokyo, arkadaşlarının akşam yemeği için bir bozuk para ödedi
and then he left for the field of Miracles
ve sonra Mucizeler alanına gitti
Outside the inn it was almost pitch black
Hanın dışı neredeyse zifiri karanlıktı
Pinocchio could only make progress by groping his way
Pinokyo ancak el yordamıyla yolunu bularak ilerleme kaydedebilirdi
it was impossible to see his hand's in front of him
Elini önünde görmek imkansızdı
Some night-birds flew across the road
Bazı gece kuşları yolun karşısına uçtu
they brushed Pinocchio's nose with their wings
Pinokyo'nun burnunu kanatlarıyla fırçaladılar
it caused him a terrible fright
Bu onun korkunç bir korkusuna neden oldu
springing back, he shouted: "who goes there?"
Geri sıçrayarak bağırdı: "Oraya kim gidiyor?"
and the echo in the hills repeated in the distance
Ve tepelerdeki yankı uzaktan tekrarlandı
"Who goes there?" - "Who goes there?" - "Who goes there?"
"Oraya kim gidiyor?" - "Oraya kim gidiyor?" - "Oraya kim gidiyor?"
on the trunk of the tree he saw a little light
Ağacın gövdesinde küçük bir ışık gördü
it was a little insect he saw shining dimly
Loş bir şekilde parladığını gördüğü küçük bir böcekti
like a night-light in a lamp of transparent china
Şeffaf çiniden bir lambadaki gece lambası gibi
"Who are you?" asked Pinocchio
"Sen kimsin?" diye sordu Pinokyo
the insect answered in a low voice;
Böcek kısık bir sesle cevap verdi;

"I am the ghost of the talking little cricket"
"Ben konuşan küçük cırcır böceğinin hayaletiyim"
the voice was fainter than can be described
Ses tarif edilebileceğinden daha zayıftı
the voice seemed to come from the other world
Ses sanki öteki dünyadan geliyor gibiydi
"What do you want with me?" said the puppet
"Benden ne istiyorsun?" dedi kukla
"I want to give you some advice"
"Sana bazı tavsiyelerde bulunmak istiyorum"
"Go back and take the four coins that you have left"
"Geri dön ve kalan dört madeni parayı al"
"take your coins to your poor father"
"Paralarınızı zavallı babanıza götürün"
"he is weeping and in despair at home"
"Evinde ağlıyor ve çaresizlik içinde"
"because you have not returned to him"
"Çünkü ona geri dönmedin"
but Pinocchio had already thought of this
ama Pinokyo bunu zaten düşünmüştü
"By tomorrow my papa will be a gentleman"
"Yarına kadar babam bir beyefendi olacak"
"these four coins will become two thousand"
"BU DÖRT MADENI PARA IKI BIN OLACAK"
"Don't trust those who promise to make you rich in a day"
"Sizi bir günde zengin etmeyi vaat edenlere güvenmeyin"
"Usually they are either mad or rogues!"
"Genellikle ya deli ya da haydutturlar!"
"Give ear to me, and go back, my boy"
"Bana kulak ver ve geri dön oğlum"
"On the contrary, I am determined to go on"
"Aksine, devam etmeye kararlıyım"
"The hour is late!" said the cricket
"Saat geç oldu!" dedi cırcır böceği
"I am determined to go on"
"Devam etmeye kararlıyım"
"The night is dark!" said the cricket

"Gece karanlık!" dedi cırcır böceği
"I am determined to go on"
"Devam etmeye kararlıyım"
"The road is dangerous!" said the cricket
"Yol tehlikeli!" dedi cırcır böceği
"I am determined to go on"
"Devam etmeye kararlıyım"
"boys are bent on following their wishes"
"Erkek çocuklar isteklerini yerine getirmeye kararlı"
"but remember, sooner or later they repent it"
"Ama unutma, er ya da geç tövbe ederler"
"Always the same stories. Good-night, little cricket"
"Hep aynı hikayeler. İyi geceler, küçük kriket"
The Cricket wished Pinocchio a good night too
Kriket de Pinokyo'ya iyi geceler diledi
"may Heaven preserve you from dangers and assassins"
"Cennet sizi tehlikelerden ve suikastçılardan korusun"
then the talking little cricket vanished suddenly
Sonra konuşan küçük cırcır böceği aniden ortadan kayboldu
like a light that has been blown out
Sönmüş bir ışık gibi
and the road became darker than ever
Ve yol her zamankinden daha karanlık hale geldi

Pinocchio Falls into the Hands of the Assassins
Pinokyo Suikastçıların Eline Geçiyor

Pinocchio resumed his journey and spoke to himself
Pinokyo yolculuğuna devam etti ve kendi kendine konuştu
"how unfortunate we poor boys are"
"Biz zavallı çocuklar ne kadar talihsiziz"
"Everybody scolds us and gives us good advice"
"Herkes bizi azarlıyor ve bize iyi tavsiyeler veriyor"
"but I don't choose to listen to that tiresome little cricket"
"ama o yorucu küçük cırcır böceğini dinlemeyi seçmiyorum"
"who knows how many misfortunes are to happen to me!"

"Kim bilir başıma ne kadar çok talihsizlik gelecek!"
"I haven't even met any assassins yet!"
"Henüz hiç suikastçıyla tanışmadım bile!"
"That is, however, of little consequence"
"Ancak bunun pek bir önemi yok"
"for I don't believe in assassins"
"Çünkü ben suikastçılara inanmıyorum"
"I have never believed in assassins"
"Suikastçılara hiçbir zaman inanmadım"
"I think that assassins have been invented purposely"
"Suikastçıların bilerek icat edildiğini düşünüyorum"
"papas use them to frighten little boys"
"Babalar onları küçük çocukları korkutmak için kullanıyor"
"and then little boys are scared of going out at night"
"Ve sonra küçük çocuklar gece dışarı çıkmaya korkuyor"
"Anyway, let's suppose I was to come across assassins"
"Her neyse, diyelim ki suikastçılarla karşılaştım"
"do you imagine they would frighten me?"
"Beni korkutacaklarını mı sanıyorsun?"
"they would not frighten me in the least"
"Beni zerre kadar korkutmazlardı"
"I will go to meet them and call to them"
"Onlarla buluşmaya gideceğim ve onlara sesleneceğim"
'Gentlemen assassins, what do you want with me?'
'Beyler suikastçılar, benden ne istiyorsunuz?'
'Remember that with me there is no joking'
'Unutmayın ki bende şaka yok'
'Therefore, go about your business and be quiet!'
'Bu nedenle, işinize bakın ve sessiz olun!'
"At this speech they would run away like the wind"
"Bu konuşmada rüzgar gibi kaçarlardı"
"it could be that they are badly educated assassins"
"Kötü eğitimli suikastçılar olabilirler"
"then the assassins might not run away"
"O zaman suikastçılar kaçmayabilir"
"but even that isn't a great problem"
"Ama bu bile büyük bir sorun değil"

"then I would just run away myself"
"o zaman kendim kaçardım"
"and that would be the end of that"
"Ve bu onun sonu olurdu"
But Pinocchio had no time to finish his reasoning
Ancak Pinokyo'nun akıl yürütmesini bitirmek için zamanı yoktu
he thought that he heard a slight rustle of leaves
Hafif bir yaprak hışırtısı duyduğunu düşündü
He turned to look where the noise had come from
Sesin nereden geldiğine bakmak için döndü
and he saw in the gloom two evil-looking black figures
Ve kasvetin içinde iki kötü görünümlü siyah figür gördü
they were completely enveloped in charcoal sacks
Tamamen kömür çuvallarına sarılmışlardı
They were running after him on their tiptoes
Parmak uçlarında onun peşinden koşuyorlardı
and they were making great leaps like two phantoms
Ve iki hayalet gibi büyük sıçramalar yapıyorlardı
"Here they are in reality!" he said to himself
"İşte buradalar, gerçekte!" dedi kendi kendine
he didn't have anywhere to hide his gold pieces
Altınlarını saklayacak hiçbir yeri yoktu
so he put them in his mouth, under his tongue
Bu yüzden onları ağzına, dilinin altına koydu
Then he turned his attention to escaping
Sonra dikkatini kaçmaya çevirdi
But he did not manage to get very far
Ancak çok uzağa gitmeyi başaramadı
he felt himself seized by the arm
Kendini kolundan tutulmuş hissetti

and he heard two horrid voices threatening him
Ve kendisini tehdit eden iki korkunç ses duydu
"Your money or your life!" they threatened
"Ya paran ya canın!" diye tehdit ettiler
Pinocchio was not able to answer in words
Pinokyo kelimelerle cevap veremedi
because he had put his money in his mouth
Çünkü parasını ağzına atmıştı
so he made a thousand low bows
Bu yüzden bin alçak yay yaptı
and he offered a thousand pantomimes
Ve bin pandomim sundu
He tried to make the two figures understand
İki figürün anlamasını sağlamaya çalıştı
he was just a poor puppet without any money
O sadece parası olmayan fakir bir kukluydu
he had not as much as a nickel in his pocket
Cebinde bir nikel kadar bile yoktu
but the two robbers were not convinced

Ancak iki soyguncu ikna olmadı
"Less nonsense and out with the money!"
"Daha az saçmalık ve parayla dışarı!"
And the puppet made a gesture with his hands
Ve kukla elleriyle bir işaret yaptı
he pretended to turn his pockets inside out
Ceplerini ters çeviriyormuş gibi yaptı
Of course Pinocchio didn't have any pockets
Tabii ki Pinokyo'nun cebi yoktu
but he was trying to signify, "I have no money"
ama "Param yok" demeye çalışıyordu
slowly the robbers were losing their patience
Yavaş yavaş haydutların sabrı tükeniyordu
"Deliver up your money or you are dead," said the taller one
"Paranı teslim et yoksa ölürsün," dedi uzun boylu olan
"Dead!" repeated the smaller one
"Ölü!" diye tekrarladı küçük olan
"And then we will also kill your father!"
"Ve sonra babanı da öldüreceğiz!"
"Also your father!" repeated the smaller one again
"Baban da!" diye tekrarladı küçük olan tekrar
"No, no, no, not my poor papa!" cried Pinocchio in despair
"Hayır, hayır, hayır, zavallı babam değil!" diye bağırdı
Pinokyo çaresizlik içinde
and as he said it the coins clinked in his mouth
Ve bunu söylerken paralar ağzında şıngırdadı
"Ah! you rascal!" realized the robbers
"Ah! seni!" diye fark etti haydutlar
"you have hidden your money under your tongue!"
"Paranı dilinin altına sakladın!"
"Spit it out at once!" he ordered him
"Hemen tükürün!" diye emretti ona
"spit it out," repeated the smaller one
"Tükürün şunu," diye tekrarladı küçük olan
Pinocchio was obstinate to their commands
Pinokyo onların emirlerine inatçıydı
"Ah! you pretend to be deaf, do you?"

"Ah! Sağır gibi davranıyorsun, değil mi?"
"leave it to us to find a means"
"Bir yol bulmayı bize bırakın"
"we will find a way to make you give up your money"
"Parasından vazgeçmeni sağlamanın bir yolunu bulacağız"
"We will find a way," repeated the smaller one
"Bir yol bulacağız," diye tekrarladı küçük olan
And one of them seized the puppet by his nose
Ve içlerinden biri kuklayı burnundan yakaladı
and the other took him by the chin
Diğeri onu çenesinden tuttu
and they began to pull brutally
Ve vahşice çekmeye başladılar
one pulled up and the other pulled down
Biri yukarı çekti, diğeri aşağı çekti
they tried to force him to open his mouth
Ağzını açması için onu zorlamaya çalıştılar
But it was all to no purpose
Ama hepsi boşunaydı
Pinocchio's mouth seemed to be nailed together
Pinokyo'nun ağzı birbirine çivilenmiş gibiydi
Then the shorter assassin drew out an ugly knife
Sonra kısa boylu suikastçı çirkin bir bıçak çıkardı
and he tried to put it between his lips
Ve onu dudaklarının arasına koymaya çalıştı
But Pinocchio, as quick as lightning, caught his hand
Ama Pinokyo, şimşek kadar hızlı bir şekilde elini yakaladı
and he bit him with his teeth
Ve onu dişleriyle ısırdı
and with one bite he bit the hand clean off
Ve bir ısırıkla elini ısırarak temizledi
but it wasn't a hand that he spat out
Ama tükürdüğü bir el değildi
it was hairier than a hand, and had claws
Bir elden daha kıllıydı ve pençeleri vardı
imagine Pinocchio's astonishment when saw a cat's paw
Pinokyo'nun bir kedinin pençesini gördüğünde yaşadığı

şaşkınlığı hayal edin
or at least that's what he thought he saw
Ya da en azından gördüğünü düşündüğü buydu
Pinocchio was encouraged by this first victory
Pinokyo bu ilk zaferden cesaret aldı
now he used his fingernails to break free
Şimdi kurtulmak için tırnaklarını kullanıyordu
he succeeded in liberating himself from his assailants
Kendisini saldırganlardan kurtarmayı başardı
he jumped over the hedge by the roadside
Yol kenarındaki çitin üzerinden atladı
and began to run across the fields
ve tarlalarda koşmaya başladı
The assassins ran after him like two dogs chasing a hare
Suikastçılar, bir tavşanı kovalayan iki köpek gibi peşinden koştular
and the one who had lost a paw ran on one leg
Ve bir pençesini kaybeden kişi tek ayak üzerinde koştu
and no one ever knew how he managed it
Ve hiç kimse bunu nasıl başardığını bilmiyordu
After a race of some miles Pinocchio could run no more
Birkaç kilometrelik bir yarıştan sonra Pinokyo artık koşamıyordu
he thought his situation was lost
Durumunun kaybolduğunu düşünüyordu
he climbed the trunk of a very high pine tree
Çok yüksek bir çam ağacının gövdesine tırmandı
and he seated himself in the topmost branches
ve en üst dallara oturdu
The assassins attempted to climb after him
Suikastçılar peşinden tırmanmaya çalıştı
when they reached half-way up the tree they slid down again
Ağacın yarısına geldiklerinde tekrar aşağı kaydılar
and they arrived on the ground with their skin grazed
Derileri sıyrılmış halde yere düştüler
But they didn't give up so easily

Ama o kadar kolay pes etmediler
they piled up some dry wood beneath the pine
Çamın altına biraz kuru odun yığdılar
and then they set fire to the wood
Ve sonra ahşabı ateşe verdiler
very quickly the pine began to burn higher
Çok hızlı bir şekilde çam daha fazla yanmaya başladı
like a candle blown by the wind
Rüzgarın üflediği bir mum gibi
Pinocchio saw the flames rising higher and higher
Pinokyo alevlerin gittikçe yükseldiğini gördü
he did not wish to end his life like a roasted pigeon
Hayatını kızarmış bir güvercin gibi sona erdirmek istemiyordu
so he made a stupendous leap from the top of the tree
Bu yüzden ağacın tepesinden muazzam bir sıçrama yaptı
and he ran across the fields and vineyards
Tarlalarda ve üzüm bağlarında koştu
The assassins followed him again
Suikastçılar tekrar onu takip etti
and they kept behind him without giving up
Ve pes etmeden onun arkasında durdular
The day began to break and they were still pursuing him
Gün ağarmaya başladı ve hala onu takip ediyorlardı
Suddenly Pinocchio found his way barred by a ditch
Aniden Pinokyo yolunu bir hendek tarafından engellenmiş buldu
it was full of stagnant water the colour of coffee
Kahve renginde durgun suyla doluydu
What was our Pinocchio to do now?
Pinokyo'muz şimdi ne yapacaktı?
"One! two! three!" cried the puppet
"Bir! İki! Üç!" diye bağırdı kukla
making a rush, he sprang to the other side
Acele ederek diğer tarafa sıçradı
The assassins also tried to jump over the ditch
Suikastçılar ayrıca hendeğin üzerinden atlamaya çalıştı

but they had not measured the distance
ama mesafeyi ölçmemişlerdi
splish splash! they fell into the middle of the ditch
Sıçramayı Kırpın! Hendeğin ortasına düştüler

Pinocchio heard the plunge and the splashing
Pinokyo dalmayı ve sıçramayı duydu
"A fine bath to you, gentleman assassins"
"Size güzel bir banyo, beyefendi suikastçılar"
And he felt convinced that they were drowned
Ve boğulduklarına ikna oldu
but it's good that Pinocchio did look behind him
ama Pinokyo'nun arkasına bakması iyi ki
because his two assassins had not drowned

Çünkü iki suikastçısı boğulmamıştı
the two assassins had got out the water again
İki suikastçı tekrar sudan çıkmıştı
and they were both still running after him
Ve ikisi de hala onun peşinden koşuyorlardı
they were still enveloped in their sacks
Hala çuvallarına sarılmışlardı
and the water was dripping from them
ve onlardan su damlıyordu
as if they had been two hollow baskets
sanki iki içi boş sepetmiş gibi

The Assassins Hang Pinocchio to the Big Oak Tree
Suikastçılar Pinokyo'yu Büyük Meşe Ağacına Asıyor

At this sight, the puppet's courage failed him
Bu manzara karşısında kuklanın cesareti onu hayal kırıklığına uğrattı
he was on the point of throwing himself on the ground
Kendini yere atma noktasına gelmişti
and he wanted to give himself over for lost
Ve kendini kaybetmek için teslim etmek istedi
he turned his eyes in every direction
Gözlerini her yöne çevirdi
he saw a small house as white as snow
Kar gibi beyaz küçük bir ev gördü
"If only I had breath to reach that house"
"Keşke o eve ulaşacak kadar nefesim olsaydı"
"perhaps then I might be saved"
"belki o zaman kurtulurum"
without delaying an instant he recommenced running
Bir an bile gecikmeden koşmaya yeniden başladı
poor little Pinocchio was running for his life
zavallı küçük Pinokyo hayatı için koşuyordu
he ran through the wood with the assassins after him
Peşindeki suikastçılarla birlikte ormanda koştu

there was a desperate race of nearly two hours
Yaklaşık iki saatlik umutsuz bir yarış vardı
and finally he arrived quite breathless at the door
Ve sonunda nefes nefese kapıya geldi
he desperately knocked on the door of the house
Çaresizce evin kapısını çaldı
but no one answered Pinocchio's knock
ama kimse Pinokyo'nun kapısını çalmasına cevap vermedi
He knocked at the door again with great violence
Büyük bir şiddetle tekrar kapıyı çaldı
because he heard the sound of steps approaching him
Çünkü kendisine yaklaşan adımların sesini duydu
and he heard the the heavy panting of his persecutors
ve kendisine zulmedenlerin ağır nefes nefese kalışlarını duydu
there was the same silence as before
Daha önce olduğu gibi aynı sessizlik vardı
he saw that knocking was useless
Kapıyı çalmanın faydasız olduğunu gördü
so he began in desperation to kick and pommel the door
Bu yüzden çaresizlik içinde kapıyı tekmelemeye ve yumruklamaya başladı
The window next to the door then opened
Kapının yanındaki pencere daha sonra açıldı
and a beautiful Child appeared at the window
ve pencerede güzel bir çocuk belirdi
the beautiful child had blue hair
Güzel çocuğun mavi saçları vardı
and her face was as white as a waxen image
ve yüzü balmumu bir görüntü kadar beyazdı
her eyes were closed as if she was asleep
Gözleri sanki uyuyormuş gibi kapalıydı
and her hands were crossed on her breast
ve elleri göğsünde kavuşturuldu
Without moving her lips in the least, she spoke
Dudaklarını en ufak bir şekilde kıpırdatmadan konuştu
"In this house there is no one, they are all dead"
"Bu evde kimse yok, hepsi öldü"

and her voice seemed to come from the other world
Ve sesi sanki öteki dünyadan geliyor gibiydi
but Pinocchio shouted and cried and implored
ama Pinokyo bağırdı, ağladı ve yalvardı
"Then at least open the door for me"
"O zaman en azından benim için kapıyı aç"
"I am also dead," said the waxen image
"Ben de öldüm," dedi balmumu görüntü
"Then what are you doing there at the window?"
"O zaman orada pencerede ne yapıyorsun?"
"I am waiting to be taken away"
"Götürülmeyi bekliyorum"
Having said this she immediately disappeared
Bunu söyledikten sonra hemen ortadan kayboldu
and the window was closed again without the slightest noise
Ve pencere en ufak bir ses çıkarmadan tekrar kapatıldı
"Oh! beautiful Child with blue hair," cried Pinocchio"
"Eyvah! Mavi saçlı güzel çocuk," diye bağırdı Pinokyo"
"open the door, for pity's sake!"
"Acıma aşkına kapıyı aç!"
"Have compassion on a poor boy pursued..."
"Peşinden koştuğu fakir bir çocuğa merhamet edin..."
But he could not finish the sentence
Ama cümleyi bitiremedi
because he felt himself seized by the collar
çünkü kendini yakasından tutmuş hissediyordu
the same two horrible voices said to him threateningly:
Aynı iki korkunç ses ona tehditkar bir şekilde şöyle dedi:
"You shall not escape from us again!"
"Bir daha bizden kaçamayacaksın!"
"You shall not escape," panted the little assassin
"Kaçamayacaksın," diye nefes nefese kaldı küçük suikastçı
The puppet saw death was staring him in the face
Kukla, ölümün yüzüne baktığını gördü
he was taken with a violent fit of trembling
Şiddetli bir titreme nöbeti geçirdi
the joints of his wooden legs began to creak

Tahta bacaklarının eklemleri gıcırdamaya başladı
and the coins hidden under his tongue began to clink
Ve dilinin altına sakladığı paralar tıkırdamaya başladı
"will you open your mouth—yes or no?" demanded the assassins
"Ağzını açar mısın, evet mi, hayır mı?" diye sordu suikastçılar
"Ah! no answer? Leave it to us"
"Ah! Cevap yok mu? Bunu bize bırakın"
"this time we will force you to open it!"
"Bu sefer seni açmaya zorlayacağız!"
"we will force you," repeated the second assassin
"Seni zorlayacağız," diye tekrarladı ikinci suikastçı
And they drew out two long, horrid knives
Ve iki uzun, korkunç bıçak çıkardılar
and the knifes were as sharp as razors
Ve bıçaklar jilet kadar keskindi
they attempted to stab him twice
Onu iki kez bıçaklamaya teşebbüs ettiler
but the puppet was lucky in one regard
Ama kukla bir açıdan şanslıydı
he had been made from very hard wood
Çok sert ahşaptan yapılmıştı
the knives broke into a thousand pieces
Bıçaklar bin parçaya ayrıldı
and the assassins were left with just the handles
Ve suikastçılar sadece kulplarla kaldı
for a moment they could only stare at each other
Bir an için sadece birbirlerine bakabildiler
"I see what we must do," said one of them
"Ne yapmamız gerektiğini anlıyorum," dedi içlerinden biri
"He must be hung! Let us hang him!"
"Asılmalı! Onu asalım!"
"Let us hang him!" repeated the other
"Asalım onu!" diye tekrarladı diğeri
Without loss of time they tied his arms behind him
Zaman kaybetmeden kollarını arkasından bağladılar
and they passed a running noose round his throat

Boğazına akan bir ilmik geçirdiler
and they hung him to the branch of the Big Oak
Onu Büyük Meşe'nin dalına astılar
They then sat down on the grass watching Pinocchio
Daha sonra çimlere oturup Pinokyo'yu izlediler
and they waited for his struggle to end
Ve onun mücadelesinin bitmesini beklediler
but three hours had already passed
Ama aradan üç saat geçmişti
the puppet's eyes were still open
Kuklanın gözleri hala açıktı
his mouth was closed just as before
Ağzı eskisi gibi kapalıydı
and he was kicking more than ever
Ve her zamankinden daha fazla tekme atıyordu
they had finally lost their patience with him
Sonunda ona karşı sabırlarını yitirmişlerdi
they turned to Pinocchio and spoke in a bantering tone
Pinokyo'ya döndüler ve şakacı bir tonda konuştular
"Good-bye Pinocchio, see you again tomorrow"
"Güle güle Pinokyo, yarın tekrar görüşürüz"
"hopefully you'll be kind enough to be dead"
"Umarım ölecek kadar nazik olursun"
"and hopefully you will have your mouth wide open"
"Ve umarım ağzınızı sonuna kadar açarsınız"
And they walked off in a different direction
Ve farklı bir yöne doğru yürüdüler
In the meantime a northerly wind began to blow and roar
Bu arada kuzeyden esen bir rüzgar esmeye ve kükremeye başladı
and the wind beat the poor puppet from side to side
Ve rüzgar zavallı kuklayı bir o yana bir bu yana dövdü

the wind made him swing about violently
Rüzgar onu şiddetle salladı,
like the clatter of a bell ringing for a wedding
Bir düğün için çalan bir çanın takırtısı gibi
And the swinging gave him atrocious spasms
Ve sallanma ona korkunç spazmlar verdi
and the noose became tighter and tighter around his throat
Ve ilmik boğazının etrafında daha da sıkılaştı
and finally it took away his breath
Ve sonunda nefesini kesti
Little by little his eyes began to grow dim
Yavaş yavaş gözleri kararmaya başladı
he felt that death was near
Ölümün yakın olduğunu hissetti
but Pinocchio never gave up hope

ama Pinokyo umudunu asla kaybetmedi
"perhaps some charitable person will come to my assistance"
"Belki bir hayırsever yardımıma gelir"
But he waited and waited and waited
Ama bekledi, bekledi ve bekledi
and in the end no one came, absolutely no one
Ve sonunda kimse gelmedi, kesinlikle kimse gelmedi
then he remembered his poor father
Sonra zavallı babasını hatırladı
thinking he was dying, he stammered out
Ölmekte olduğunu düşünerek kekeledi
"Oh, papa! papa! if only you were here!"
"Ah, baba! Baba! Keşke burada olsaydın!"
His breath failed him and he could say no more
Nefesi onu hayal kırıklığına uğrattı ve daha fazla konuşamadı
He shut his eyes and opened his mouth
Gözlerini kapattı ve ağzını açtı
and he stretched out his arms and legs
ve kollarını ve bacaklarını uzattı
he gave one final long shudder
Son bir uzun ürperti verdi
and then he hung stiff and insensible
Ve sonra sert ve duyarsız bir şekilde asılı kaldı

The Beautiful Child Rescues the Puppet
Güzel Çocuk Kuklayı Kurtarıyor

poor Pinocchio was still suspended from the Big Oak tree
zavallı Pinokyo hala Büyük Meşe ağacından asılıydı
but apparently Pinocchio was more dead than alive
ama görünüşe göre Pinokyo diriden çok ölüydü
the beautiful Child with blue hair came to the window again
mavi saçlı güzel çocuk tekrar pencereye geldi
she saw the unhappy puppet hanging by his throat
Mutsuz kuklanın boğazında asılı olduğunu gördü
she saw him dancing up and down in the gusts of the wind

Onu rüzgarın esintilerinde bir aşağı bir yukarı dans ederken gördü
and she was moved by compassion for him
ve ona olan şefkatinden etkilendi
the beautiful child struck her hands together
Güzel çocuk ellerini birbirine vurdu
and she gave three little claps
Ve üç küçük alkış verdi
there came a sound of wings flying rapidly
Hızla uçan bir kanat sesi geldi
a large Falcon flew on to the window-sill
büyük bir Şahin pencere pervazına uçtu

"What are your orders, gracious Fairy?" he asked
"Emirleriniz neler, zarif Peri?" diye sordu
and he inclined his beak in sign of reverence
ve saygı belirtisi olarak gagasını eğdi
"Do you see that puppet dangling from the Big Oak tree?"
"Büyük Meşe ağacından sarkan kuklayı görüyor musun?"
"I see him," confirmed the falcon
"Onu görüyorum," diye onayladı şahin
"Fly over to him at once," she ordered him
"Hemen ona doğru uç," diye emretti
"use your strong beak to break the knot"

"Düğümü kırmak için güçlü gaganı kullan"
"lay him gently on the grass at the foot of the tree"
"Onu ağacın dibindeki çimenlerin üzerine nazikçe yatırın"
The Falcon flew away to carry out his orders
Şahin emirlerini yerine getirmek için uçup gitti
and after two minutes he returned to the child
Ve iki dakika sonra çocuğa geri döndü
"I have done as you commanded"
"Emrettiğin gibi yaptım"
"And how did you find him?"
"Peki onu nasıl buldun?"
"when I first saw him he appeared dead"
"Onu ilk gördüğümde ölü gibi görünüyordu"
"but he couldn't really have been entirely dead"
"Ama aslında tamamen ölmüş olamazdı"
"I loosened the noose around his throat"
"Boğazındaki ilmiği gevşettim"
"and then he gave soft a sigh"
"Ve sonra yumuşak bir iç çekti"
"he muttered to me in a faint voice"
"Bana zayıf bir sesle mırıldandı"
"'Now I feel better!' he said"
"'Şimdi daha iyi hissediyorum!' dedi"
The Fairy then struck her hands together twice
Peri daha sonra ellerini iki kez birbirine vurdu
as soon as she did this a magnificent Poodle appeared
bunu yapar yapmaz muhteşem bir Kaniş ortaya çıktı
the poodle walked upright on his hind legs
Kaniş arka ayakları üzerinde dik yürüdü
it was exactly as if he had been a man
Sanki bir erkekmiş gibiydi
He was in the full-dress livery of a coachman
Bir arabacının tam elbiseli üniforması içindeydi
On his head he had a three-cornered cap braided with gold
Başında altınla örülmüş üç köşeli bir şapka vardı
his curly white wig came down on to his shoulders
Kıvırcık beyaz peruğu omuzlarına indi

he had a chocolate-collared waistcoat with diamond buttons
Elmas düğmeli çikolata yakalı bir yeleği vardı
and he had two large pockets to contain bones
ve kemikleri koymak için iki büyük cebi vardı
the bones that his mistress gave him at dinner
metresinin ona akşam yemeğinde verdiği kemikler
he also had a pair of short crimson velvet breeches
Ayrıca bir çift kısa koyu kırmızı kadife pantolonu vardı
and he wore some silk stockings
ve ipek çoraplar giydi
and he wore smart Italian leather shoes
ve şık İtalyan deri ayakkabılar giyiyordu
hanging behind him was a species of umbrella case
Arkasında bir tür şemsiye kılıfı asılıydı
the umbrella case was made of blue satin
Şemsiye kılıfı mavi satenden yapılmıştır
he put his tail into it when the weather was rainy
Hava yağmurlu olduğunda kuyruğunu içine soktu
"Be quick, Medoro, like a good dog!"
"Hızlı ol Medoro, iyi bir köpek gibi!"
and the fairy gave her poodle the commands
Ve peri kanişine şu komutları verdi
"get the most beautiful carriage harnessed"
"En güzel arabayı koşum takımı haline getirin"
"and have the carriage waiting in my coach-house"
"Ve arabayı benim arabamda bekletin"
"and go along the road to the forest"
"Ve ormana giden yol boyunca git"
"When you come to the Big Oak tree you will find a poor puppet"
"Büyük Meşe ağacına geldiğinde fakir bir kukla bulacaksın"
"he will be stretched on the grass half dead"
"Yarı ölü olarak çimlerin üzerine uzanacak"
"you will have to pick him up gently"
"Onu nazikçe kucağınıza almanız gerekecek"
"lay him flat on the cushions of the carriage"
"Onu arabanın minderlerine düz bir şekilde yatırın"

"when you have done this bring him here to me"
"Bunu yaptığında onu buraya, bana getir"
"Do you understand?" she asked one last time
"Anlıyor musun?" diye sordu son bir kez
The Poodle showed that he had understood
Kaniş anladığını gösterdi
he shook the case of blue satin three or four times
Mavi saten kasasını üç ya da dört kez salladı
and then he ran off like a race-horse
Ve sonra bir yarış atı gibi koştu
soon a beautiful carriage came out of the coach-house
Kısa süre sonra arabadan güzel bir araba çıktı
The cushions were stuffed with canary feathers
Minderler kanarya tüyleriyle dolduruldu
the carriage was lined on the inside with whipped cream
Arabanın içi krem şanti ile kaplandı
and custard and vanilla wafers made the seating
ve muhallebi ve vanilyalı gofretler oturma yaptı
The little carriage was drawn by a hundred white mice
Küçük araba yüz beyaz fare tarafından çekildi
and the Poodle was seated on the coach-box
ve Kaniş araba kutusunun üzerine oturdu
he cracked his whip from side to side
Kırbacını bir o yana bir bu yana şaklattı
like a driver when he is afraid that he is behind time
Zamanın gerisinde kaldığından korkan bir sürücü gibi
less than a quarter of an hour passed
Çeyrek saatten az bir süre geçti
and the carriage returned to the house
Ve araba eve geri döndü
The Fairy was waiting at the door of the house
Peri evin kapısında bekliyordu
she took the poor puppet in her arms
Zavallı kuklayı kucağına aldı
and she carried him into a little room
Ve onu küçük bir odaya taşıdı
the room was wainscoted with mother-of-pearl

Oda sedef ile kaplandı
she called for the most famous doctors in the neighbourhood
Mahallenin en ünlü doktorlarını çağırdı
They came immediately, one after the other
Hemen geldiler, birbiri ardına
a Crow, an Owl, and a talking little cricket
bir Karga, bir Baykuş ve konuşan küçük bir cırcır böceği
"I wish to know something from you, gentlemen," said the Fairy
"Sizden bir şeyler öğrenmek istiyorum beyler," dedi Peri
"is this unfortunate puppet alive or dead?"
"Bu talihsiz kukla yaşıyor mu yoksa öldü mü?"
the Crow started by feeling Pinocchio's pulse
Karga, Pinokyo'nun nabzını yoklayarak başladı
he then felt his nose and his little toe
Daha sonra burnunu ve küçük parmağını hissetti
he carefully made his diagnosis of the puppet
Kukla teşhisini dikkatlice koydu
and then he solemnly pronounced the following words:
Ve sonra ciddiyetle şu kelimeleri telaffuz etti:
"To my belief the puppet is already dead"
"İnanıyorum ki kukla zaten öldü"
"but there is always the chance he's still alive"
"Ama hala hayatta olma ihtimali her zaman var"
"I regret," said the Owl, "to contradict the Crow"
"Pişmanım," dedi Baykuş, "Karga'yla çeliştiğim için."
"my illustrious friend and colleague"
"Şanlı arkadaşım ve meslektaşım"
"in my opinion the puppet is still alive"
"Bence kukla hala hayatta"
"but there's always a chance he's already dead"
"Ama her zaman çoktan ölmüş olma ihtimali var"
lastly the Fairy asked the talking little Cricket
son olarak Peri konuşan küçük Cırcır Böceği'ne sordu
"And you, have you nothing to say?"
"Ve sen, söyleyecek bir şeyin yok mu?"
"doctors are not always called upon to speak"

"Doktorlar her zaman konuşmaya çağrılmaz"
"sometimes the wisest thing is to be silent"
"Bazen en akıllıca şey sessiz olmaktır"
"but let me tell you what I know"
"ama sana ne bildiğimi söyleyeyim"
"that puppet has a face that is not new to me"
"O kuklanın benim için yeni olmayan bir yüzü var"
"I have known him for some time!"
"Onu bir süredir tanıyorum!"
Pinocchio had lain immovable up to that moment
Pinokyo o ana kadar hareketsiz yatmıştı
he was just like a real piece of wood
Tıpkı gerçek bir tahta parçası gibiydi
but then he was seized with a fit of convulsive trembling
Ama sonra sarsıcı bir titreme nöbeti ile yakalandı
and the whole bed shook from his shaking
Ve bütün yatak onun titremesinden sarsıldı
the talking little Cricket continued talking
konuşan küçük Kriket konuşmaya devam etti
"That puppet there is a confirmed rogue"
"Oradaki kukla, onaylanmış bir haydut"
Pinocchio opened his eyes, but shut them again immediately
Pinokyo gözlerini açtı ama hemen tekrar kapattı
"He is a good for nothing ragamuffin vagabond"
"O hiçbir işe yaramaz bir ragamuffin"
Pinocchio hid his face beneath the clothes
Pinokyo yüzünü kıyafetlerin altına sakladı
"That puppet there is a disobedient son"
"Oradaki kukla itaatsiz bir oğul"
"he will make his poor father die of a broken heart!"
"Zavallı babasını kırık bir kalpten öldürecek!"
At that instant everyone could hear something
O anda herkes bir şeyler duyabiliyordu
suffocated sound of sobs and crying was heard
boğulmuş hıçkırık ve ağlama sesleri duyuldu
the doctors raised the sheets a little
Doktorlar çarşafları biraz kaldırdı

Imagine their astonishment when they saw Pinocchio
Pinokyo'yu gördüklerinde yaşadıkları şaşkınlığı hayal edin
the crow was the first to give his medical opinion
Tıbbi görüşünü ilk veren karga oldu
"When a dead person cries he's on the road to recovery"
"Ölü bir insan ağladığında, iyileşme yolundadır"
but the owl was of a different medical opinion
Ancak baykuş farklı bir tıbbi görüşe sahipti
"I grieve to contradict my illustrious friend"
"Şanlı dostumla çeliştiğim için üzülüyorum"
"when the dead person cries it means he's is sorry to die"
"Ölen kişi ağladığında, öldüğü için üzgün olduğu anlamına gelir"

Pinocchio Refuses to Take his Medicine
Pinokyo İlacını Almayı Reddediyor

The doctors had done all that they could
Doktorlar ellerinden geleni yapmışlardı
so they left Pinocchio with the fairy
bu yüzden Pinokyo'yu peri ile birlikte terk ettiler
the Fairy touched Pinocchio's forehead
Peri Pinokyo'nun alnına dokundu
she could tell that he had a high fever
Ateşinin yüksek olduğunu söyleyebilirdi
the Fairy knew exactly what to give Pinocchio
Peri Pinokyo'ya ne vereceğini çok iyi biliyordu
she dissolved a white powder in some water
Beyaz bir tozu biraz suda çözdü
and she offered Pinocchio the tumbler of water
ve Pinokyo'ya su bardağını teklif etti
and she reassured him that everything would fine
Ve ona her şeyin yoluna gireceğine dair güvence verdi
"Drink it and in a few days you will be cured"
"Onu iç ve birkaç gün içinde iyileşeceksin"
Pinocchio looked at the tumbler of medicine

Pinokyo ilacın bardağına baktı
and he made a wry face at the medicine
Ve ilaca alaycı bir yüz ifadesi yaptı
"Is it sweet or bitter?" he asked plaintively
"Tatlı mı acı mı?" diye sordu kederli bir şekilde
"It is bitter, but it will do you good"
"Acı ama sana iyi gelecek"
"If it is bitter, I will not drink it"
"Acıysa içmem"
"Listen to me," said the Fairy, "drink it"
"Dinle beni," dedi Peri, "iç şunu"
"I don't like anything bitter," he objected
"Acı hiçbir şeyi sevmem," diye itiraz etti
"I will give you a lump of sugar"
"Sana bir parça şeker vereceğim"
"it will take away the bitter taste"
"Acı tadı alıp götürecek"
"but first you have to drink your medicine"
"Ama önce ilacını içmelisin"
"Where is the lump of sugar?" asked Pinocchio
"Şeker yığını nerede?" diye sordu Pinokyo
"Here is the lump of sugar," said the Fairy
"İşte bir parça şeker," dedi Peri
and she took out a piece from a gold sugar-basin
Ve altın bir şeker leğeninden bir parça çıkardı
"please give me the lump of sugar first"
"Lütfen önce bana bir parça şeker ver"
"and then I will drink that bad bitter water"
"ve sonra o kötü acı suyu içeceğim"
"Do you promise me?" she asked Pinocchio
"Bana söz veriyor musun?" diye sordu Pinokyo'ya
"Yes, I promise," answered Pinocchio
"Evet, söz veriyorum," diye yanıtladı Pinokyo
so the Fairy gave Pinocchio the piece of sugar
Bunun üzerine Peri Pinokyo'ya bir parça şeker verdi
and Pinocchio crunched up the sugar and swallowed it
ve Pinokyo şekeri çıtır çıtır

he licked his lips and enjoyed the taste
Dudaklarını yaladı ve tadının tadını çıkardı
"It would be a fine thing if sugar were medicine!"
"Şeker ilaç olsaydı iyi olurdu!"
"then I would take medicine every day"
"o zaman her gün ilaç alırdım"
the Fairy had not forgotten Pinocchio's promise
Peri, Pinokyo'nun sözünü unutmamıştı
"keep your promise and drink this medicine"
"Sözünü tut ve bu ilacı iç"
"it will restore you back to health"
"SİZİ SAĞLIĞINIZA GERİ GETİRECEK"
Pinocchio took the tumbler unwillingly
Pinokyo isteksizce bardağı aldı
he put the point of his nose to the tumbler
Burnunun ucunu bardağa koydu
and he lowered the tumbler to his lips
Ve bardağı dudaklarına indirdi
and then again he put his nose to it
Ve sonra tekrar burnunu ona koydu
and at last he said, "It is too bitter!"
ve sonunda, "Çok acı!" dedi.
"I cannot drink anything so bitter"
"Bu kadar acı bir şey içemem"
"you don't know yet if you can't," said the Fairy
"Yapamazsan henüz bilemezsin," dedi Peri
"you have not even tasted it yet"
"Henüz tadına bile bakmadınız"
"I can imagine how it's going to taste!"
"Tadının nasıl olacağını hayal edebiliyorum!"
"I know it from the smell," objected Pinocchio
"Kokusundan anlıyorum," diye itiraz etti Pinokyo
"first I want another lump of sugar please"
"Önce bir parça daha şeker istiyorum lütfen"
"and then I promise that will drink it!"
"ve sonra söz veriyorum, onu içecek!"
The Fairy had all the patience of a good mamma

Peri, iyi bir annenin tüm sabrına sahipti
and she put another lump of sugar in his mouth
Ve ağzına bir parça daha şeker koydu
and again, she presented the tumbler to him
Ve yine, bardağı ona sundu
"I still cannot drink it!" said the puppet
"Hala içemiyorum!" dedi kukla
and Pinocchio made a thousand grimaced faces
ve Pinokyo bin yüz buruşturdu
"Why can't you drink it?" asked the fairy
"Neden içemiyorsun?" diye sordu peri
"Because that pillow on my feet bothers me"
"Çünkü ayağımdaki o yastık beni rahatsız ediyor"
The Fairy removed the pillow from his feet
Peri ayağındaki yastığı çıkardı
Pinocchio excused himself again
Pinokyo tekrar özür diledi
"I've tried my best but it doesn't help me"
"Elimden gelenin en iyisini yapmaya çalıştım ama bana yardımcı olmuyor"
"Even without the pillow I cannot drink it"
"Yastık olmadan bile içemiyorum"
"What is the matter now?" asked the fairy
"Sorun ne şimdi?" diye sordu peri
"The door of the room is half open"
"Odanın kapısı yarı açık"
"it bothers me when doors are half open"
"Kapıların yarı açık olması beni rahatsız ediyor"
The Fairy went and closed the door for Pinocchio
Peri gitti ve Pinokyo'ya kapıyı kapattı
but this didn't help, and he burst into tears
Ama bu yardımcı olmadı ve gözyaşlarına boğuldu
"I will not drink that bitter water—no, no, no!"
"O acı suyu içmeyeceğim - hayır, hayır, hayır!"
"My boy, you will repent it if you don't"
"Oğlum, yapmazsan tövbe edeceksin"
"I don't care if I will repent it," he replied

"Tövbe edip etmeyeceğim umurumda değil," diye yanıtladı
"Your illness is serious," warned the Fairy
"Hastalığınız ciddi," diye uyardı Peri
"I don't care if my illness is serious"
"Hastalığımın ciddi olup olmaması umurumda değil"
"The fever will carry you into the other world"
"Ateş seni öbür dünyaya taşıyacak"
"then let the fever carry me into the other world"
"O zaman ateşin beni öteki dünyaya taşımasına izin ver"
"Are you not afraid of death?"
"Ölümden korkmuyor musun?"
"I am not in the least afraid of death!"
"Ölümden en ufak bir korku duymuyorum!"
"I would rather die than drink bitter medicine"
"Acı ilaç içmektense ölmeyi tercih ederim"
At that moment the door of the room flew open
O anda odanın kapısı açıldı
four rabbits as black as ink entered the room
Mürekkep kadar siyah dört tavşan odaya girdi
on their shoulders they carried a little bier
Omuzlarında biraz bier taşıdılar

"What do you want with me?" cried Pinocchio
"Benden ne istiyorsun?" diye bağırdı Pinokyo
and he sat up in bed in a great fright
Ve büyük bir korkuyla yatağında doğruldu
"We have come to take you," said the biggest rabbit
"Seni almaya geldik," dedi büyük tavşan
"you cannot take me yet; I am not dead"
"Beni henüz alamazsın; Ben ölmedim"
"where are you planning to take me to?"
"Beni nereye götürmeyi planlıyorsun?"
"No, you are not dead yet," confirmed the rabbit
"Hayır, henüz ölmedin," diye onayladı tavşan
"but you have only a few minutes left to live"
"Ama yaşamak için sadece birkaç dakikan kaldı"
"because you refused the bitter medicine"
"Çünkü acı ilacı reddettin"
"the bitter medicine would have cured your fever"
"Acı ilaç ateşini iyileştirirdi"
"Oh, Fairy, Fairy!" the puppet began to scream
"Ah, Peri, Peri!" diye bağırmaya başladı kukla
"give me the tumbler at once," he begged
"Hemen bana bardağı ver," diye yalvardı
"be quick, for pity's sake, I do not want die"
"Hızlı ol, merhamet aşkına, ölmek istemiyorum"
"no, I will not die today"
"Hayır, bugün ölmeyeceğim"
Pinocchio took the tumbler with both hands
Pinokyo bardağı iki eliyle aldı

and he emptied the water one one big gulp
Ve suyu büyük bir yudum boşalttı
"We must have patience!" said the rabbits
"Sabırlı olmalıyız!" dedi tavşanlar
"this time we have made our journey in vain"
"Bu sefer yolculuğumuzu boşuna yaptık"
they took the little bier on their shoulders again
Küçük bier'i tekrar omuzlarına aldılar
and they left the room back to where they came from
Ve odadan çıktıkları yere, geldikleri yere geri döndüler
and they grumbled and murmured between their teeth
ve dişlerinin arasında homurdandılar ve mırıldandılar
Pinocchio's recovery did not take long at all
Pinokyo'nun iyileşmesi hiç de uzun sürmedi
a few minutes later he jumped down from the bed
Birkaç dakika sonra yataktan aşağı atladı
wooden puppets have a special privilege
Ahşap kuklaların özel bir ayrıcalığı var
they seldom get seriously ill like us
Onlar da bizim gibi nadiren ciddi şekilde hastalanırlar
and they are lucky to be cured very quickly
Ve çok çabuk tedavi edildikleri için şanslılar
"has my medicine done you good?" asked the fairy

"İlacım sana iyi geldi mi?" diye sordu peri
"your medicine has done me more than good"
"İlacın bana çok iyi geldi"
"your medicine has saved my life"
"İlacınız hayatımı kurtardı"
"why didn't you take your medicine sooner?"
"Neden ilacını daha önce almadın?"
"Well, Fairy, we boys are all like that!"
"Eh, Peri, biz çocuklar hepimiz böyleyiz!"
"We are more afraid of medicine than of the illness"
"Hastalıktan çok ilaçtan korkuyoruz"
"Disgraceful!" cried the fairy in indignation
"Utanç verici!" diye bağırdı peri öfkeyle
"Boys ought to know the power of medicine"
"Erkek çocuklar tıbbın gücünü bilmeli"
"a good remedy may save them from a serious illness"
"İyi bir çare onları ciddi bir hastalıktan kurtarabilir"
"and perhaps it even saves you from death"
"Ve belki de seni ölümden bile kurtarır"
"next time I shall not require so much persuasion"
"Bir dahaki sefere bu kadar çok ikna etmeye ihtiyacım olmayacak"
"I shall remember those black rabbits"
"O siyah tavşanları hatırlayacağım"
"and I shall remember the bier on their shoulders"
"ve ben onların omuzlarındaki bier'i hatırlayacağım"
"and then I shall immediately take the tumbler"
"ve sonra hemen bardağı alacağım"
"and I will drink all the medicine in one go!"
"ve tüm ilaçları tek seferde içeceğim!"
The Fairy was happy with Pinocchio's words
Peri, Pinokyo'nun sözlerinden çok memnun kalmıştır
"Now, come here to me and sit on my lap"
"Şimdi buraya, yanıma gel ve kucağıma otur"
"and tell me all about the assassins"
"Ve bana suikastçılar hakkında her şeyi anlat"
"how did you end up hanging from the big Oak tree?"

"Nasıl oldu da büyük Meşe ağacına asıldın?"
And Pinocchio ordered all the events that happened
Ve Pinokyo olan tüm olayları emretti
"You see, there was a ringmaster; Fire-eater"
"Görüyorsunuz, bir elebaşı vardı; Ateş yiyen"
"Fire-eater gave me some gold pieces"
"Ateş yiyen bana birkaç altın verdi"
"he told me to take the gold to my father"
"Altınları babama götürmemi söyledi"
"but I didn't take the gold straight to my father"
"Ama altınları doğrudan babama götürmedim"
"on the way home I met a Fox and a Cat"
"Eve giderken bir Tilki ve bir Kedi ile tanıştım"
"they made me an offer I couldn't refuse"
"Bana reddedemeyeceğim bir teklifte bulundular"
'Would you like those pieces of gold to multiply?'
'Bu altın parçalarının çoğalmasını ister miydin?'
"'Come with us and,' they said"
"'Bizimle gelin ve' dediler"
'we will take you to the Field of Miracles'
'Sizleri Mucizeler Tarlasına Çıkaracağız'
"and I said, 'Let's go to the Field of Miracles'"
"Ben de 'Hadi Mucizeler Tarlası'na gidelim' dedim"
"And they said, 'Let us stop at this inn'"
"Onlar da 'Bu handa duralım' dediler"
"and we stopped at the Red Craw-Fish in"
"ve Red Craw-Fish'te durduk"
"all of us went to sleep after our food"
"Hepimiz yemeğimizden sonra uyuduk"
"when I awoke they were no longer there"
"Uyandığımda artık orada değillerdi"
"because they had to leave before me"
"Çünkü benden önce ayrılmak zorunda kaldılar"
"Then I began to travel by night"
"Sonra gece seyahat etmeye başladım"
"you cannot imagine how dark it was"
"Ne kadar karanlık olduğunu hayal bile edemezsiniz"

"that's when I met the two assassins"
"İşte o zaman iki suikastçıyla tanıştım"
"and they were wearing charcoal sacks"
"Ve kömür çuvalları giyiyorlardı"
"they said to me: 'Out with your money'"
"Bana 'Paranla dışarı' dediler"
"and I said to them, 'I have no money'"
"Ben de onlara, 'Benim hiç param yok' dedim"
"because I had hidden the four gold pieces"
"Çünkü dört altın parçayı saklamıştım"
"I had put the money in my mouth"
"Parayı ağzıma atmıştım"
"one tried to put his hand in my mouth"
"Biri elini ağzıma sokmaya çalıştı"
"and I bit his hand off and spat it out"
"ve elini ısırdım ve tükürdüm"
"but instead of a hand it was a cat's paw"
"Ama bir el yerine bir kedinin pençesiydi"
"and then the assassins ran after me"
"Ve sonra suikastçılar peşimden koştu"
"and I ran and ran as fast as I could"
"ve koştum ve elimden geldiğince hızlı koştum"
"but in the end they caught me anyway"
"Ama sonunda beni yine de yakaladılar"
"and they tied a noose around my neck"
"Ve boynuma bir ilmik bağladılar"
"and they hung me from the Big Oak tree"
"ve beni Büyük Meşe ağacına astılar"
"they waited for me to stop moving"
"Hareket etmememi beklediler"
"but I never stopped moving at all"
"ama hareket etmeyi hiç bırakmadım"
"and then they called up to me"
"Ve sonra beni çağırdılar"
'Tomorrow we shall return here'
'Yarın buraya döneceğiz'
'then you will be dead with your mouth open'

'O zaman ağzınız açık öleceksiniz'
'and we will have the gold under your tongue'
'Ve altınları dilinizin altında tutacağız'
the Fairy was interested in the story
Peri hikayeye ilgi duydu
"And where have you put the pieces of gold now?"
"Peki şimdi altın parçalarını nereye koydun?"
"I have lost them!" said Pinocchio, dishonestly
"Onları kaybettim!" dedi Pinokyo dürüst olmayan bir tavırla
he had the pieces of gold in his pocket
Cebinde altın parçaları vardı
as you know Pinocchio already had a long nose
Bildiğiniz gibi Pinokyo'nun zaten uzun bir burnu vardı
but lying made his nose grow even longer
Ama yalan söylemek burnunu daha da uzattı
and his nose grew another two inches
ve burnu iki santim daha büyüdü
"And where did you lose the gold?"
"Peki altını nerede kaybettin?"
"I lost it in the woods," he lied again
"Onu ormanda kaybettim," diye tekrar yalan söyledi
and his nose also grew at his second lie
Ve ikinci yalanında burnu da büyüdü
"worry not about the gold," said the fairy
"Altın için endişelenme," dedi peri
"we will go to the woods and find your gold"
"Ormana gideceğiz ve altınlarınızı bulacağız"
"all that is lost in those woods is always found"
"O ORMANLARDA KAYBOLAN HER ŞEY HER ZAMAN BULUNUR"
Pinocchio got quite confused about his situation
Pinokyo'nun durumu hakkında kafası oldukça karıştı
"Ah! now I remember all about it," he replied
"Ah! şimdi her şeyi hatırlıyorum" diye yanıtladı
"I didn't lose the four gold pieces at all"
"Dört altını hiç kaybetmedim"
"I just swallowed your medicine, didn't I?"

"Az önce ilacını yuttum, değil mi?"
"I swallowed the coins with the medicine"
"İlaçla birlikte paraları yuttum"
at this daring lie his nose grew even longer
Bu cüretkar yalan üzerine burnu daha da uzadı
now Pinocchio could not move in any direction
artık Pinokyo hiçbir yöne hareket edemiyordu
he tried to turn to his left side
Sol tarafına dönmeye çalıştı
but his nose struck the bed and window-panes
ama burnu yatağa ve pencere camlarına çarptı
he tried to turn to the right side
Sağ tarafa dönmeye çalıştı
but now his nose struck against the walls
Ama şimdi burnu duvarlara çarptı
and he could not raise his head either
O da başını kaldıramıyordu
because his nose was long and pointy
çünkü burnu uzun ve sivriydi
and his nose could have poke the Fairy in the eye
ve burnu Peri'nin gözünü dürtebilirdi
the Fairy looked at him and laughed
Peri ona baktı ve güldü
Pinocchio was very confused about his situation
Pinokyo'nun durumu hakkında kafası çok karışıktı
he did not know why his nose had grown
Burnunun neden büyüdüğünü bilmiyordu
"What are you laughing at?" asked the puppet
"Neye gülüyorsun?" diye sordu kukla
"I am laughing at the lies you've told me"
"Bana söylediğin yalanlara gülüyorum"
"how can you know that I have told lies?"
"Yalan söylediğimi nereden bilebilirsin?"
"Lies, my dear boy, are found out immediately"
"Yalanlar sevgili oğlum, hemen ortaya çıkar"
"in this world there are two sorts of lies"
"Bu dünyada iki tür yalan vardır"

"There are lies that have short legs"
"Bacakları kısa olan yalanlar var"
"and there are lies that have long noses"
"Ve uzun burunlu yalanlar var"
"Your lie is one of those that has a long nose"
"Senin yalanın uzun burunlu olanlardan biri"
Pinocchio did not know where to hide himself
Pinokyo kendini nereye saklayacağını bilmiyordu
he was ashamed of his lies being discovered
Yalanlarının ortaya çıkmasından utanıyordu
he tried to run out of the room
Odadan kaçmaya çalıştı
but he did not succeed at escaping
Ancak kaçmayı başaramadı
his nose had gotten too long to escape
Burnu kaçamayacak kadar uzamıştı
and he could no longer pass through the door
Ve artık kapıdan geçemiyordu

Pinocchio Meets the Fox and the Cat Again
Pinokyo Tilki ve Kedi ile Yeniden Buluşuyor

the Fairy understood the importance of the lesson
Peri dersin önemini anladı
she let the puppet to cry for a good half-hour
Kuklanın yarım saat boyunca ağlamasına izin verdi
his nose could no longer pass through the door
Burnu artık kapıdan geçemiyordu
telling lies is the worst thing a boy can do
Yalan söylemek bir çocuğun yapabileceği en kötü şeydir
and she wanted him to learn from his mistakes
Ve onun hatalarından ders almasını istedi
but she could not bear to see him weeping
Ama onun ağladığını görmeye dayanamadı
she felt full of compassion for the puppet
Kukla için şefkat dolu hissetti

so she clapped her hands together again
Bu yüzden ellerini tekrar çırptı
a thousand large Woodpeckers flew in from the window
Pencereden binlerce büyük Ağaçkakan uçtu
The woodpeckers immediately perched on Pinocchio's nose
Ağaçkakanlar hemen Pinokyo'nun burnuna tünediler
and they began to peck at his nose with great zeal
Ve büyük bir gayretle burnunu gagalamaya başladılar
you can imagine the speed of a thousand woodpeckers
Bin ağaçkakan'ın hızını hayal edebilirsiniz
within no time at all Pinocchio's nose was normal
hiçbir zaman Pinokyo'nun burnu normale dönmedi
of course you remember he always had a big nose
Tabii ki hatırlarsınız, her zaman büyük bir burnu vardı
"What a good Fairy you are," said the puppet
"Ne kadar iyi bir perisin," dedi kukla
and Pinocchio dried his tearful eyes
ve Pinokyo ağlamaklı gözlerini kuruduİ
"and how much I love you!" he added
"ve seni ne kadar çok seviyorum!" diye ekledi
"I love you also," answered the Fairy
"Ben de seni seviyorum," diye cevap verdi Peri
"if you remain with me you shall be my little brother"
"Eğer benimle kalırsan, sen benim küçük kardeşim olacaksın"
"and I will be your good little sister"
"ve ben senin iyi küçük kız kardeşin olacağım"
"I would like to remain very much," said Pinocchio
"Kalmayı çok isterim," dedi Pinokyo
"but I have to go back to my poor papa"
"ama zavallı babama geri dönmem gerekiyor"
"I have thought of everything," said the fairy
"Her şeyi düşündüm," dedi peri
"I have already let your father know"
"Babana zaten haber verdim"
"and he will come here tonight"
"Ve bu gece buraya gelecek"
"Really?" shouted Pinocchio, jumping for joy

"Gerçekten mi?" diye bağırdı Pinokyo, sevinçten zıplayarak
"Then, little Fairy, I have a wish"
"O zaman, küçük Peri, bir dileğim var."
"I would very much like to go and meet him"
"Onunla tanışmayı çok isterim"
"I want to give a kiss to that poor old man"
"O zavallı yaşlı adama bir öpücük vermek istiyorum"
"he has suffered so much on my account"
"Benim yüzümden çok acı çekti"
"Go, but be careful not to lose your way"
"Git, ama yolunu kaybetmemeye dikkat et"
"Take the road that goes through the woods"
"Ormanın içinden geçen yolu takip edin"
"I am sure that you will meet him there"
"Onunla orada buluşacağınızdan eminim"
Pinocchio set out to go through the woods
Pinokyo ormandan geçmek için yola çıktı
once in the woods he began to run like a kid
Ormana vardığında bir çocuk gibi koşmaya başladı
But then he had reached a certain spot in the woods
Ama sonra ormanda belli bir noktaya ulaşmıştı
he was almost in front of the Big Oak tree
neredeyse Büyük Meşe ağacının önündeydi
he thought he heard people amongst the bushes
Çalıların arasında insanların sesini duyduğunu sandı
In fact, two persons came out on to the road
Hatta iki kişi yola çıktı
Can you guess who they were?
Kim olduklarını tahmin edebilir misin?
they were his two travelling companions
Onlar onun iki yol arkadaşıydı
in front of him was the Fox and the Cat
Önünde Tilki ve Kedi vardı
his companions who had taken him to the inn
Onu hana götüren arkadaşları

"Why, here is our dear Pinocchio!" cried the Fox
"İşte bizim sevgili Pinokyo'muz!" diye bağırdı Tilki
and he kissed and embraced his old friend
Ve eski dostunu öptü ve kucakladı
"How came you to be here?" asked the fox
"Nasıl geldin de bu hale geldin?" diye sordu tilki
"How come you to be here?" repeated the Cat
"Nasıl oldu da burada oldun?" diye tekrarladı Kedi
"It is a long story," answered the puppet
"Bu uzun bir hikaye," diye yanıtladı kukla
"I will tell you the story when I have time"
"Zamanım olduğunda size hikayeyi anlatacağım"
"but I must tell you what happened to me"
"ama sana başıma gelenleri anlatmalıyım"
"do you know that the other night I met with assassins?"
"Geçen gece suikastçılarla karşılaştığımı biliyor musun?"
"Assassins! Oh, poor Pinocchio!" worried the Fox
"Suikastçılar! Ah, zavallı Pinokyo!" diye endişelendi Tilki
"And what did they want?" he asked
"Peki ne istediler?" diye sordu
"They wanted to rob me of my gold pieces"
"Altınlarımı çalmak istediler"
"Villains!" said the Fox

"Kötüler!" dedi Tilki
"Infamous villains!" repeated the Cat
"Rezil caniler!" diye tekrarladı Kedi
"But I ran away from them," continued the puppet
"Ama ben onlardan kaçtım," diye devam etti kukla
"they did their best to catch me"
"Beni yakalamak için ellerinden geleni yaptılar"
"and after a long chase they did catch me"
"Ve uzun bir kovalamacadan sonra beni yakaladılar"
"they hung me from a branch of that oak tree"
"Beni o meşe ağacının bir dalına astılar"
And Pinocchio pointed to the Big Oak tree
Ve Pinokyo Büyük Meşe ağacını işaret etti
the Fox was appalled by what he had heard
Tilki duydukları karşısında dehşete düştü
"Is it possible to hear of anything more dreadful?"
"Bundan daha korkunç bir şey duymak mümkün mü?"
"In what a world we are condemned to live!"
"Nasıl bir dünyada yaşamaya mahkumuz!"
"Where can respectable people like us find a safe refuge?"
"Bizim gibi saygın insanlar nerede güvenli bir sığınak bulabilir?"
the conversation went on this way for some time
Konuşma bir süre bu şekilde devam etti
in this time Pinocchio observed something about the Cat
bu süre zarfında Pinokyo Kedi hakkında bir şey gözlemledi
the Cat was lame of her front right leg
Kedi sağ ön bacağından topaldı
in fact, she had lost her paw and all its claws
Aslında, pençesini ve tüm pençelerini kaybetmişti
Pinocchio wanted to know what had happened
Pinokyo ne olduğunu bilmek istedi
"What have you done with your paw?"
"Pençenle ne yaptın?"
The Cat tried to answer, but became confused
Kedi cevap vermeye çalıştı ama kafası karıştı
the Fox jumped in to explain what had happened

Tilki ne olduğunu açıklamak için atladı
"you must know that my friend is too modest"
"Arkadaşımın çok mütevazı olduğunu bilmelisin"
"her modesty is why she doesn't usually speak"
"Alçakgönüllülüğü, genellikle konuşmamasının nedenidir"
"so let me tell the story for her"
"Öyleyse onun için hikayeyi anlatayım"
"an hour ago we met an old wolf on the road"
"Bir saat önce yolda yaşlı bir kurtla karşılaştık"
"he was almost fainting from want of food"
"Yemek istemekten neredeyse bayılacaktı"
"and he asked alms of us"
"Ve bizden sadaka istedi"
"we had not so much as a fish-bone to give him"
"Ona verecek bir kılçık kadar bile paramız yoktu"
"but what did my friend do?"
"Ama arkadaşım ne yaptı?"
"well, she really has the heart of a César"
"Eh, o gerçekten bir César'ın kalbine sahip"
"She bit off one of her fore paws"
"Ön patilerinden birini ısırdı"
"and the threw her paw to the poor beast"
"ve pençesini zavallı canavara attı"
"so that he might appease his hunger"
"Açlığını yatıştırabilsin diye"
And the Fox was brought to tears by his story
Ve Tilki hikayesiyle gözyaşlarına boğuldu
Pinocchio was also touched by the story
Pinokyo da hikayeden etkilendi
approaching the Cat, he whispered into her ear
Kediye yaklaşarak kulağına fısıldadı
"If all cats resembled you, how fortunate the mice would be!"
"Bütün kediler sana benzeseydi, fareler ne kadar şanslı olurdu!"
"And now, what are you doing here?" asked the Fox
"Peki şimdi, burada ne yapıyorsun?" diye sordu Tilki

"I am waiting for my papa," answered the puppet
"Babamı bekliyorum," diye cevap verdi kukla
"I am expecting him to arrive at any moment now"
"Artık her an gelmesini bekliyorum"
"And what about your pieces of gold?"
"Peki ya altın parçaların?"
"I have got them in my pocket," confirmed Pinocchio
"Onları cebimde taşıdım," diye onayladı Pinokyo
although he had to explain that he had spent one coin
Her ne kadar bir madeni para harcadığını açıklamak zorunda kalsa da
the cost of their meal had come to one piece of gold
Yemeklerinin maliyeti bir parça altına gelmişti
but he told them not to worry about that
Ama onlara bu konuda endişelenmemelerini söyledi
but the Fox and the Cat did worry about it
ama Tilki ve Kedi bunun için endişelendiler
"Why do you not listen to our advice?"
"Neden tavsiyemizi dinlemiyorsunuz?"
"by tomorrow you could have one or two thousand!"
"Yarına kadar bir ya da iki bin tane olabilir!"
"Why don't you bury them in the Field of Miracles?"
"Neden onları Mucizeler Tarlası'na gömmüyorsun?"
"Today it is impossible," objected Pinocchio
"Bugün imkânsız," diye itiraz etti Pinokyo
"but don't worry, I will go another day"
"ama merak etme, başka bir gün gideceğim"
"Another day it will be too late!" said the Fox
"Başka bir gün çok geç olacak!" dedi Tilki
"Why would it be too late?" asked Pinocchio
"Neden çok geç olsun ki?" diye sordu Pinokyo
"Because the field has been bought by a gentleman"
"Çünkü tarla bir beyefendi tarafından satın alındı"
"after tomorrow no one will be allowed to bury money there"
"Yarından sonra kimsenin oraya para gömmesine izin verilmeyecek"

"How far off is the Field of Miracles?"
"Mucizeler Alanı ne kadar uzakta?"
"It is less than two miles from here"
"Buradan iki milden daha az"
"Will you come with us?" asked the Fox
"Bizimle gelir misin?" diye sordu Tilki
"In half an hour we can be there"
"Yarım saat içinde orada olabiliriz"
"You can bury your money straight away"
"Paranı hemen gömebilirsin"
"and in a few minutes you will collect two thousand coins"
"Ve birkaç dakika içinde iki bin jeton toplayacaksın"
"and this evening you will return with your pockets full"
"Ve bu akşam cepleriniz dolu olarak döneceksiniz"
"Will you come with us?" the Fox asked again
"Bizimle gelir misin?" diye tekrar sordu Tilki
Pinocchio thought of the good Fairy
Pinokyo iyi Peri'yi düşündü
and Pinocchio thought of old Geppetto
ve Pinokyo'nun aklına eski Geppetto geldi
and he remembered the warnings of the talking little cricket
Ve konuşan küçük cırcır böceğinin uyarılarını hatırladı
and he hesitated a little before answering
Ve cevap vermeden önce biraz tereddüt etti
by now you know what kind of boy Pinocchio is
artık Pinokyo'nun nasıl bir çocuk olduğunu biliyorsun
Pinocchio is one of those boys without much sense
Pinokyo, pek mantıklı olmayan çocuklardan biridir
he ended by giving his head a little shake
Başını biraz sallayarak bitirdi
and then he told the Fox and the Cat his plans
ve sonra Tilki ve Kedi'ye planlarını anlattı
"Let us go: I will come with you"
"Hadi gidelim: Seninle geleceğim"
and they went to the field of miracles
Ve mucizeler tarlasına gittiler
they walked for half a day and reached a town

Yarım gün yürüdüler ve bir kasabaya ulaştılar
the town was the Trap for Blockheads
kasaba Blockhead'ler için bir tuzaktı
Pinocchio noticed something interesting about this town
Pinokyo bu kasaba hakkında ilginç bir şey fark etti
everywhere where you looked there were dogs
Baktığın her yerde köpekler vardı
all the dogs were yawning from hunger
Bütün köpekler açlıktan esniyordu
and he saw shorn sheep trembling with cold
Ve soğuktan titreyen kırkılmış koyunları gördü
even the cockerels were begging for Indian corn
Horozlar bile Hint mısırı için yalvarıyordu
there were large butterflies that could no longer fly
Artık uçamayan büyük kelebekler vardı
because they had sold their beautiful coloured wings
Çünkü güzel renkli kanatlarını satmışlardı
there were peacocks that were ashamed to be seen
Görülmekten utanan tavus kuşları vardı
because they had sold their beautiful coloured tails
Çünkü güzel renkli kuyruklarını satmışlardı
and pheasants went scratching about in a subdued fashion
ve sülünler sakin bir şekilde kaşınmaya başladılar
they were mourning for their gold and silver feathers
Altın ve gümüş tüyleri için yas tutuyorlardı
most were beggars and shamefaced creatures
Çoğu dilenci ve utanç verici yaratıklardı
but among them some lordly carriage passed
Ama aralarında efendi bir araba geçti
the carriages contained a Fox, or a thieving Magpie
arabalarda bir Tilki ya da hırsız bir Saksağan vardı
or the carriage seated some other ravenous bird of prey
ya da araba başka bir yırtıcı kuşu oturttu
"And where is the Field of Miracles?" asked Pinocchio
"Peki Mucizeler Tarlası nerede?" diye sordu Pinokyo
"It is here, not two steps from us"
"Bizden iki adım ötede değil, burada"

They crossed the town and and went over a wall
Kasabayı geçtiler ve bir duvarın üzerinden geçtiler
and then they came to a solitary field
Ve sonra ıssız bir alana geldiler
"Here we are," said the Fox to the puppet
"İşte buradayız," dedi Tilki kuklaya
"Now stoop down and dig with your hands a little hole"
"Şimdi eğilin ve ellerinizle küçük bir çukur kazın"
"and put your gold pieces into the hole"
"Ve altın parçalarını deliğe koy"
Pinocchio obeyed what the fox had told him
Pinokyo, tilkinin ona söylediklerine itaat etti
He dug a hole and put into it the four gold pieces
Bir çukur kazdı ve içine dört altın parçası koydu
and then he filled up the hole with a little earth
Ve sonra deliği biraz toprakla doldurdu
"Now, then," said the Fox, "go to that canal close to us"
"Şimdi, öyleyse," dedi Tilki, "bize yakın olan şu kanala git."
"fetch a bucket of water from the canal"
"Kanaldan bir kova su getirin"
"water the ground where you have sowed the gold"
"Altın ektiğiniz toprağı sulayın"
Pinocchio went to the canal without a bucket
Pinokyo kovasız kanala gitti
as he had no bucket, he took off one of his old shoes
Kovası olmadığı için eski ayakkabılarından birini çıkardı
and he filled his shoe with water
Ve ayakkabısını suyla doldurdu
and then he watered the ground over the hole
Ve sonra deliğin üzerindeki toprağı suladı
He then asked, "Is there anything else to be done?
Sonra sordu, "Yapılacak başka bir şey var mı?
"you need not do anything else," answered the Fox
"Başka bir şey yapmana gerek yok," diye cevap verdi Tilki
"there is no need for us to stay here"
"Burada kalmamıza gerek yok"
"you can return in about twenty minutes"

"Yaklaşık yirmi dakika içinde dönebilirsiniz"
"and then you will find a shrub in the ground"
"Ve sonra yerde bir çalı bulacaksın"
"the tree's branches will be loaded with money"
"Ağacın dalları para ile yüklenecek"
The poor puppet was beside himself with joy
Zavallı kukla sevinçle yanındaydı
he thanked the Fox and the Cat a thousand times
Tilki'ye ve Kediye binlerce kez teşekkür etti
and he promised them many beautiful presents
Ve onlara çok güzel hediyeler vaat etti
"We wish for no presents," answered the two rascals
"Hediye istemiyoruz," diye cevap verdi iki
"It is enough for us to have taught you how to enrich yourself"
"Size kendinizi nasıl zenginleştireceğinizi öğretmiş olmamız yeterli"
"there is nothing worse than seeing others do hard work"
"Başkalarının çok çalıştığını görmekten daha kötü bir şey yoktur"
"and we are as happy as people out for a holiday"
"Ve biz de tatile çıkan insanlar kadar mutluyuz"
Thus saying, they took leave of Pinocchio
Böylece Pinokyo'dan ayrıldılar
and they wished him a good harvest
Ona iyi bir hasat dilediler
and then they went about their business
Ve sonra işlerine devam ettiler

Pinocchio is Robbed of his Money
Pinokyo'nun Parası Çalınıyor

The puppet returned to the town
Kukla kasabaya geri döndü
and he began to count the minutes one by one
Ve dakikaları tek tek saymaya başladı
and soon he thought he had counted long enough
Ve çok geçmeden yeterince uzun saydığını düşündü
so he took the road leading to the Field of Miracles
bu yüzden Mucizeler Tarlası'na giden yolu seçti
And he walked along with hurried steps
Ve acele adımlarla yürüdü
and his heart beat fast with great excitement
Ve kalbi büyük bir heyecanla hızlı hızlı atıyordu
like a drawing-room clock going very well
çok iyi giden bir oturma odası saati gibi
Meanwhile he was thinking to himself:
Bu arada kendi kendine düşünüyordu:
"what if I don't find a thousand gold pieces?"
"Ya bin altın bulamazsam?"
"what if I find two thousand gold pieces instead?"
"Ya onun yerine iki bin altın bulursam?"
"but what if I don't find two thousand gold pieces?"
"Ama ya iki bin altın bulamazsam?"
"what if I find five thousand gold pieces!"
"Ya beş bin altın bulursam!"
"what if I find a hundred thousand gold pieces??"
"Ya yüz bin altın bulursam??"
"Oh! what a fine gentleman I should then become!"
"Eyvah! O zaman ne kadar iyi bir beyefendi olmalıyım!"
"I could live in a beautiful palace"
"Güzel bir sarayda yaşayabilirim"
"and I would have a thousand little wooden horses"
"ve bin tane küçük tahta atım olurdu"
"a cellar full of currant wine and sweet syrups"
"Frenk üzümü şarabı ve tatlı şuruplarla dolu bir mahzen"

"and a library quite full of candies and tarts"
"ve oldukça şekerler ve turtalarla dolu bir kütüphane"
"and I would have plum-cakes and macaroons"
"ve erikli kek ve bademli kurabiye yerdim"
"and I would have biscuits with cream"
"ve kremalı bisküvi yerdim"
he walked along building castles in the sky
Gökyüzünde kaleler inşa ederek yürüdü
and he build many of these castles in the sky
Ve bu kalelerin birçoğunu gökyüzünde inşa etti
and eventually he arrived at the edge of the field
Ve sonunda tarlanın kenarına geldi
and he stopped to look about for a tree
Ve bir ağaç aramak için durdu
there were other trees in the field
Tarlada başka ağaçlar da vardı
but they had been there when he had left
ama o gittiğinde oradaydılar
and he saw no money tree in all the field
Ve tüm tarlada hiç para ağacı görmedi
He walked along the field another hundred steps
Tarlada yüz adım daha yürüdü
but he couldn't find the tree he was looking for
Ama aradığı ağacı bulamadı
he then entered into the field
Daha sonra tarlaya girdi
and he went up to the little hole
Ve küçük deliğe gitti
the hole where he had buried his coins
Madeni paralarını gömdüğü delik
and he looked at the hole very carefully
Ve deliğe çok dikkatli bir şekilde baktı
but there was definitely no tree growing there
Ama orada kesinlikle yetişen bir ağaç yoktu
He then became very thoughtful
Daha sonra çok düşünceli oldu
and he forget the rules of society

Ve toplumun kurallarını unutuyor
and he didn't care for good manners for a moment
Ve bir an için görgü kurallarını umursamadı
he took his hands out of his pocket
Ellerini cebinden çıkardı
and he gave his head a long scratch
Ve başını uzun bir çizik attı
At that moment he heard an explosion of laughter
O anda bir kahkaha patlaması duydu
someone close by was laughing himself silly
Yakındaki biri aptalca gülüyordu
he looked up one of the nearby trees
Yakındaki ağaçlardan birine baktı
he saw a large Parrot perched on a branch
bir dala tünemiş büyük bir papağan gördü
the parrot brushed the few feathers he had left
Papağan elinde kalan birkaç tüyü fırçaladı
Pinocchio asked the parrot in an angry voice;
Pinokyo papağana kızgın bir sesle sordu;
"Why are you here laughing so loud?"
"Neden burada bu kadar yüksek sesle gülüyorsun?"
"I am laughing because in brushing my feathers"
"Gülüyorum çünkü tüylerimi fırçalarken"
"I was just brushing a little under my wings"
"Sadece kanatlarımın altını biraz fırçalıyordum"
"and while brushing my feathers I tickled myself"
"ve tüylerimi fırçalarken kendimi gıdıkladım"
The puppet did not answer the parrot
Kukla papağana cevap vermedi
but instead Pinocchio went to the canal
ama bunun yerine Pinokyo kanala gitti
he filled his old shoe full of water again
Eski ayakkabısını tekrar suyla doldurdu
and he proceeded to water the hole once more
Ve deliği bir kez daha sulamaya başladı
While he was busy doing this he heard more laughter
Bunu yapmakla meşgulken daha fazla kahkaha duydu

the laughter was even more impertinent than before
Kahkahalar öncekinden daha küstahtı
it rang out in the silence of that solitary place
o ıssız yerin sessizliğinde çınladı
Pinocchio shouted out even angrier than before
Pinokyo eskisinden daha da öfkeli bir şekilde bağırdı
"Once for all, may I know what you are laughing at?"
"Bir kereliğine, neye güldüğünü öğrenebilir miyim?"
"I am laughing at simpletons," answered the parrot
"gülüyorum," diye cevap verdi papağan
"simpletons who believe in foolish things
"Aptalca şeylere inanan ahmaklar
"the foolish things that people tell them"
"İnsanların onlara söylediği aptalca şeyler"
"I laugh at those who let themselves be fooled"
"Kandırılmasına izin verenlere gülüyorum"
"fooled by those more cunning than they are"
"Kendilerinden daha kurnaz olanlar tarafından kandırıldılar"
"Are you perhaps speaking of me?"
"Belki de benden mi bahsediyorsun?"
"Yes, I am speaking of you, poor Pinocchio"
"Evet, senden bahsediyorum, zavallı Pinokyo"
"you have believed a very foolish thing"
"Çok aptalca bir şeye inandınız"
"you believed that money can be grown in fields"
"Paranın tarlada yetiştirilebileceğine inandınız"
"you thought money can be grown like beans"
"Paranın fasulye gibi yetiştirilebileceğini düşündünüz"
"I also believed it once," admitted the parrot
"Ben de bir kere inandım," diye itiraf etti papağan
"and today I am suffering for having believed it"
"ve bugün buna inandığım için acı çekiyorum"
"but I have learned my lesson from that trick"
"ama ben bu numaradan dersimi aldım"
"I turned my efforts to honest work"
"Çabalarımı dürüst çalışmaya dönüştürdüm"
"and I have put a few pennies together"

"ve birkaç kuruşu bir araya getirdim"
"it is necessary to know how to earn your pennies"
"Kuruşlarınızı nasıl kazanacağınızı bilmek gerekiyor"
"you have to earn them either with your hands"
"Onları ya ellerinle kazanmalısın"
"or you have to earn them with your brains"
"Ya da onları beyninizle kazanmalısınız"
"I don't understand you," said the puppet
"Seni anlamıyorum," dedi kukla
and he was already trembling with fear
Ve zaten korkudan titriyordu
"Have patience!" rejoined the parrot
"Sabırlı ol!" diye tekrar papağan katıldı
"I will explain myself better, if you let me"
"İzin verirseniz kendimi daha iyi anlatacağım"
"there is something that you must know"
"Bilmeniz gereken bir şey var"
"something happened while you were in the town"
"Sen kasabadayken bir şey oldu"
"the Fox and the Cat returned to the field"
"Tilki ve Kedi tarlaya geri döndü"
"they took the money you had buried"
"Gömdüğünüz parayı aldılar"
"and then they fled from the scene of the crime"
"Sonra da olay yerinden kaçtılar"
"And now he that catches them will be clever"
"Ve şimdi onları yakalayan zeki olacak"
Pinocchio remained with his mouth open
Pinokyo ağzı açık kaldı
and he chose not to believe the Parrot's words
ve Papağan'ın sözlerine inanmamayı seçti
he began with his hands to dig up the earth
Toprağı kazmak için elleriyle başladı
And he dug deep into the ground
Ve yerin derinliklerine kazdı
a rick of straw could have stood in the hole
Delikte bir saman yığını durabilirdi

but the money was no longer there
Ama para artık orada değildi
He rushed back to the town in a state of desperation
Çaresizlik içinde kasabaya geri döndü
and he went at once to the Courts of Justice
ve hemen Adalet Divanı'na gitti
and he spoke directly with the judge
Ve doğrudan yargıçla konuştu
he denounced the two knaves who had robbed him
Kendisini soyan iki knavı kınadı
The judge was a big ape of the gorilla tribe
Yargıç, goril kabilesinin büyük bir maymunuydu
an old ape respectable because of his white beard
Beyaz sakalı nedeniyle saygın bir yaşlı maymun
and he was respectable for other reasons
Ve başka nedenlerden dolayı saygındı
because he had gold spectacles on his nose
Çünkü burnunda altın gözlükler vardı
although, his spectacles were without glass
Yine de gözlükleri camsızdı
but he was always obliged to wear them
ama her zaman onları giymek zorunda kaldı
on account of an inflammation of the eyes
göz iltihabı nedeniyle

Pinocchio told him all about the crime
Pinokyo ona suçla ilgili her şeyi anlattı
the crime of which he had been the victim of
mağduru olduğu suç
He gave him the names and the surnames
Ona isimlerini ve soyadlarını verdi
and he gave all the details of the rascals
Ve rezillerin tüm detaylarını verdi
and he ended by demanding to have justice
Ve adaletin sağlanmasını talep ederek bitirdi
The judge listened with great benignity
Yargıç büyük bir sevecenlikle dinledi
he took a lively interest in the story
Hikayeye canlı bir ilgi gösterdi
he was much touched and moved by what he heard
Duyduklarından çok etkilendi ve etkilendi
finally the puppet had nothing further to say
Sonunda kuklanın söyleyecek başka bir şeyi yoktu
and then the gorilla rang a bell
Ve sonra goril bir zil çaldı
two mastiffs appeared at the door
Kapıda iki mastiff belirdi
the dogs were dressed as gendarmes
Köpeklere jandarma gibi giydirildi
The judge then pointed to Pinocchio
Yargıç daha sonra Pinokyo'yu işaret etti
"That poor devil has been robbed"
"O zavallı şeytan soyuldu"
"rascals took four gold pieces from him"
"ondan dört altın aldı"
"take him away to prison immediately," he ordered
"Onu hemen hapse götürün" diye emretti
The puppet was petrified on hearing this
Kukla bunu duyunca taşlaştı
it was not at all the judgement he had expected
Hiç de beklediği gibi bir karar değildi
and he tried to protest the judge

Ve hakimi protesto etmeye çalıştı
but the gendarmes stopped his mouth
ama jandarmalar ağzını kapattı
they didn't want to lose any time
Hiç zaman kaybetmek istemediler
and they carried him off to the prison
Onu hapishaneye götürdüler
And there he remained for four long months
Ve orada dört uzun ay kaldı
and he would have remained there even longer
Ve orada daha da uzun süre kalacaktı
but puppets do sometimes have good fortune too
Ancak kuklaların da bazen iyi bir şansı vardır
a young King ruled over the Trap for Blockheads
genç bir Kral, Blockheads Tuzağı'na hükmetti
he had won a splendid victory in battle
Savaşta muhteşem bir zafer kazanmıştı
because of this he ordered great public rejoicings
Bu nedenle halkın büyük sevinçlerini emretti
There were illuminations and fireworks
Aydınlatmalar ve havai fişekler vardı
and there were horse and velocipede races
ve at ve velocipede yarışları vardı
the King was so happy he released all prisoners
Kral o kadar mutluydu ki tüm mahkumları serbest bıraktı
Pinocchio was very happy at this news
Pinokyo bu habere çok sevindi
"if they are freed, then so am I"
"Onlar özgürse, ben de özgürüm"
but the jailor had other orders
Ancak gardiyanın başka emirleri de vardı
"No, not you," said the jailor
"Hayır, sen değilsin," dedi gardiyan
"because you do not belong to the fortunate class"
"Çünkü sen şanslı sınıfa ait değilsin"
"I beg your pardon," replied Pinocchio
"Özür dilerim," diye yanıtladı Pinokyo

"I am also a criminal," he proudly said
"Ben de bir suçluyum," dedi gururla
the jailor looked at Pinocchio again
gardiyan tekrar Pinokyo'ya baktı
"In that case you are perfectly right"
"O zaman tamamen haklısın"
and he took off his hat
Ve şapkasını çıkardı
and he bowed to him respectfully
ve ona saygıyla eğildi
and he opened the prison doors
Ve hapishanenin kapılarını açtı
and he let the little puppet escape
Ve küçük kuklanın kaçmasına izin verdi

Pinocchio Goes back to the Fairy's House
Pinokyo Perinin Evi'ne Geri Dönüyor

You can imagine Pinocchio's joy
Pinokyo'nun sevincini hayal edebilirsiniz
finally he was free after four months
Sonunda dört ay sonra serbest kaldı
but he didn't stop in order to celebrate
Ama kutlamak için durmadı
instead, he immediately left the town
Bunun yerine, hemen kasabayı terk etti
he took the road that led to the Fairy's house
Peri'nin evine giden yolu kullandı
there had been a lot of rain in recent days
Son günlerde çok yağmur yağmıştı
so the road had become a went boggy and marsh
Böylece yol bir bataklık ve bataklık haline gelmişti
and Pinocchio sank knee deep into the mud
ve Pinokyo dizini çamurun derinliklerine batırdı

But the puppet was not one to give up
Ama kukla pes edecek biri değildi
he was tormented by the desire to see his father
Babasını görme arzusuyla işkence gördü
and he wanted to see his little sister again too
Ve küçük kız kardeşini de tekrar görmek istedi
and he ran through the marsh like a greyhound
Ve bataklığın içinden bir tazı gibi koştu
and as he ran he was splashed with mud
Ve koşarken üzerine çamur sıçradı
and he was covered from head to foot
ve baştan ayağa örtülüydü
And he said to himself as he went along:
Ve giderken kendi kendine dedi ki:
"How many misfortunes have happened to me"
"Başıma ne kadar çok talihsizlik geldi"
"But I deserved these misfortunes"
"Ama bu talihsizlikleri hak ettim"
"because I am an obstinate, passionate puppet"
"çünkü ben inatçı, tutkulu bir kuklayım"
"I am always bent upon having my own way"
"Her zaman kendi yoluma sahip olmaya kararlıyım"

"and I don't listen to those who wish me well"
"ve bana iyi dileklerde bulunanları dinlemiyorum"
"they have a thousand times more sense than I!"
"Benden bin kat daha mantıklılar!"
"But from now I am determined to change"
"Ama bundan sonra değişmeye kararlıyım"
"I will become orderly and obedient"
"Düzenli ve itaatkar olacağım"
"because I have seen what happened"
"Çünkü ne olduğunu gördüm"
"disobedient boys do not have an easy life"
"İtaatsiz erkek çocukların kolay bir hayatı yok"
"they come to no good and gain nothing"
"Hiçbir işe yaramıyorlar ve hiçbir şey kazanmıyorlar"
"And has my papa waited for me?"
"Peki babam beni bekledi mi?"
"Shall I find him at the Fairy's house?"
"Onu Peri'nin evinde bulayım mı?"
"it has been so long since I last saw him"
"Onu son gördüğümden bu yana çok uzun zaman geçti"
"I am dying to embrace him again"
"Onu tekrar kucaklamak için can atıyorum"
"I can't wait to cover him with kisses!"
"Onu öpücüklerle örtmek için sabırsızlanıyorum!"
"And will the Fairy forgive me my bad conduct?"
"Peki Peri kötü davranışımı affedecek mi?"
"To think of all the kindness I received from her"
"Ondan gördüğüm tüm nezaketi düşünmek"
"oh how lovingly did she care for me"
"Ah, bana ne kadar sevgiyle baktı"
"that I am now alive I owe to her!"
"Şimdi hayatta olduğumu, ona borçluyum!"
"could you find a more ungrateful boy"
"Daha nankör bir çocuk bulabilir misin?"
"is there a boy with less heart than I have?"
"Benden daha az kalbi olan bir çocuk var mı?"
Whilst he was saying this he stopped suddenly

Bunu söylerken aniden durdu
he was frightened to death
Ölesiye korkmuştu
and he made four steps backwards
Ve geriye doğru dört adım attı
What had Pinocchio seen?
Pinokyo ne görmüştü?
He had seen an immense Serpent
Kocaman bir Yılan görmüştü
the snake was stretched across the road
Yılan yol boyunca gerildi
the snake's skin was a grass green colour
Yılanın derisi çimen yeşili rengindeydi
and it had red eyes in its head
ve kafasında kırmızı gözler vardı
and it had a long and pointed tail
ve uzun ve sivri bir kuyruğu vardı
and the tail was smoking like a chimney
Ve kuyruk bir baca gibi tütüyordu

It would be impossible to imagine the puppet's terror
Kuklanın dehşetini hayal etmek imkansız olurdu
He walked away to a safe distance
Güvenli bir mesafeye doğru yürüdü
and he sat on a heap of stones
Ve bir taş yığınının üzerine oturdu
there he waited until the Serpent had finished
orada Yılan'ın işini bitirene kadar bekledi
soon the Serpent's business should be done
Yakında Yılan'ın işi bitmeli
He waited an hour; two hours; three hours
Bir saat bekledi; iki saat; üç saat
but the Serpent was always there
ama Yılan her zaman oradaydı
even from a distance he could see his fiery eyes
Uzaktan bile onun ateşli gözlerini görebiliyordu
and he could see the column of smoke
Ve duman sütununu görebiliyordu
the smoke that ascended from the end of his tail
kuyruğunun ucundan yükselen duman
At last Pinocchio tried to feel courageous
Sonunda Pinokyo cesur hissetmeye çalıştı
and he approached to within a few steps
Ve birkaç adım içinde yaklaştı
he spoke to the Serpent in a little soft voice
Yılanla biraz yumuşak bir sesle konuştu
"Excuse me, Sir Serpent," he insinuated
"Affedersiniz, Sör Yılan," diye ima etti
"would you be so good as to move a little?"
"Biraz hareket edecek kadar iyi olur musun?"
"just a step to the side, if you could"
"Yapabilseydin, sadece yana doğru bir adım"
He might as well have spoken to the wall
Duvara da konuşabilirdi
He began again in the same soft voice:
Aynı yumuşak sesle tekrar başladı:
"please know, Sir Serpent, I am on my way home"

"Lütfen bilin ki Sör Yılan, eve gidiyorum"
"my father is waiting for me"
"Babam beni bekliyor"
"and it has been such a long time since I saw him!"
"ve onu görmeyeli o kadar uzun zaman oldu ki!"
"Will you, therefore, allow me to continue?"
"Öyleyse devam etmeme izin verir misiniz?"
He waited for a sign in answer to this request
Bu talebe yanıt olarak bir işaret bekledi
but the snake made no answer
Ama yılan cevap vermedi
up to that moment the serpent had been sprightly
O ana kadar yılan ürkütücüydü
up until then it had been full of life
O zamana kadar hayat doluydu
but now he became motionless and almost rigid
Ama şimdi hareketsiz ve neredeyse katılaştı
He shut his eyes and his tail ceased smoking
Gözlerini kapattı ve kuyruğu sigarayı bıraktı
"Can he really be dead?" said Pinocchio
"Gerçekten ölmüş olabilir mi?" dedi Pinokyo
and he rubbed his hands with delight
Ve zevkle ellerini ovuşturdu
He decided to jump over him
Üzerinden atlamaya karar verdi
and then he could reach the other side of the road
Ve sonra yolun diğer tarafına ulaşabilirdi
Pinocchio took a little run up
Pinokyo biraz koştu
and he went to jump over the snake
Ve yılanın üzerinden atlamaya gitti
but suddenly the Serpent raised himself on end
ama aniden Yılan kendini diken üstüne çıkardı
like a spring set in motion
Harekete geçirilmiş bir yay gibi
and the puppet stopped just in time
Ve kukla tam zamanında durdu

he stopped his feet from jumping
Ayaklarının zıplamasını durdurdu
and he fell to the ground
Ve yere düştü
he fell rather awkwardly into the mud
Oldukça garip bir şekilde çamura düştü
his head got stuck in the mud
Kafası çamura saplandı
and his legs went into the air
ve bacakları havaya kalktı
the Serpent went into convulsions of laughter
Yılan kahkaha krizlerine girdi
it laughed until he broke a blood-vessel
Bir kan damarını kırana kadar güldü
and the snake died from all its laughter
Ve yılan tüm kahkahalarından öldü
this time the snake really was dead
Bu sefer yılan gerçekten ölmüştü
Pinocchio then set off running again
Pinokyo daha sonra tekrar koşmaya başladı
he hoped to reach the Fairy's house before dark
hava kararmadan önce Peri'nin evine ulaşmayı umuyordu
but soon he had other problems again
Ama kısa süre sonra tekrar başka sorunları vardı
he began to suffer so dreadfully from hunger
Açlıktan çok korkunç bir şekilde acı çekmeye başladı
and he could not bear the hunger any longer
Ve açlığa daha fazla dayanamadı
he jumped into a field by the wayside
Yol kenarındaki bir tarlaya atladı
perhaps there were some grapes he could pick
Belki de toplayabileceği bazı üzümler vardı
Oh, if only he had never done it!
Ah, keşke hiç yapmasaydı!
He had scarcely reached the grapes
Üzümlere zar zor ulaşmıştı
and then there was a "cracking" sound

Ve sonra bir "çatlama" sesi geldi
his legs were caught between something
Bacakları bir şeyin arasında sıkışıp kalmıştı
he had stepped into two cutting iron bars
İki kesme demir çubuğa basmıştı
poor Pinocchio became giddy with pain
zavallı Pinokyo acıyla sersemledi
stars of every colour danced before his eyes
Her renkten yıldızlar gözlerinin önünde dans ediyordu
The poor puppet had been caught in a trap
Zavallı kukla bir tuzağa düşmüştü
it had been put there to capture polecats
Oraya polecats'i yakalamak için konulmuştu

Pinocchio Becomes a Watch-Dog
Pinokyo Bekçi Köpeği Oluyor

Pinocchio began to cry and scream
Pinokyo ağlamaya ve çığlık atmaya başladı
but his tears and groans were useless
Ama gözyaşları ve iniltileri işe yaramazdı
because there was not a house to be seen
Çünkü ortada görülecek bir ev yoktu

nor did living soul pass down the road
ne de yaşayan ruh yoldan geçti
At last the night had come on
Sonunda gece olmuştu
the trap had cut into his leg
Tuzak bacağını kesmişti
the pain brought him the point of fainting
Acı ona bayılma noktasına getirdi
he was scared from being alone
Yalnız kalmaktan korkuyordu
he didn't like the darkness
Karanlığı sevmezdi
Just at that moment he saw a Firefly
Tam o sırada bir Ateşböceği gördü
He called to the firefly and said:
Ateşböceğine seslendi ve şöyle dedi:
"Oh, little Firefly, will you have pity on me?"
"Ah, küçük Ateşböceği, bana acıyacak mısın?"
"please liberate me from this torture"
"Lütfen beni bu işkenceden kurtarın"
"Poor boy!" said the Firefly
"Zavallı çocuk!" dedi Ateşböceği
the Firefly stopped and looked at him with compassion
Ateşböceği durdu ve ona şefkatle baktı
"your legs have been caught by those sharp irons"
"Bacaklarınız o keskin demirlere takıldı"
"how did you get yourself into this trap?
"Kendini bu tuzağa nasıl düşürdün?
"I came into the field to pick grapes"
"Üzüm toplamak için tarlaya geldim"
"But where did you plant your grapes?"
"Ama üzümlerini nereye ektin?"
"No, they were not my grapes"
"Hayır, onlar benim üzümlerim değildi"
"who taught you to carry off other people's property?"
"Başkalarının mallarını çalmayı sana kim öğretti?"
"I was so hungry," Pinocchio whimpered

"Çok acıkmıştım," diye sızlandı Pinokyo
"Hunger is not a good reason"
"Açlık iyi bir sebep değil"
"we cannot appropriated what does not belong to us"
"Bize ait olmayanı el koyamayız"
"That is true, that is true!" said Pinocchio, crying
"Bu doğru, bu doğru!" dedi Pinokyo ağlayarak
"I will never do it again," he promised
"Bir daha asla yapmayacağım," diye söz verdi
At this moment their conversation was interrupted
O anda konuşmaları kesildi
there was a slight sound of approaching footsteps
Yaklaşan ayak seslerinin hafif bir sesi vardı
It was the owner of the field coming on tiptoe
Sessizce gelen tarlanın sahibiydi
he wanted to see if he had caught a polecat
Bir polecat yakalayıp yakalamadığını görmek istedi
the polecat that ate his chickens in the night
Geceleri tavuklarını yiyen sırık kedisi
but he was surprised by what was in his trap
Ama tuzağında ne olduğuna şaşırdı
instead of a polecat, a boy had been captured
Bir polecat yerine, bir çocuk yakalanmıştı
"Ah, little thief," said the angry peasant,
"Ah, küçük hırsız," dedi kızgın köylü,
"then it is you who carries off my chickens?"
"Öyleyse tavuklarımı götüren sen misin?"
"No, I have not been carrying off your chickens"
"Hayır, tavuklarınızı taşımıyorum"
"I only came into the field to take two grapes!"
"Tarlaya sadece iki üzüm almak için geldim!"
"He who steals grapes can easily steal chicken"
"Üzüm çalan tavuğu da rahatlıkla çalabilir"
"Leave it to me to teach you a lesson"
"Sana bir ders vermeyi bana bırak"
"and you won't forget this lesson in a hurry"
"Ve bu dersi aceleyle unutmayacaksın"

Opening the trap, he seized the puppet by the collar
Tuzağı açarak kuklayı yakasından yakaladı
and he carried him to his house like a young lamb
Ve onu genç bir kuzu gibi evine taşıdı
they reached the yard in front of the house
Evin önündeki bahçeye ulaştılar
and he threw him roughly on the ground
Ve onu kabaca yere fırlattı
he put his foot on his neck and said to him:
Ayağını boynuna koydu ve ona şöyle dedi:
"It is late and I want to go to bed"
"Geç oldu ve yatmak istiyorum"
"we will settle our accounts tomorrow"
"Hesaplarımızı yarın ödeyeceğiz"
"the dog who kept guard at night died today"
"Gece nöbet tutan köpek bugün öldü"
"you will live in his place from now"
"Artık onun yerinde yaşayacaksınız"
"You shall be my watch-dog from now"
"Artık benim bekçi köpeğim olacaksın"
he took a great dog collar covered with brass knobs
Pirinç topuzlarla kaplı büyük bir köpek tasması aldı
and he strapped the dog collar around Pinocchio's neck
ve köpek tasmasını Pinokyo'nun boynuna bağladı
it was so tight that he could not pull his head out
O kadar sıkıydı ki başını çıkaramıyordu
the dog collar was attached to a heavy chain
Köpek tasması ağır bir zincire bağlandı
and the heavy chain was fastened to the wall
Ve ağır zincir duvara bağlandı
"If it rains tonight you can go into the kennel"
"Bu gece yağmur yağarsa kulübeye gidebilirsin"
"my poor dog had a little bed of straw in there"
"Zavallı köpeğimin orada küçük bir saman yatağı vardı"
"remember to keep your ears pricked for robbers"
"Hırsızlar için kulaklarınızı dikmeyi unutmayın"
"and if you hear robbers, then bark loudly"

"Ve eğer haydutları duyarsan, o zaman yüksek sesle havla"
Pinocchio had received his orders for the night
Pinokyo gece için emirlerini almıştı
and the poor man finally went to bed
Ve zavallı adam sonunda yatağa gitti

Poor Pinocchio remained lying on the ground
Zavallı Pinokyo yerde yatmaya devam etti
he felt more dead than he felt alive
Yaşadığından daha fazla ölü hissetti
the cold, and hunger, and fear had taken all his energy
Soğuk, açlık ve korku tüm enerjisini tüketmişti
From time to time he put his hands angrily to the go collar
Zaman zaman ellerini öfkeyle yakasına koydu
"It serves me right!" he said to himself
"Bana hizmet ediyor, doğru!" dedi kendi kendine
"I was determined to be a vagabond"
"olmaya kararlıydım"
"I wanted to live the life of a good-for-nothing"
"Hiçbir işe yaramaz bir hayat yaşamak istedim"
"I used to listen to bad companions"
"Kötü arkadaşları dinlerdim"
"and that is why I always meet with misfortunes"
"ve bu yüzden her zaman talihsizliklerle karşılaşırım"

"if only I had been a good little boy"
"Keşke iyi bir küçük çocuk olsaydım"
"then I would not be in the midst of the field"
"o zaman tarlanın ortasında olmazdım"
"I wouldn't be here if I had stayed at home"
"Evde kalsaydım burada olmazdım"
"I wouldn't be a watch-dog if I had stayed with my papa"
"Babamla kalsaydım bekçi köpeği olmazdım"
"Oh, if only I could be born again!"
"Ah, keşke yeniden doğabilseydim!"
"But now it is too late to change anything"
"Ama artık bir şeyi değiştirmek için çok geç"
"the best thing to do now is having patience!"
"Şimdi yapılacak en iyi şey sabırlı olmak!"
he was relieved by this little outburst
Bu küçük patlama onu rahatlattı
because it had come straight from his heart
çünkü doğrudan kalbinden gelmişti
and he went into the dog-kennel and fell asleep
Sonra köpek kulübesine girdi ve uykuya daldı

Pinocchio Discovers the Robbers
Pinokyo Soyguncuları Keşfeder

He had been sleeping heavily for about two hours
Yaklaşık iki saattir ağır bir şekilde uyuyordu
then he was aroused by a strange whispering
Sonra garip bir fısıltıyla uyandı
the strange voices were coming from the courtyard
Avludan tuhaf sesler geliyordu
he put the point of his nose out of the kennel
Burnunun ucunu kulübeden dışarı çıkardı
and he saw four little beasts with dark fur
Ve koyu kürklü dört küçük canavar gördü
they looked like cats making a plan
Plan yapan kedilere benziyorlardı

But they were not cats, they were polecats
Ama onlar kedi değildi, polecat'lardı
what polecats are are carnivorous little animals
Polecats'ın ne olduğu etobur küçük hayvanlardır
they are especially greedy for eggs and young chickens
Özellikle yumurtalar ve genç tavuklar için açgözlüdürler
One of the polecats came to the opening of the kennel
Polecat'lardan biri kulübenin açılışına geldi
he spoke in a low voice, "Good evening, Melampo"
kısık bir sesle konuştu, "İyi akşamlar Melampo"
"My name is not Melampo," answered the puppet
"Benim adım Melampo değil," diye cevap verdi kukla
"Oh! then who are you?" asked the polecat
"Eyvah! O zaman sen kimsin?" diye sordu Polecat
"I am Pinocchio," answered Pinocchio
"Ben Pinokyo'yum," diye cevap verdi Pinokyo
"And what are you doing here?"
"Peki burada ne yapıyorsun?"
"I am acting as watch-dog," confirmed Pinocchio
"Bekçi köpeği gibi davranıyorum," diye onayladı Pinokyo
"Then where is Melampo?" wondered the polecat
"O zaman Melampo nerede?" diye merak etti polecat
"Where is the old dog who lived in this kennel?"
"Bu kulübede yaşayan yaşlı köpek nerede?"
"He died this morning," Pinocchio informed
"Bu sabah öldü," dedi Pinokyo
"Is he dead? Poor beast! He was so good"
"Öldü mü? Zavallı canavar! O çok iyiydi"
"but I would say that you were also a good dog"
"ama senin de iyi bir köpek olduğunu söyleyebilirim"
"I can see it in your face"
"Yüzünde görebiliyorum"
"I beg your pardon, I am not a dog"
"Özür dilerim, ben köpek değilim"
"Not a dog? Then what are you?"
"Köpek değil misin? O zaman sen nesin?"
"I am a puppet," corrected Pinocchio

"Ben bir kuklayım," diye düzeltti Pinokyo
"And you are acting as watch-dog?"
"Ve sen bekçi köpeği gibi mi davranıyorsun?"
"now you understand the situation"
"Artık durumu anladınız"
"I have been made to be a watch dog as a punishment"
"Ceza olarak bekçi köpeği olarak yaratıldım"
"well, then we shall tell you what the deal is"
"Peki, o zaman size anlaşmanın ne olduğunu söyleyeceğiz"
"the same deal we had with the deceased Melampo"
"Ölen Melampo ile yaptığımız anlaşmanın aynısı"
"I am sure you will be agree to the deal"
"Anlaşmayı kabul edeceğinize eminim"
"What are the conditions of this deal?"
"Bu anlaşmanın şartları neler?"
"one night a week we will visit the poultry-yard"
"Haftada bir gece kümeslerini ziyaret edeceğiz"
"and you will allow us to carry off eight chickens"
"Ve sekiz tavuğu taşımamıza izin vereceksin"
"Of these chickens seven are to be eaten by us"
"Bu tavuklardan yedisini biz yeneceğiz"
"and we will give one chicken to you"
"Ve size bir tavuk vereceğiz"
"your end of the bargain is very easy"
"Pazarlığın size düşen kısmı çok kolay"
"all you have to do is pretend to be asleep"
"Tek yapman gereken uyuyormuş gibi yapmak"
"and don't get any ideas about barking"
"Ve havlama hakkında hiçbir fikrim yok"
"you are not to wake the peasant when we come"
"Biz geldiğimizde köylüyü uyandırmayacaksınız"
"Did Melampo act in this manner?" asked Pinocchio
"Melampo böyle mi davrandı?" diye sordu Pinokyo
"that is the deal we had with Melampo"
"Melampo ile yaptığımız anlaşma buydu"
"and we were always on the best terms with him
"Ve onunla her zaman en iyi şartlardaydık

"sleep quietly and let us do our business"
"Sessizce uyuyun ve işimizi yapmamıza izin verin"
"and in the morning you will have a beautiful chicken"
"Ve sabahları güzel bir tavuğun olacak"
"it will be ready plucked for your breakfast tomorrow"
"Yarın kahvaltınız için toplanmış olarak hazır olacak"
"Have we understood each other clearly?"
"Birbirimizi net bir şekilde anladık mı?"
"Only too clearly!" answered Pinocchio
"Çok açık!" diye cevap verdi Pinokyo
and he shook his head threateningly
Ve tehditkar bir şekilde başını salladı
as if to say: "You shall hear of this shortly!"
"Bunu birazdan duyacaksınız!" der gibi.
the four polecats thought that they had a deal
Dört Polecats bir anlaşma yaptıklarını düşündüler
so they continued to the poultry-yard
Böylece kümes hayvanlarına doğru devam ettiler
first they opened the gate with their teeth
Önce kapıyı dişleriyle açtılar
and then they slipped in one by one
Ve sonra birer birer içeri girdiler
they hadn't been in the chicken-coup for long
Uzun süredir tavuk darbesinde değillerdi
but then they heard the gate shut behind them
Ama sonra kapının arkalarından kapandığını duydular
It was Pinocchio who had shut the gate
Kapıyı kapatan Pinokyo'ydu
and Pinocchio took some extra security measures
ve Pinokyo bazı ekstra güvenlik önlemleri aldı
he put a large stone against the gate
Kapıya büyük bir taş koydu
this way the polecats couldn't get out again
Bu şekilde Polecats bir daha dışarı çıkamadı
and then Pinocchio began to bark like a dog
ve sonra Pinokyo bir köpek gibi havlamaya başladı
and he barked exactly like a watch-dog barks

Ve tıpkı bir bekçi köpeğinin havlaması gibi havladı
the peasant heard Pinocchio barking
köylü Pinokyo'nun havladığını duydu
he quickly awoke and jumped out of bed
Hızla uyandı ve yataktan fırladı
with his gun he came to the window
Silahıyla pencereye geldi
and from the window he called to Pinocchio
ve pencereden Pinokyo'ya seslendi
"What is the matter?" he asked the puppet
"Sorun ne?" diye sordu kukla
"There are robbers!" answered Pinocchio
"Haydutlar var!" diye cevap verdi Pinokyo
"Where are they?" he wanted to know
"Neredeler?" diye sordu
"they are in the poultry-yard," confirmed Pinocchio
"Kümes hayvanlarının bahçesindeler," diye onayladı Pinokyo
"I will come down directly," said the peasant
"Doğruca aşağı ineceğim," dedi köylü
and he came down in a great hurry
Ve büyük bir aceleyle aşağı indi
it would have taken less time to say "Amen"
"Amin" demek daha az zaman alırdı
He rushed into the poultry-yard
Kümes hayvanlarının bahçesine koştu
and quickly he caught all the polecats
Ve hızla tüm polecats'i yakaladı
and then he put the polecats into a sack
Ve sonra polecats'i bir çuvala koydu
he said to them in a tone of great satisfaction:
Onlara büyük bir memnuniyet tonuyla şöyle dedi:
"At last you have fallen into my hands!"
"Sonunda ellerime düştün!"
"I could punish you, if I wanted to"
"İsteseydim seni cezalandırabilirdim"
"but I am not so cruel," he comforted them
"Ama ben o kadar acımasız değilim," diye onları teselli etti

"I will content myself in other ways"
"Başka şekillerde yetineceğim"
"I will carry you in the morning to the innkeeper"
"Sabahleyin seni hancıya götüreceğim"
"he will skin and cook you like hares"
"Derisini yüzecek ve tavşan gibi pişirecek"
"and you will be served with a sweet sauce"
"Ve size tatlı bir sos sunulacak"
"It is an honour that you don't deserve"
"Hak etmediğiniz bir onur"
"you're lucky I am so generous with you"
"Şanslısın, sana karşı çok cömertim"
He then approached Pinocchio and stroked him
Daha sonra Pinokyo'ya yaklaştı ve onu okşadı
"How did you manage to discover the four thieves?"
"Dört hırsızı bulmayı nasıl başardın?"
"my faithful Melampo never found out anything!"
"Sadık Melampo'm hiçbir şey bulamadı!"
The puppet could then have told him the whole story
Kukla daha sonra ona tüm hikayeyi anlatabilirdi
he could have told him about the treacherous deal
Ona hain anlaşmayı anlatabilirdi
but he remembered that the dog was dead
Ama köpeğin öldüğünü hatırladı
and the puppet thought to himself:
Ve kukla kendi kendine düşündü:
"of what use it it accusing the dead?"
"Ölüleri suçlamanın ne yararı var?"
"The dead are no longer with us"
"Ölüler artık aramızda değil"
"it is best to leave the dead in peace!"
"Ölüleri huzur içinde bırakmak en iyisidir!"
the peasant went on to ask more questions
Köylü daha fazla soru sormaya devam etti
"were you sleeping when the thieves came?"
"Hırsızlar geldiğinde uyuyor muydun?"
"I was asleep," answered Pinocchio

"Uyuyordum," diye cevap verdi Pinokyo
"but the polecats woke me with their chatter"
"Ama Polecats gevezelikleriyle beni uyandırdı"
"one of the polecats came to the kennel"
"Polecat'lardan biri kulübeye geldi"
he tried to make a terrible deal with me
Benimle korkunç bir anlaşma yapmaya çalıştı
"promise not to bark and we'll give you fine chicken"
"Havlamayacağına söz ver ve sana güzel tavuk verelim"
"I was offended by such an underhanded offer"
"Böyle el altından yapılan bir teklif beni gücendirdi"
"I can admit that I am a naughty puppet"
"Yaramaz bir kukla olduğumu itiraf edebilirim"
"but there is one thing I will never be guilty of"
"Ama asla suçlu olmayacağım bir şey var"
"I will not make terms with dishonest people!"
"Dürüst olmayan insanlarla anlaşmayacağım!"
"and I will not share their dishonest gains"
"ve onların dürüst olmayan kazançlarını paylaşmayacağım"
"Well said, my boy!" cried the peasant
"Aferin oğlum!" diye bağırdı köylü
and he patted Pinocchio on the shoulder
ve Pinokyo'nun omzunu okşadı
"Such sentiments do you great honour, my boy"
"Böyle duygular sana büyük onur veriyor oğlum"
"let me show you proof of my gratitude to you"
"Sana olan minnettarlığımın kanıtını göstereyim"
"I will at once set you at liberty"
"Seni hemen serbest bırakacağım"
"and you may return home as you please"
"Ve istediğiniz gibi eve dönebilirsiniz"
And he removed the dog-collar from Pinocchio
Ve Pinokyo'nun köpek tasmasını çıkardı

Pinocchio Flies to the Seashore
Pinokyo Deniz Kıyısına Uçuyor

a dog-collar had hung around Pinocchio's neck
Pinokyo'nun boynuna bir köpek tasması asılmıştı
but now Pinocchio had his freedom again
ama şimdi Pinokyo tekrar özgürlüğüne kavuştu
and he wore the humiliating dog-collar no more
Ve artık aşağılayıcı köpek tasmasını takmıyordu
he ran off across the fields
Tarlalarda koşarak kaçtı
and he kept running until he reached the road
Ve yola ulaşana kadar koşmaya devam etti
the road that led to the Fairy's house
Peri'nin evine giden yol
in the woods he could see the Big Oak tree
ormanda Büyük Meşe ağacını görebiliyordu
the Big Oak tree to which he had been hung
asıldığı Büyük Meşe ağacı
Pinocchio looked around in every direction
Pinokyo her yöne baktı
but he couldn't see his sister's house
Ama kız kardeşinin evini göremedi
the house of the beautiful Child with blue hair
Mavi saçlı güzel çocuğun evi
Pinocchio was seized with a sad presentiment
Pinokyo üzücü bir önsezi ile yakalandı
he began to run with all the strength he had left
Elinde kalan tüm güçle koşmaya başladı
in a few minutes he reached the field
Birkaç dakika içinde tarlaya ulaştı
he was where the little house had once stood
O, bir zamanlar küçük evin durduğu yerdeydi
But the little white house was no longer there
Ama küçük beyaz saray artık orada değildi
Instead of the house he saw a marble stone
Ev yerine mermer bir taş gördü

on the stone were engraved these sad words:
Taşın üzerine şu üzücü sözler kazınmıştır:
"Here lies the child with the blue hair"
"Mavi saçlı çocuk burada yatıyor"
"she was abandoned by her little brother Pinocchio"
"küçük kardeşi Pinokyo tarafından terk edildi"
"and from the sorrow she succumbed to death"
"Ve üzüntüden ölüme yenik düştü"
with difficulty he had read this epitaph
Bu kitabeyi güçlükle okumuştu
I leave you to imagine the puppet's feelings
Seni kuklanın duygularını hayal etmeye bırakıyorum
He fell with his face on the ground
Yüzü yere düşerek düştü
he covered the tombstone with a thousand kisses
Mezar taşını bin öpücükle kapladı
and he burst into an agony of tears
Ve gözyaşlarına boğuldu
He cried for all of that night
O gece boyunca ağladı
and when morning came he was still crying
Ve sabah olduğunda hala ağlıyordu
he cried although he had no tears left
Hiç gözyaşı kalmamasına rağmen ağladı
his lamentations were heart-breaking
Ağıtları yürek parçalayıcıydı
and his sobs echoed in the surrounding hills
ve hıçkırıkları çevredeki tepelerde yankılandı
And while he was weeping he said:
Ve ağlarken şöyle dedi:
"Oh, little Fairy, why did you die?"
"Ah, küçük Peri, neden öldün?"
"Why did I not die instead of you?"
"Neden senin yerine ben ölmedim?"
"I who am so wicked, whilst you were so good"
"Sen çok iyiyken, ben çok kötüyüm"
"And my papa? Where can he be?"

"Ya babam? Nerede olabilir?"
"Oh, little Fairy, tell me where I can find him"
"Ah, küçük Peri, onu nerede bulabileceğimi söyle bana"
"for I want to remain with him always"
"Çünkü her zaman onunla kalmak istiyorum"
"and I never want to leave him ever again!"
"ve onu bir daha asla terk etmek istemiyorum!"
"tell me that it is not true that you are dead!"
"Bana öldüğünün doğru olmadığını söyle!"
"If you really love your little brother, come to life again"
"Küçük kardeşini gerçekten seviyorsan, yeniden canlan"
"Does it not grieve you to see me alone in the world?"
"Beni dünyada yalnız görmek seni üzmüyor mu?"
"does it not sadden you to see me abandoned by everybody?"
"Herkes tarafından terk edildiğimi görmek seni üzmüyor mu?"
"If assassins come they will hang me from the tree again"
"Suikastçılar gelirse beni yine ağaca asacaklar"
"and this time I would die indeed"
"ve bu sefer gerçekten ölecektim"
"What can I do here alone in the world?"
"Burada, dünyada tek başıma ne yapabilirim?"
"I have lost you and my papa"
"Seni ve babamı kaybettim"
"who will love me and give me food now?"
"Şimdi beni kim sevecek ve bana yemek verecek?"
"Where shall I go to sleep at night?"
"Gece nerede uyuyacağım?"
"Who will make me a new jacket?"
"Bana kim yeni bir ceket yapacak?"
"Oh, it would be better for me to die also!"
"Ah, benim de ölmem daha iyi olurdu!"
"not to live would be a hundred times better"
"Yaşamamak yüz kat daha iyi olurdu"
"Yes, I want to die," he concluded
"Evet, ölmek istiyorum," diye bitirdi

And in his despair he tried to tear his hair
Ve çaresizlik içinde saçlarını yolmaya çalıştı
but his hair was made of wood
ama saçları tahtadan yapılmıştı
so he could not have the satisfaction
bu yüzden tatmin olamadı
Just then a large Pigeon flew over his head
Tam o sırada büyük bir Güvercin başının üzerinden uçtu
the pigeon stopped with distended wings
Güvercin şişmiş kanatlarla durdu
and the pigeon called down from a great height
Ve güvercin büyük bir yükseklikten aşağı seslendi
"Tell me, child, what are you doing there?"
"Söyle bana çocuğum, orada ne yapıyorsun?"
"Don't you see? I am crying!" said Pinocchio
"Görmüyor musun? Ağlıyorum!" dedi Pinokyo
and he raised his head towards the voice
Ve başını sese doğru kaldırdı
and he rubbed his eyes with his jacket
Ve ceketiyle gözlerini ovuşturdu
"Tell me," continued the Pigeon
"Söyle bana," diye devam etti Güvercin
"do you happen to know a puppet called Pinocchio?"
"Pinokyo adında bir kukla tanıyor musun?"
"Pinocchio? Did you say Pinocchio?" repeated the puppet
"Pinokyo mu? Pinokyo mu dedin?" diye tekrarladı kukla
and he quickly jumped to his feet
Ve hızla ayağa fırladı
"I am Pinocchio!" he exclaimed with hope
"Ben Pinokyo'yum!" diye umutla haykırdı
At this answer the Pigeon descended rapidly
Bu cevap üzerine Güvercin hızla indi
He was larger than a turkey
Bir hindiden daha büyüktü
"Do you also know Geppetto?" he asked
"Sen de Geppetto'yu tanıyor musun?" diye sordu
"Do I know him! He is my poor papa!"

"Onu tanıyor muyum! O benim zavallı babam!"
"Has he perhaps spoken to you of me?"
"Belki de size benden bahsetti mi?"
"Will you take me to him?"
"Beni ona götürür müsün?"
"Is he still alive?"
"Hala hayatta mı?"
"Answer me, for pity's sake"
"Acıma aşkına cevap ver bana"
"is he still alive??"
"Hala yaşıyor mu??"
"I left him three days ago on the seashore"
"Onu üç gün önce deniz kıyısında bıraktım"
"What was he doing?" Pinocchio had to know
"Ne yapıyordu?" Pinokyo'nun bilmesi gerekiyordu
"He was building a little boat for himself"
"Kendisi için küçük bir tekne yapıyordu"
"he was going to cross the ocean"
"Okyanusu geçecekti"
"that poor man has been going all round the world"
"O zavallı adam dünyanın dört bir yanına gidiyor"
"he has been looking for you"
"Seni arıyordu"
"but he had no success in finding you"
"Ama seni bulmakta başarılı olamadı"
"so now he will go to the distant countries"
"Öyleyse şimdi uzak ülkelere gidecek"
"he will search for you in the New World"
"Yeni Dünya'da seni arayacak"
"How far is it from here to the shore?"
"Buradan kıyıya ne kadar uzaklıkta?"
"More than six hundred miles"
"Altı yüz milden fazla"
"Six hundred miles?" echoed Pinocchio
"Altı yüz mil mi?" diye tekrarladı Pinokyo
"Oh, beautiful Pigeon," pleaded Pinocchio
"Ah, güzel Güvercin," diye yalvardı Pinokyo

"what a fine thing it would be to have your wings!"
"Kanatlarına sahip olmak ne kadar güzel bir şey olurdu!"
"If you wish to go, I will carry you there"
"Gitmek istersen, seni oraya götürürüm"
"How could you carry me there?"
"Beni oraya nasıl taşıyabilirsin?"
"I can carry you on my back"
"Seni sırtımda taşıyabilirim"
"Do you weigh much?"
"Çok mu ağırsın?"
"I weigh next to nothing"
"Hiçbir şeyin yanında kilom yok"
"I am as light as a feather"
"Tüy kadar hafifim"
Pinocchio didn't hesitate for another moment
Pinokyo bir an daha tereddüt etmedi
and he jumped at once on the Pigeon's back
ve hemen Güvercin'in sırtına atladı
he put a leg on each side of the pigeon
Güvercinin her iki yanına birer bacak koydu
just like men do when they're riding horseback
Tıpkı erkeklerin ata binerken yaptığı gibi
and Pinocchio exclaimed joyfully:
ve Pinokyo sevinçle haykırdı:
"Gallop, gallop, my little horse"
"Dörtnala, dörtnala, küçük atım"
"because I am anxious to arrive quickly!"
"çünkü bir an önce varmak için sabırsızlanıyorum!"
The Pigeon took flight into the air
Güvercin havaya uçtu
and in a few minutes they almost touched the clouds
Ve birkaç dakika içinde neredeyse bulutlara dokundular

now the puppet was at an immense height
Şimdi kukla muazzam bir yükseklikteydi
and he became more and more curious
Ve gittikçe daha da meraklı hale geldi
so he looked down to the ground
Bu yüzden yere baktı
but his head spun round in dizziness
ama başı baş dönmesi içinde döndü
he became ever so frightened of the height
Yükseklikten o kadar çok korkmaya başladı ki
and he had to save himself from the danger of falling
Ve düşme tehlikesinden kendini kurtarmak zorunda kaldı
and so held tightly to his feathered steed
ve böylece tüylü atına sıkıca tutundu
They flew through the skies all of that day
O gün boyunca gökyüzünde uçtular
Towards evening the Pigeon said:
Akşama doğru Güvercin dedi ki:
"I am very thirsty from all this flying!"
"Bütün bu uçuşlardan çok susadım!"

"And I am very hungry!" agreed Pinocchio
"Ve ben çok açım!" diye kabul etti Pinokyo
"Let us stop at that dovecote for a few minutes"
"Şu güvercinlikte birkaç dakika duralım"
"and then we will continue our journey"
"Ve sonra yolculuğumuza devam edeceğiz"
"then we may reach the seashore by dawn tomorrow"
"O zaman yarın şafak sökerken deniz kıyısına ulaşabiliriz"
They went into a deserted dovecote
Issız bir güvercinliğe girdiler
here they found nothing but a basin full of water
Burada su dolu bir leğenden başka bir şey bulamadılar
and they found a basket full of vetch
Ve bir sepet dolusu fiğ buldular
The puppet had never in his life been able to eat vetch
Kukla hayatında hiç fiğ yiyememişti
according to him it made him sick
Ona göre bu onu hasta etti
That evening, however, he ate to repletion
Ancak o akşam doyasıya yedi
and he nearly emptied the basket of it
Ve neredeyse sepetini boşaltıyordu
and then he turned to the Pigeon and said to him:
ve sonra Güvercin'e döndü ve ona şöyle dedi:
"I never could have believed that vetch was so good!"
"Fiğin bu kadar iyi olduğuna asla inanamazdım!"
"Be assured, my boy," replied the Pigeon
"Emin ol oğlum," diye cevap verdi Güvercin
"when hunger is real even vetch becomes delicious"
"Açlık gerçek olduğunda fiğ bile lezzetli olur"
"Hunger knows neither caprice nor greediness"
"Açlık ne kapris ne de açgözlülük tanır"
the two quickly finished their little meal
İkisi küçük yemeklerini çabucak bitirdiler
and they recommenced their journey and flew away
Ve yolculuklarına yeniden başladılar ve uçup gittiler
The following morning they reached the seashore

Ertesi sabah deniz kıyısına ulaştılar
The Pigeon placed Pinocchio on the ground
Güvercin, Pinokyo'yu yere koydu
the pigeon did not wish to be troubled with thanks
Güvercin teşekkürle uğraşmak istemedi
it was indeed a good action he had done
Gerçekten de yaptığı iyi bir eylemdi
but he had done it out the goodness of his heart
ama bunu yüreğinin iyiliğinden yapmıştı
and Pinocchio had no time to lose
ve Pinokyo'nun kaybedecek zamanı yoktu
so he flew quickly away and disappeared
Bu yüzden hızla uçup gitti ve ortadan kayboldu
The shore was crowded with people
Kıyı insanlarla doluydu
the people were looking out to sea
İnsanlar denize bakıyordu
they shouting and gesticulating at something
Bir şeye bağırıyorlar ve el kol hareketleri yapıyorlar
"What has happened?" asked Pinocchio of an old woman
"Ne oldu?" diye sordu Pinokyo yaşlı bir kadına
"there is a poor father who has lost his son"
"Oğlunu kaybetmiş fakir bir baba var"
"he has gone out to sea in a little boat"
"Küçük bir tekneyle denize açıldı"
"he will search for him on the other side of the water"
"Onu suyun diğer tarafında arayacak"
"and today the sea is most tempestuous"
"Ve bugün deniz en fırtınalı"
"and the little boat is in danger of sinking"
"Ve küçük tekne batma tehlikesiyle karşı karşıya"
"Where is the little boat?" asked Pinocchio
"Küçük tekne nerede?" diye sordu Pinokyo
"It is out there in a line with my finger"
"Parmağımla bir çizgide orada"
and she pointed to a little boat
Ve küçük bir tekneyi işaret etti

and the little boat looked like a little nutshell
Ve küçük tekne küçük bir ceviz kabuğu gibi görünüyordu
a little nutshell with a very little man in it
İçinde çok küçük bir adam olan küçük bir ceviz kabuğu
Pinocchio fixed his eyes on the little nutshell
Pinokyo gözlerini küçük ceviz kabuğuna dikti
after looking attentively he gave a piercing scream:
Dikkatlice baktıktan sonra delici bir çığlık attı:
"It is my papa! It is my papa!"
"Bu benim babam! O benim babam!"
The boat, meanwhile, was being beaten by the fury of the waves
Bu arada tekne, dalgaların öfkesiyle dövülüyordu
at one moment it disappeared in the trough of the sea
Bir anda denizin çukurunda kayboldu
and in the next moment the boat came to the surface again
Ve bir sonraki anda tekne tekrar yüzeye çıktı
Pinocchio stood on the top of a high rock
Pinokyo yüksek bir kayanın tepesinde duruyordu
and he kept calling to his father
Ve babasına seslenmeye devam etti
and he made every kind of signal to him
Ve ona her türlü işareti yaptı
he waved his hands, his handkerchief, and his cap
Ellerini, mendilini ve şapkasını salladı
Pinocchio was very far away from him
Pinokyo ondan çok uzaktaydı
but Geppetto appeared to recognize his son
ama Geppetto oğlunu tanıyor gibi görünüyordu
and he also took off his cap and waved it
O da şapkasını çıkardı ve salladı
he tried by gestures to make him understand
Anlamasını sağlamak için jestlerle denedi
"I would have returned if it were possible"
"Mümkün olsaydı geri dönerdim"
"but the sea is most tempestuous"
"Ama deniz çok fırtınalı"

"and my oars won't take me to the shores again"
"Ve küreklerim beni bir daha kıyıya çıkarmayacak"
Suddenly a tremendous wave rose out of the sea
Aniden denizden muazzam bir dalga yükseldi
and then the the little nutshell disappeared
Ve sonra küçük ceviz kabuğu ortadan kayboldu
They waited, hoping the boat would come again to the surface
Teknenin tekrar yüzeye çıkacağını umarak beklediler
but the little boat was seen no more
Ama küçük tekne bir daha görülmedi
the fisherman had assembled at the shore
Balıkçı kıyıda toplanmıştı
"Poor man!" they said of him, and murmured a prayer
"Zavallı adam!" dediler ve bir dua mırıldandılar
and then they turned to go home
Ve sonra eve gitmek için döndüler
Just then they heard a desperate cry
Tam o sırada çaresiz bir çığlık duydular
looking back, they saw a little boy
Geriye baktıklarında küçük bir çocuk gördüler
"I will save my papa," the boy exclaimed
"Babamı kurtaracağım," diye bağırdı çocuk
and he jumped from a rock into the sea
Ve bir kayadan denize atladı
as you know Pinocchio was made of wood
Bildiğiniz gibi Pinokyo tahtadan yapılmıştır
so he floated easily on the water
Böylece su üzerinde kolayca yüzdü
and he swam as well as a fish
Ve o da bir balık gibi yüzdü
At one moment they saw him disappear under the water
Bir an onun suyun altında kaybolduğunu gördüler
he was carried down by the fury of the waves
Dalgaların öfkesine kapıldı
and in the next moment he reappeared to the surface of the water

Ve bir sonraki anda suyun yüzeyine yeniden çıktı
he struggled on swimming with a leg or an arm
Bir bacak ya da kolla yüzmeye devam etmek için mücadele etti
but at last they lost sight of him
Ama sonunda onu gözden kaybettiler
and he was seen no more
Ve bir daha görülmedi
and they offered another prayer for the puppet
Ve kukla için bir dua daha sundular

Pinocchio Finds the Fairy Again
Pinokyo Periyi Yeniden Bulur

Pinocchio wanted to be in time to help his father
Pinokyo, babasına yardım etmek için zamanında olmak istedi
so he swam all through the night
Bu yüzden bütün gece yüzdü
And what a horrible night it was!
Ve ne korkunç bir geceydi!
The rain came down in torrents
Yağmur sağanak halinde yağdı
it hailed and the thunder was frightful
Dolu yağdı ve gök gürültüsü korkunçtu
the flashes of lightning made it as light as day
Şimşek çakmaları onu gün gibi hafif yaptı

Towards morning he saw a long strip of land
Sabaha doğru uzun bir toprak şeridi gördü
It was an island in the midst of the sea
Denizin ortasında bir adaydı
He tried his utmost to reach the shore
Kıyıya ulaşmak için elinden geleni yaptı
but his efforts were all in vain
Ama tüm çabaları boşunaydı
The waves raced and tumbled over each other
Dalgalar yarıştı ve birbirlerinin üzerine yuvarlandı
and the torrent knocked Pinocchio about
ve sel Pinokyo'yu yere serdi
it was as if he had been a wisp of straw
Sanki bir tutam saman çöpü gibiydi
At last, fortunately for him, a billow rolled up
Sonunda, neyse ki onun için bir kütük yuvarlandı
it rose with such fury that he was lifted up
Öyle bir öfkeyle yükseldi ki yukarı kaldırıldı
and finally he was thrown on to the sands
Ve sonunda kumlara atıldı
the little puppet crashed onto the ground
Küçük kukla yere düştü
and all his joints cracked from the impact
ve tüm eklemleri çarpmanın etkisiyle çatladı
but he comforted himself, saying:
Ama o kendini teselli etti ve şöyle dedi:
"This time also I have made a wonderful escape!"
"Bu sefer de harika bir kaçış yaptım!"
Little by little the sky cleared
Yavaş yavaş gökyüzü açıldı
the sun shone out in all his splendour
Güneş tüm ihtişamıyla parlıyordu
and the sea became as quiet and smooth as oil
Ve deniz petrol gibi sessiz ve pürüzsüz hale geldi
The puppet put his clothes in the sun to dry
Kukla kıyafetlerini kuruması için güneşe çıkardı
and he began to look in every direction

Ve her yöne bakmaya başladı
somewhere on the water there must be a little boat
Suyun üzerinde bir yerlerde küçük bir tekne olmalı
and in the boat he hoped to see a little man
Ve teknede küçük bir adam görmeyi umuyordu
he looked out to sea as far as he could see
Görebildiği kadar denize baktı
but all he saw was the sky and the sea
Ama gördüğü tek şey gökyüzü ve denizdi
"If I only knew what this island was called!"
"Keşke bu adanın adının ne olduğunu bilseydim!"
"If I only knew whether it was inhabited"
"Keşke içinde yaşanıp yaşanmadığını bilseydim"
"perhaps civilized people do live here"
"Belki de burada medeni insanlar yaşıyor"
"people who do not hang boys from trees"
"Erkek çocuklarını ağaçlara asmayan insanlar"
"but whom can I ask if there is nobody?"
"Ama kimse yoksa kime sorabilirim?"
Pinocchio didn't like the idea of being all alone
Pinokyo yapayalnız kalma fikrinden hoşlanmadı
and now he was alone on a great uninhabited country
Ve şimdi ıssız büyük bir ülkede yalnızdı
the idea of it made him melancholy
Bunun fikri onu melankolik yaptı
he was just about to to cry
Tam ağlamak üzereydi
But at that moment he saw a big fish swimming by
Ama o anda büyük bir balığın yüzerek geçtiğini gördü
the big fish was only a short distance from the shore
Büyük balık kıyıdan sadece kısa bir mesafedeydi
the fish was going quietly on its own business
Balık sessizce kendi işine gidiyordu
and it had its head out of the water
Ve kafasını sudan çıkardı
Not knowing its name, the puppet called to the fish
Adını bilmeyen kukla balığa seslendi

he called out in a loud voice to make himself heard:
Sesini duyurmak için yüksek sesle seslendi:
"Eh, Sir Fish, will you permit me a word with you?"
"Eh, Bay Fish, sizinle bir şey söylememe izin verir misiniz?"
"Two words, if you like," answered the fish
"İsterseniz iki kelime," diye cevap verdi balık
the fish was in fact not a fish at all
Balık aslında hiç de balık değildi
what the fish was was a Dolphin
balık bir yunustu
and you couldn't have found a politer dolphin
Ve daha kibar bir yunus bulamazdınız
"Would you be kind enough to tell:"
"Söyleme nezaketini gösterir misiniz:"
"is there are villages in this island?"
"Bu adada köyler var mı?"
"and might there be something to eat in these villages?"
"Peki bu köylerde yiyecek bir şeyler olabilir mi?"
"and is there any danger in these villages?"
"Peki bu köylerde herhangi bir tehlike var mı?"
"might one get eaten in these villages?"
"Bu köylerde bir insan yenilebilir mi?"
"there certainly are villages," replied the Dolphin
"Kesinlikle köyler var," diye cevap verdi Yunus
"Indeed, you will find one village quite close by"
"Gerçekten, oldukça yakın bir köy bulacaksınız"
"And what road must I take to go there?"
"Peki oraya gitmek için hangi yolu seçmeliyim?"
"You must take that path to your left"
"O yolu sola doğru seçmelisin"
"and then you must follow your nose"
"Ve sonra burnunu takip etmelisin"
"Will you tell me another thing?"
"Bana başka bir şey söyler misin?"
"You swim about the sea all day and night"
"Bütün gün ve gece denizde yüzüyorsunuz"
"have you by chance met a little boat"

"Şans eseri küçük bir tekneyle karşılaştınız mı"
"a little boat with my papa in it?"
"İçinde babamın olduğu küçük bir tekne mi?"
"And who is your papa?"
"Peki baban kim?"
"He is the best papa in the world"
"O dünyanın en iyi babası"
"but it would be difficult to find a worse son than I am"
"Ama benden daha kötü bir evlat bulmak zor olurdu"
The fish regretted to tell him what he feared
Balık ona korktuğu şeyi söylediği için pişman oldu
"you saw the terrible storm we had last night"
"Dün gece yaşadığımız korkunç fırtınayı gördünüz"
"the little boat must have gone to the bottom"
"Küçük tekne dibe batmış olmalı"
"And my papa?" asked Pinocchio
"Ya babacığım?" diye sordu Pinokyo
"He must have been swallowed by the terrible Dog-Fish"
"Korkunç Köpek Balığı tarafından yutulmuş olmalı"
"of late he has been swimming on our waters"
"Son zamanlarda sularımızda yüzüyor"
"and he has been spreading devastation and ruin"
"Ve yıkım ve yıkım yayıyor"
Pinocchio was already beginning to quake with fear
Pinokyo zaten korkudan titremeye başlamıştı
"Is this Dog-Fish very big?" asked Pinocchio
"Bu Köpek Balığı çok mu büyük?" diye sordu Pinokyo
"oh, very big!" replied the Dolphin
"Ah, çok büyük!" diye cevap verdi Yunus
"let me tell you about this fish"
"Size bu balıktan bahsedeyim"
"then you can form some idea of his size"
"O zaman onun büyüklüğü hakkında bir fikir edinebilirsiniz"
"he is bigger than a five-storied house"
"Beş katlı bir evden daha büyük"
"and his mouth is more enormous than you've ever seen"
"Ve ağzı hiç görmediğiniz kadar büyük"

"a railway train could pass down his throat"
"Boğazından bir demiryolu treni geçebilir"
"Mercy upon us!" exclaimed the terrified puppet
"Merhamet bize!" diye haykırdı dehşete kapılmış kukla
and he put on his clothes with the greatest haste
Ve büyük bir aceleyle elbiselerini giydi
"Good-bye, Sir Fish, and thank you"
"Güle güle Sir Fish ve teşekkür ederim"
"excuse the trouble I have given you"
"Sana verdiğim zahmeti mazur gör"
"and many thanks for your politeness"
"ve nezaketiniz için çok teşekkürler"
He then took the path that had been pointed out to him
Daha sonra kendisine gösterilen yolu izledi
and he began to walk as fast as he could
Ve elinden geldiğince hızlı yürümeye başladı
he walked so fast, indeed, that he was almost running
Gerçekten de o kadar hızlı yürüyordu ki neredeyse koşuyordu
And at the slightest noise he turned to look behind him
Ve en ufak bir gürültüde arkasına bakmak için döndü
he feared that he might see the terrible Dog-Fish
korkunç Köpek Balığını görebileceğinden korkuyordu
and he imagined a railway train in its mouth
Ve ağzında bir demiryolu treni hayal etti
a half-hour walk took him to a little village
Yarım saatlik bir yürüyüş onu küçük bir köye götürdü
the village was The Village of the Industrious Bees
Köy, Çalışkan Arılar Köyü idi.
The road was alive with people
Yol insanlarla canlıydı
and they were running here and there
Ve oraya buraya koşuyorlardı
and they all had to attend to their business
Ve hepsi işlerine katılmak zorunda kaldılar
all were at work, all had something to do
Hepsi işteydi, hepsinin yapacak bir işi vardı
You could not have found an idler or a vagabond

Bir avara ya da bulamazdınız
even if you searched for him with a lighted lamp
Onu yanan bir lamba ile aramış olsanız bile
"Ah!" said that lazy Pinocchio at once
"Ah!" dedi tembel Pinokyo hemen
"I see that this village will never suit me!"
"Görüyorum ki bu köy bana asla uymayacak!"
"I wasn't born to work!"
"Çalışmak için doğmadım!"
In the meanwhile he was tormented by hunger
Bu arada açlıktan işkence gördü
he had eaten nothing for twenty-four hours
Yirmi dört saat boyunca hiçbir şey yememişti
he had not even eaten vetch
Fiğ bile yememişti
What was poor Pinocchio to do?
Zavallı Pinokyo ne yapacaktı?
There were only two ways to obtain food
Yiyecek elde etmenin sadece iki yolu vardı
he could either get food by asking for a little work
Ya biraz iş isteyerek yiyecek bulabilirdi
or he could get food by way of begging
Ya da dilenerek yiyecek bulabilirdi
someone might be kind enough to throw him a nickel
Birisi ona bir nikel atacak kadar nazik olabilir
or they might give him a mouthful of bread
Ya da ona bir ağız dolusu ekmek verebilirler
generally Pinocchio was ashamed to beg
genellikle Pinokyo yalvarmaktan utanıyordu
his father had always preached him to be industrious
Babası ona her zaman çalışkan olmasını öğütlemişti
he taught him no one had a right to beg
Ona kimsenin dilenmeye hakkı olmadığını öğretti
except the aged and the infirm
yaşlılar ve sakatlar hariç
The really poor in this world deserve compassion
Bu dünyadaki gerçekten fakirler merhameti hak ediyor

the really poor in this world require assistance
Bu dünyadaki gerçekten fakirlerin yardıma ihtiyacı var
only those who are aged or sick
sadece yaşlı veya hasta olanlar
those who are no longer able to earn their own bread
Artık kendi ekmeğini kazanamayanlar
It is the duty of everyone else to work
Çalışmak herkesin görevidir
and if they don't labour, so much the worse for them
Ve eğer çalışmazlarsa, onlar için çok daha kötü
let them suffer from their hunger
Bırakın açlıklarından acı çeksinler
At that moment a man came down the road
O sırada yoldan bir adam geldi
he was tired and panting for breath
Yorgundu ve nefes nefese kalıyordu
He was dragging two carts full of charcoal
Kömür dolu iki arabayı sürüklüyordu
Pinocchio judged by his face that he was a kind man
Pinokyo yüzüne bakarak onun kibar bir adam olduğuna karar verdi
so Pinocchio approached the charcoal man
bu yüzden Pinokyo kömürcü adama yaklaştı
he cast down his eyes with shame
Utançla gözlerini yere indirdi
and he said to him in a low voice:
Ve ona kısık bir sesle dedi ki:
"Would you have the charity to give me a nickel?"
"Bana bir kuruş verecek hayır kurumuna sahip olur musun?"
"because, as you can see, I am dying of hunger"
"Çünkü, gördüğünüz gibi, açlıktan ölüyorum"
"You shall have not only a nickel," said the man
"Sadece bir nikelin olmayacak," dedi adam
"I will give you a dime"
"Sana bir kuruş vereceğim"
"but for the dime you must do some work"
"Ama kuruş için biraz iş yapmalısın"

"help me to drag home these two carts of charcoal"
"Bu iki araba kömürü eve sürüklememe yardım et"
"I am surprised at you!" answered the puppet
"Sana şaşırdım!" diye cevap verdi kukla
and there was a tone of offense in his voice
Ve sesinde bir kırgınlık tonu vardı
"Let me tell you something about myself"
"Size kendimle ilgili bir şey söyleyeyim"
"I am not accustomed to do the work of a donkey"
"Eşeğin işini yapmaya alışkın değilim"
"I have never drawn a cart!"
"Ben hiç araba çizmedim!"
"So much the better for you," answered the man
"Senin için çok daha iyi," diye cevap verdi adam
"my boy, I see how you are dying of hunger"
"Oğlum, açlıktan nasıl öldüğünü görüyorum"
"eat two fine slices of your pride"
"Gururundan iki güzel dilim yiyin"
"and be careful not to get indigestion"
"Ve hazımsızlık almamaya dikkat edin"
A few minutes afterwards a mason passed by
Birkaç dakika sonra bir duvar ustası geçti
he was carrying a basket of mortar
Bir sepet havan topu taşıyordu
"Would you have the charity to give me a nickel?"
"Bana bir kuruş verecek hayır kurumuna sahip olur musun?"
"me, a poor boy who is yawning for want of food"
"Ben, yemek istemekten esneyen fakir bir çocuk"
"Willingly," answered the man
"İsteyerek," diye cevap verdi adam
"Come with me and carry the mortar"
"Benimle gel ve harcı taşı"
"and instead of a nickel I will give you a dime"
"ve bir nikel yerine sana bir kuruş vereceğim"
"But the mortar is heavy," objected Pinocchio
"Ama harç ağır," diye itiraz etti Pinokyo
"and I don't want to tire myself"

"ve kendimi yormak istemiyorum"
"I see you you don't want to tire yourself"
"Seni görüyorum, kendini yormak istemiyorsun"
"then, my boy, go amuse yourself with yawning"
"O zaman oğlum, git kendini esneme ile eğlendir"
In less than half an hour twenty other people went by
Yarım saatten kısa bir süre içinde yirmi kişi daha geçti
and Pinocchio asked charity of them all
ve Pinokyo hepsinden sadaka istedi
but they all gave him the same answer
Ama hepsi ona aynı cevabı verdi
"Are you not ashamed to beg, young boy?"
"Yalvarmaktan utanmıyor musun genç çocuk?"
"Instead of idling about, look for a little work"
"Boş boş dolaşmak yerine biraz iş arayın"
"you have to learn to earn your bread"
"Ekmeğinizi kazanmayı öğrenmek zorundasınız"
finally a nice little woman walked by
Sonunda küçük ve hoş bir kadın geçti
she was carrying two cans of water
Yanında iki teneke su taşıyordu
Pinocchio asked her for charity too
Pinokyo da ondan sadaka istedi
"Will you let me drink a little of your water?"
"Suyundan biraz içmeme izin verir misin?"
"because I am burning with thirst"
"çünkü susuzluktan yanıyorum"
the little woman was happy to help
Küçük kadın yardım etmekten mutluydu
"Drink, my boy, if you wish it!"
"İstersen iç oğlum!"
and she set down the two cans
Ve iki kutuyu yere koydu
Pinocchio drank like a fish
Pinokyo bir balık gibi içti
and as he dried his mouth he mumbled:
Ve ağzını kurularken mırıldandı:

"I have quenched my thirst"
"Susuzluğumu giderdim"
"If I could only appease my hunger!"
"Keşke açlığımı yatıştırabilseydim!"
The good woman heard Pinocchio's pleas
İyi kadın Pinokyo'nun yalvarışlarını duydu
and she was only too willing to oblige
Ve o sadece mecbur kalmaya çok istekliydi
"help me to carry home these cans of water"
"Bu su tenekelerini eve taşımama yardım et"
"and I will give you a fine piece of bread"
"ve sana güzel bir parça ekmek vereceğim"
Pinocchio looked at the cans of water
Pinokyo su tenekelerine baktı
and he answered neither yes nor no
Ve ne evet ne de hayır cevabını verdi
and the good woman added more to the offer
Ve iyi kadın teklife daha fazlasını ekledi
"As well as bread you shall have cauliflower"
"Ekmeğin yanı sıra karnabaharınız da olacak"
Pinocchio gave another look at the can
Pinokyo kutuya bir kez daha baktı
and he answered neither yes nor no
Ve ne evet ne de hayır cevabını verdi
"And after the cauliflower there will be more"
"Ve karnabahardan sonra daha fazlası olacak"
"I will give you a beautiful syrup bonbon"
"Sana güzel bir şurup bonbon vereceğim"
The temptation of this last dainty was great
Bu son zarifliğin cazibesi büyüktü
finally Pinocchio could resist no longer
sonunda Pinokyo daha fazla direnemedi
with an air of decision he said:
Kararlı bir havayla şöyle dedi:
"I must have patience!"
"Sabırlı olmalıyım!"
"I will carry the water to your house"

"Suyu evinize taşıyacağım"
The water was too heavy for Pinocchio
Su Pinokyo için çok ağırdı
he could not carry it with his hands
elleriyle taşıyamıyordu
so he had to carry it on his head
Bu yüzden onu başının üzerinde taşımak zorunda kaldı
Pinocchio did not enjoy doing the work
Pinokyo işi yapmaktan zevk almadı
but soon they reached the house
Ama çok geçmeden eve ulaştılar
and the good little woman offered Pinocchio a seat
ve iyi küçük kadın Pinokyo'ya bir koltuk teklif etti
the table had already been laid
Masa çoktan döşenmişti
and she placed before him the bread
Ve ekmeği onun önüne koydu
and then he got the cauliflower and the bonbon
Sonra karnabahar ve bonbon aldı
Pinocchio did not eat his food, he devoured it
Pinokyo yemeğini yemedi, yuttu
His stomach was like an empty apartment
Midesi boş bir apartman dairesi gibiydi
an apartment that had been left uninhabited for months
Aylardır ıssız bırakılmış bir apartman dairesi
but now his ravenous hunger was somewhat appeased
Ama şimdi açgözlü açlığı biraz yatışmıştı
he raised his head to thank his benefactress
Hayırseverine teşekkür etmek için başını kaldırdı
then he took a better look at her
Sonra ona daha iyi baktı
he gave a prolonged "Oh!" of astonishment
uzun bir şaşkınlık "Oh!" verdi
and he continued staring at her with wide open eyes
Ve kocaman açık gözlerle ona bakmaya devam etti
his fork was in the air
Çatalı havadaydı

and his mouth was full of cauliflower
ve ağzı karnabaharla doluydu
it was as if he had been bewitched
Sanki büyülenmiş gibiydi
the good woman was quite amused
İyi kadın oldukça eğlenmişti
"What has surprised you so much?"
"Seni bu kadar şaşırtan ne oldu?"
"It is..." answered the puppet
"Bu..." Kukla cevap verdi
"it's just that you are like..."
"Sadece sen gibisin..."
"it's just that you remind me of someone"
"Sadece bana birini hatırlatıyorsun"
"yes, yes, yes, the same voice"
"Evet, evet, evet, aynı ses"
"and you have the same eyes and hair"
"Ve sen de aynı gözlere ve saçlara sahipsin"
"yes, yes, yes. you also have blue hair"
"Evet, evet, evet. Senin de mavi saçların var"
"Oh, little Fairy! tell me that it is you!"
"Ah, küçük Peri! Bana sen olduğunu söyle!"
"Do not make me cry anymore!"
"Beni daha fazla ağlatma!"
"If only you knew how much I've cried"
"Keşke ne kadar çok ağladığımı bilseydin"
"and I have suffered so much"
"ve çok acı çektim"
And Pinocchio threw himself at her feet
Ve Pinokyo kendini onun ayaklarına attı
and he embraced the knees of the mysterious little woman
Ve gizemli küçük kadının dizlerini kucakladı
and he began to cry bitterly
Ve acı acı ağlamaya başladı

Pinocchio Promises the Fairy he'll be a Good Boy Again
Pinokyo Periye Tekrar İyi Bir Çocuk Olacağına Söz Veriyor

At first the good little woman played innocent
İlk başta iyi küçük kadın masum oynadı
she said she was not the little Fairy with blue hair
mavi saçlı küçük Peri olmadığını söyledi
but Pinocchio could not be tricked
ama Pinokyo kandırılamadı
she had continued the comedy long enough
Komediye yeterince uzun süre devam etmişti
and so she ended by making herself known
Ve böylece kendini tanıtarak bitirdi
"You naughty little rogue, Pinocchio"
"Seni yaramaz küçük haydut, Pinokyo"
"how did you discover who I was?"
"Kim olduğumu nasıl keşfettin?"
"It was my great affection for you that told me"
"Bana bunu söyleyen sana olan büyük sevgimdi"
"Do you remember when you left me?"
"Beni ne zaman terk ettiğini hatırlıyor musun?"
"I was still a child back then"

"O zamanlar henüz çocuktum"
"and now I have become a woman"
"ve şimdi bir kadın oldum"
"a woman almost old enough to be your mamma"
"Neredeyse senin annen olacak kadar yaşlı bir kadın"
"I am delighted at that"
"Bundan dolayı çok mutluyum"
"I will not call you little sister anymore"
"Artık sana küçük kız kardeş demeyeceğim"
"from now I will call you mamma"
"Bundan sonra sana anne diyeceğim"
"all the other boys have a mamma"
"Diğer tüm çocukların bir annesi var"
"and I have always wished to also have a mamma"
"ve ben de her zaman bir annem olmasını diledim"
"But how did you manage to grow so fast?"
"Ama bu kadar hızlı büyümeyi nasıl başardın?"
"That is a secret," said the fairy
"Bu bir sır," dedi peri
Pinocchio wanted to know, "teach me your secret"
Pinokyo bilmek istedi, "bana sırrını öğret"
"because I would also like to grow"
"Çünkü ben de büyümek istiyorum"
"Don't you see how small I am?"
"Ne kadar küçük olduğumu görmüyor musun?"
"I always remain no bigger than a ninepin"
"Ben her zaman bir dokuzdan daha büyük değilim"
"But you cannot grow," replied the Fairy
"Ama büyüyemezsin," diye cevap verdi Peri
"Why can't I grow?" asked Pinocchio
"Neden büyüyemiyorum?" diye sordu Pinokyo
"Because puppets never grow"
"Çünkü kuklalar asla büyümez"
"when they are born they are puppets"
"Doğduklarında kukladırlar"
"and they live their lives as puppets"
"Ve hayatlarını kukla olarak yaşıyorlar"

"and when they die they die as puppets"
"Ve öldüklerinde kukla olarak ölürler"
Pinocchio game himself a slap
Pinokyo oyunu kendine bir tokat
"Oh, I am sick of being a puppet!"
"Ah, kukla olmaktan bıktım!"
"It is time that I became a man"
"Artık erkek olma zamanım geldi"
"And you will become a man," promised the fairy
"Ve sen bir erkek olacaksın," diye söz verdi peri
"but you must know how to deserve it"
"Ama bunu nasıl hak edeceğini bilmelisin"
"Is this true?" asked Pinocchio
"Bu doğru mu?" diye sordu Pinokyo
"And what can I do to deserve to be a man?"
"Peki bir erkek olmayı hak etmek için ne yapabilirim?"
"it is a very easy thing to deserve to be a man"
"Erkek olmayı hak etmek çok kolay bir şey"
"all you have to do is learn to be a good boy"
"Tek yapman gereken iyi bir çocuk olmayı öğrenmek"
"And you think I am not a good boy?"
"Ve sen benim iyi bir çocuk olmadığımı mı düşünüyorsun?"
"You are quite the opposite of a good boy"
"Sen iyi bir çocuğun tam tersisin"
"Good boys are obedient, and you..."
"İyi çocuklar itaatkardır ve siz..."
"And I never obey," confessed Pinocchio
"Ve asla itaat etmem," diye itiraf etti Pinokyo
"Good boys like to learn and to work, and you..."
"İyi çocuklar öğrenmeyi ve çalışmayı sever ve sen..."
"And I instead lead an idle, vagabond life"
"Ve bunun yerine boşta, bir hayat sürüyorum"
"Good boys always speak the truth"
"İyi çocuklar her zaman doğruyu söyler"
"And I always tell lies," admitted Pinocchio
"Ve ben her zaman yalan söylerim," diye itiraf etti Pinokyo
"Good boys go willingly to school"

"İyi çocuklar okula isteyerek giderler"
"And school gives me pain all over the body"
"Ve okul bana tüm vücudumda ağrı veriyor"
"But from today I will change my life"
"Ama bugünden itibaren hayatımı değiştireceğim"
"Do you promise me?" asked the Fairy
"Bana söz veriyor musun?" diye sordu Peri
"I promise that I will become a good little boy"
"İyi bir küçük çocuk olacağıma söz veriyorum"
"and I promise be the consolation of my papa"
"ve söz veriyorum babamın tesellisi olacak"
"Where is my poor papa at this moment?"
"Zavallı babam şu anda nerede?"
but the fairy didn't know where his papa was
Ama peri babasının nerede olduğunu bilmiyordu
"Shall I ever have the happiness of seeing him again?"
"Onu bir daha görmenin mutluluğunu yaşayabilecek miyim?"
"will I ever kiss him again?"
"Onu bir daha öpecek miyim?"
"I think so; indeed, I am sure of it"
"Bence de öyle; Doğrusu ben bundan eminim"
At this answer Pinocchio was delighted
Bu cevap üzerine Pinokyo çok sevindi
he took the Fairy's hands
Peri'nin ellerini tuttu
and he began to kiss her hands with great fervour
Ve büyük bir şevkle onun ellerini öpmeye başladı
he seemed beside himself with joy
Sevinçle kendinden geçmiş gibiydi
Then Pinocchio raised his face
Sonra Pinokyo yüzünü kaldırdı
and he looked at her lovingly
Ve ona sevgiyle baktı
"Tell me, little mamma:"
"Söyle bana, küçük anne:"
"then it was not true that you were dead?"
"O zaman öldüğün doğru değil miydi?"

"It seems not," said the Fairy, smiling
"Öyle görünmüyor," dedi Peri gülümseyerek
"If you only knew the sorrow I felt"
"Keşke hissettiğim üzüntüyü bir bilsen"
"you can't imagined the tightening of my throat"
"Boğazımın sıkılmasını hayal bile edemezsin"
"reading what was on that stone almost broke my heart"
"O taşın üzerindekileri okumak neredeyse kalbimi kırıyordu"
"I know what it did to you"
"Sana ne yaptığını biliyorum"
"and that is why I have forgiven you"
"ve bu yüzden seni affettim"
"I saw it from the sincerity of your grief"
"Senin kederinin samimiyetinden gördüm"
"I saw that you have a good heart"
"Senin iyi bir kalbin olduğunu gördüm"
"boys with good hearts are not lost"
"İyi kalpli çocuklar kaybolmaz"
"there is always something to hope for"
"HER ZAMAN UMUT EDİLECEK BİR ŞEY VARDIR"
"even if they are scamps"
"Scamp olsalar bile"
"and even if they have got bad habits"
"Ve kötü alışkanlıkları olsa bile"
"there is always hope they change their ways"
"Yollarını değiştirmeleri için her zaman umut var"
"That is why I came to look for you here"
"Bu yüzden seni burada aramaya geldim"
"I will be your mamma"
"Ben senin annen olacağım"
"Oh, how delightful!" shouted Pinocchio
"Ah, ne kadar hoş!" diye bağırdı Pinokyo
and the little puppet jumped for joy
Ve küçük kukla sevinçten zıpladı
"You must obey me, Pinocchio"
"Bana itaat etmelisin, Pinokyo"
"and you must do everything that I bid you"

"ve sana teklif ettiğim her şeyi yapmalısın"
"I will willingly obey you"
"Sana seve seve itaat edeceğim"
"and I will do as I'm told!"
"ve bana söyleneni yapacağım!"
"Tomorrow you will begin to go to school"
"Yarın okula gitmeye başlayacaksın"
Pinocchio became at once a little less joyful
Pinokyo bir anda biraz daha az neşeli hale geldi
"Then you must choose a trade to follow"
"O zaman takip etmek için bir ticaret seçmelisiniz"
"you most choose a job according to your wishes"
"En çok kendi isteklerinize göre bir iş seçersiniz"
Pinocchio became very grave at this
Pinokyo bunun üzerine çok ciddileşti
the Fairy asked him in an angry voice:
Peri ona kızgın bir sesle sordu:
"What are you muttering between your teeth?"
"Dişlerinin arasında ne mırıldanıyorsun?"
"I was saying..." moaned the puppet in a low voice
"Ben diyordum ki..." kuklayı alçak sesle inledi
"it seems to me too late for me to go to school now"
"Artık okula gitmek için çok geç gibi geliyor bana"
"No, sir, it is not too late for you to go to school"
"Hayır efendim, okula gitmek için çok geç değil"
"Keep it in mind that it is never too late"
"Asla çok geç olmadığını unutmayın"
"we can always learn and instruct ourselves"
"Her zaman öğrenebilir ve kendimizi eğitebiliriz"
"But I do not wish to follow a trade"
"Ama ben bir ticaret yapmak istemiyorum"
"Why do you not wish to follow an trade?"
"Neden bir ticareti takip etmek istemiyorsunuz?"
"Because it tires me to work"
"Çünkü çalışmak beni yoruyor"
"My boy," said the Fairy lovingly
"Oğlum," dedi Peri sevgiyle

"there are two kinds of people who talk like that"
"Böyle konuşan iki tür insan var"
"there are those that are in prison"
"Cezaevinde olanlar var"
"and there are those that are in hospital"
"Ve hastanede olanlar var"
"Let me tell you one thing, Pinocchio;"
"Sana bir şey söyleyeyim, Pinokyo..."
"every man, rich or poor, is obliged work"
"Zengin ya da fakir her insan çalışmak zorundadır"
"he has to occupy himself with something"
"Kendini bir şeyle meşgul etmesi gerekiyor"
"Woe to those who lead slothful lives"
"Tembel hayatlar sürenlerin vay haline"
"Sloth is a dreadful illness"
"Tembellik korkunç bir hastalıktır"
"it must be cured at once, in childhood"
"Bir kerede, çocuklukta tedavi edilmeli"
"because it can never be cured once you are old"
"Çünkü yaşlandıktan sonra asla tedavi edilemez"
Pinocchio was touched by these words
Pinokyo bu sözlerden etkilendi
lifting his head quickly, he said to the Fairy:
Başını hızla kaldırarak Peri'ye dedi ki:

"I will study and I will work"
"Hem okuyacağım hem de çalışacağım"
"I will do all that you tell me"
"Bana söylediğin her şeyi yapacağım"
"for indeed I have become weary of being a puppet"
"çünkü gerçekten kukla olmaktan bıktım"
"and I wish at any price to become a boy"
"ve ne pahasına olursa olsun bir erkek olmak istiyorum"
"You promised me that I can become a boy, did you not?"
"Bana bir erkek olabileceğime söz vermiştin, değil mi?"
"I did promise you that you can become a boy"
"Sana erkek olabileceğine dair söz verdim"
"and whether you become a boy now depends upon yourself"
"Ve şimdi bir erkek olup olmamak kendine bağlı"

The Terrible Dog-Fish
Korkunç Köpek Balığı

The following day Pinocchio went to school
Ertesi gün Pinokyo okula gitti
you can imagine the delight of all the little rogues
Tüm küçük haydutların zevkini hayal edebilirsiniz
a puppet had walked into their school!
Okullarına bir kukla girmişti!
They set up a roar of laughter that never ended
Hiç bitmeyen bir kahkaha kükremesi kurdular
They played all sorts of tricks on him
Ona her türlü oyunu oynadılar
One boy carried off his cap
Bir çocuk şapkasını çıkardı
another boy pulled Pinocchio's jacket over him
başka bir çocuk Pinokyo'nun ceketini üzerine çekti
one tried to give him a pair of inky mustachios
Biri ona bir çift mürekkepli bıyık vermeye çalıştı
another boy attempted to tie strings to his feet and hands
Başka bir çocuk ayaklarına ve ellerine ip bağlamaya çalıştı
and then he tried to make him dance
Ve sonra onu dans ettirmeye çalıştı
For a short time Pinocchio pretended not to care
Kısa bir süre için Pinokyo umursamıyormuş gibi yaptı
and he got on as well with school as he could
Ve okula elinden geldiğince iyi devam etti
but at last he lost all his patience
Ama sonunda tüm sabrını yitirdi
he turned to those who were teasing him most
Kendisiyle en çok alay edenlere döndü
"Beware, boys!" he warned them
"Dikkat edin çocuklar!" diye uyardı onları
"I have not come here to be your buffoon"
"Buraya senin soytarın olmaya gelmedim"
"I respect others," he said
"Başkalarına saygı duyuyorum" dedi

"and I intend to be respected"
"ve saygı görmek niyetindeyim"
"Well said, boaster!" howled the young rascals
"Aferin, övünen!" diye uludu genç
"You have spoken like a book!"
"Bir kitap gibi konuştun!"
and they convulsed with mad laughter
ve çılgın kahkahalarla kıvrandılar
there was one boy more impertinent than the others
Diğerlerinden daha bir çocuk vardı
he tried to seize the puppet by the end of his nose
Kuklayı burnunun ucundan yakalamaya çalıştı
But he could not do so quickly enough
Ama bunu yeterince hızlı yapamadı
Pinocchio stuck his leg out from under the table
Pinokyo bacağını masanın altından çıkardı
and he gave him a great kick on his shins
Ve ona inciklerine büyük bir tekme attı
the boy roared in pain
çocuk acı içinde kükredi
"Oh, what hard feet you have!"
"Ah, ne kadar sert ayakların var!"
and he rubbed the bruise the puppet had given him
Ve kuklanın ona verdiği yarayı ovuşturdu
"And what elbows you have!" said another
"Ve ne dirseklerin var!" dedi bir başkası
"they are even harder than his feet!"
"Ayaklarından bile daha sertler!"
this boy had also played rude tricks on him
Bu çocuk da ona kaba oyunlar oynamıştı
and he had received a blow in the stomach
ve karnına bir darbe almıştı
But, nevertheless, the kick and the blow acquired sympathy
Ancak, yine de, tekme ve darbe sempati kazandı
and Pinocchio earned the esteem of the boys
ve Pinokyo çocukların saygısını kazandı
They soon all made friends with him

Kısa süre sonra hepsi onunla arkadaş oldu
and soon they liked him heartily
Ve çok geçmeden onu yürekten sevdiler
And even the master praised him
Ve usta bile onu övdü
because Pinocchio was attentive in class
çünkü Pinokyo sınıfta özenliydi
he was a studious and intelligent student
Çalışkan ve zeki bir öğrenciydi
and he was always the first to come to school
Ve her zaman okula ilk gelen oydu
and he was always the last to leave when school was over
Ve okul bittiğinde her zaman en son ayrılan oydu
But he had one fault; he made too many friends
Ama bir kusuru vardı; Çok fazla arkadaş edindi
and amongst his friends were several rascals
ve arkadaşları arasında birkaç vardı
these boys were well known for their dislike of study
Bu çocuklar ders çalışmayı sevmemeleriyle tanınırlardı
and they especially loved to cause mischief
ve özellikle fesat çıkarmayı severlerdi
The master warned him about them every day
Usta onu her gün onlar hakkında uyardı
even the good Fairy never failed to tell him:
iyi Peri bile ona söylemeyi asla ihmal etmedi:
"Take care, Pinocchio, with your friends!"
"Kendine iyi bak Pinokyo, arkadaşlarınla!"
"Those bad school-fellows of yours are trouble"
"O kötü okul arkadaşlarınız baş belası"
"they will make you lose your love of study"
"Ders çalışma aşkınızı kaybetmenize neden olacaklar"
"they may even bring upon you some great misfortune"
"Hatta size büyük bir talihsizlik bile getirebilirler"
"There is no fear of that!" answered the puppet
"Bundan korkacak bir şey yok!" diye cevap verdi kukla
and he shrugged his shoulders and touched his forehead
Ve omuzlarını silkti ve alnına dokundu

"**There is so much sense here!**"
"Burada çok fazla anlam var!"

one fine day Pinocchio was on his way to school
güzel bir gün Pinokyo okula gidiyordu
and he met several of his usual companions
Ve her zamanki arkadaşlarından birkaçıyla tanıştı
coming up to him, they asked:
Yanına gelip sordular:
"**Have you heard the great news?**"
"Harika haberi duydun mu?"
"**No, I have not heard the great news**"
"Hayır, harika haberi duymadım"
"**In the sea near here a Dog-Fish has appeared**"
"Buraya yakın denizde bir Köpek-Balık ortaya çıktı"
"**he is as big as a mountain**"
"O bir dağ kadar büyük"
"**Is it true?**" **asked Pinocchio**
"Doğru mu?" diye sordu Pinokyo
"**Can it be the same Dog-Fish?**"
"Aynı Köpek Balığı olabilir mi?"
"**The Dog-Fish that was there when my papa drowned**"
"Babam boğulduğunda orada olan Köpek Balığı"
"**We are going to the shore to see him**"

"Onu görmek için kıyıya gidiyoruz"
"Will you come with us?"
"Bizimle gelir misin?"
"No; I am going to school"
"Hayır; Okula gidiyorum"
"of what great importance is school?"
"Okulun önemi nedir?"
"We can go to school tomorrow"
"Yarın okula gidebiliriz"
"one lesson more or less doesn't matter"
"Bir ders az ya da çok fark etmez"
"we shall always remain the same donkeys"
"Hep aynı eşekler olarak kalacağız"
"But what will the master say?"
"Ama usta ne diyecek?"
"The master may say what he likes"
"Efendi istediğini söyleyebilir"
"He is paid to grumble all day"
"Bütün gün homurdanması için para alıyor"
"And what will my mamma say?"
"Peki annem ne diyecek?"
"Mammas know nothing," answered the bad little boys
"Anneler hiçbir şey bilmez," diye cevap verdi kötü küçük çocuklar
"Do you know what I will do?" said Pinocchio
"Ne yapacağımı biliyor musun?" dedi Pinokyo
"I have reasons for wishing to see the Dog-Fish"
"Köpek Balığını görmek istemek için nedenlerim var"
"but I will go and see him when school is over"
"Ama okul bittiğinde gidip onu göreceğim"
"Poor donkey!" exclaimed one of the boys
"Zavallı eşek!" diye bağırdı çocuklardan biri
"Do you suppose a fish of that size will wait your convenience?"
"Bu büyüklükte bir balığın senin rahatını bekleyeceğini mi sanıyorsun?"
"when he is tired of being here he will go another place"

"Burada olmaktan yorulduğunda başka bir yere gidecek"
"and then it will be too late"
"Ve sonra çok geç olacak"
the Puppet had to think about this
Kukla bunu düşünmek zorunda kaldı
"How long does it take to get to the shore?"
"Kıyıya varmak ne kadar sürer?"
"We can be there and back in an hour"
"Bir saat içinde orada olabilir ve geri dönebiliriz"
"Then off we go!" shouted Pinocchio
"O zaman gidiyoruz!" diye bağırdı Pinokyo
"and he who runs fastest is the best!"
"Ve en hızlı koşan en iyisidir!"
and the boys rushed off across the fields
Ve çocuklar tarlalara koştular
and Pinocchio was always the first
ve Pinokyo her zaman ilkti
he seemed to have wings on his feet
Ayaklarında kanatlar varmış gibi görünüyordu
From time to time he turned to jeer at his companions
Zaman zaman arkadaşlarına alay etmeye başladı
they were some distance behind
Biraz gerideydiler
he saw them panting for breath
Onların nefes nefese kaldığını gördü
and they were covered with dust
ve üzerleri tozla kaplıydı
and their tongues were hanging out of their mouths
ve dilleri ağızlarından dışarı sarkıyordu
and Pinocchio laughed heartily at the sight
ve Pinokyo bu manzara karşısında içten bir şekilde güldü
The unfortunate boy did not know what was to come
Talihsiz çocuk ne olacağını bilmiyordu
the terrors and horrible disasters that were coming!
Gelmekte olan dehşet ve korkunç felaketler!

Pinocchio is Arrested by the Gendarmes
Pinokyo Jandarmalar Tarafından Tutuklandı

Pinocchio arrived at the shore
Pinokyo kıyıya geldi
and he looked out to sea
Ve denize baktı
but he saw no Dog-Fish
ama hiç Köpek-Balık görmedi
The sea was as smooth as a great crystal mirror
Deniz büyük bir kristal ayna kadar pürüzsüzdü
"Where is the Dog-Fish?" he asked
"Köpek Balığı nerede?" diye sordu
and he turned to his companions
Ve arkadaşlarına döndü
all the boys laughed together
Bütün çocuklar birlikte güldüler
"He must have gone to have his breakfast"
"Kahvaltısını yapmak için gitmiş olmalı"
"Or he has thrown himself on to his bed"
"Ya da kendini yatağına atmıştır"
"yes, he's having a little nap"
"Evet, biraz kestiriyor"
and they laughed even louder
Ve daha da yüksek sesle güldüler
their answers seemed particularly absurd
Cevapları özellikle saçma görünüyordu
and their laughter was very silly
Ve kahkahaları çok aptalcaydı
Pinocchio looked around at his friends
Pinokyo arkadaşlarına baktı
his companions seemed to be making a fool of him
Arkadaşları onu aptal yerine koyuyor gibiydi
they had induced him to believe a tale
Onu bir masala inandırmışlardı
but there was no truth to the tale
Ama hikayenin hiçbir gerçeği yoktu

Pinocchio did not take the joke well
Pinokyo şakayı iyi karşılamadı
and he spoke angrily with the boys
Ve çocuklarla öfkeli bir şekilde konuştu
"And now??" he shouted
"Ya şimdi?" diye bağırdı
"you told me a story of the Dog-Fish"
"Bana Köpek-Balık'ın bir hikayesini anlattın"
"but what fun did you find in deceiving me?"
"Ama beni aldatmakta ne kadar eğlenceli buldun?"
"Oh, it was great fun!" answered the little rascals
"Ah, çok eğlenceliydi!" diye cevap verdi küçük
"And in what did this fun consist of?"
"Peki bu eğlence nelerden oluşuyordu?"
"we made you miss a day of school"
"Okulun bir gününü bile kaçırmanıza neden olduk"
"and we persuaded you to come with us"
"Ve sizi bizimle gelmeye ikna ettik"
"Are you not ashamed of your conduct?"
"Davranışlarından utanmıyor musun?"
"you are always so punctual to school"
"Okula her zaman çok dakiksiniz"
"and you are always so diligent in class"
"Ve sen sınıfta her zaman çok gayretlisin"
"Are you not ashamed of studying so hard?"
"Bu kadar çok çalışmaktan utanmıyor musun?"
"so what if I study hard?"
"Peki ya çok çalışırsam?"
"what concern is it of yours?"
"Ne derdin var?"
"It concerns us excessively"
"Bizi fazlasıyla endişelendiriyor"
"because it makes us appear in a bad light"
"Çünkü bizi kötü bir ışık altında gösteriyor"
"Why does it make you appear in a bad light?"
"Neden seni kötü bir ışıkta gösteriyor?"
"there are those of us who have no wish to study"

"Aramızda okumak istemeyen bizler var"
"we have no desire to learn anything"
"Hiçbir şey öğrenmek gibi bir arzumuz yok"
"good boys make us seem worse by comparison"
"İyi çocuklar bizi kıyaslandığında daha kötü gösteriyor"
"And that is too bad for you"
"Ve bu senin için çok kötü"
"We, too, have our pride!"
"Bizim de gururumuz var!"
"Then what must I do to please you?"
"O zaman seni memnun etmek için ne yapmalıyım?"
"You must follow our example"
"Bizim örneğimizi takip etmelisiniz"
"you must hate school like us"
"Siz de bizim gibi okuldan nefret ediyor olmalısınız"
"you must rebel in the lessons"
"Derslerde isyan etmelisin"
"and you must disobey the master"
"Ve efendiye itaatsizlik etmelisin"
"those are our three greatest enemies"
"Bunlar bizim en büyük üç düşmanımız"
"And if I wish to continue my studies?"
"Peki ya eğitimime devam etmek istersem?"
"In that case we will have nothing more to do with you"
"O zaman seninle daha fazla işimiz kalmayacak"
"and at the first opportunity we will make you pay for it"
"Ve ilk fırsatta bunun bedelini size ödeteceğiz"
"Really," said the puppet, shaking his head
"Gerçekten," dedi kukla, başını sallayarak
"you make me inclined to laugh"
"Beni gülmeye meyilli yapıyorsun"
"Eh, Pinocchio," shouted the biggest of the boys
"Eh, Pinokyo," diye bağırdı çocukların en büyüğü
and he confronted Pinocchio directly
ve Pinokyo ile doğrudan karşı karşıya geldi
"None of your superiority works here"
"Üstünlüğünüzün hiçbiri burada işe yaramıyor"

"don't come here to crow over us"
"Buraya üzerimize ötmeye gelmeyin"
"if you are not afraid of us, we are not afraid of you"
"Siz bizden korkmuyorsanız biz de sizden korkmuyoruz"
"Remember that you are one against seven"
"Yediye karşı bir olduğunuzu unutmayın"
"Seven, like the seven deadly sins," said Pinocchio
"Yedi, yedi ölümcül günah gibi," dedi Pinokyo
and he shouted with laughter
Ve kahkahalarla bağırdı
"Listen to him! He has insulted us all!"
"Onu dinle! Hepimize hakaret etti!"
"He called us the seven deadly sins!"
"Bize yedi ölümcül günah dedi!"
"Take that to begin with," said one of the boys
"Başlamak için bunu al," dedi çocuklardan biri
"and keep it for your supper tonight"
"Ve onu bu akşamki akşam yemeğin için sakla"
And, so saying, he punched him on the head
Ve böyle söyleyerek kafasına yumruk attı
But it was a give and take
Ama bu bir ver ve al'dı
because the puppet immediately returned the blow
Çünkü kukla hemen darbeye karşılık verdi
this was no big surprise
Bu büyük bir sürpriz değildi
and the fight quickly got desperate
Ve kavga hızla çaresiz hale geldi
it is true that Pinocchio was alone
Pinokyo'nun yalnız olduğu doğrudur
but he defended himself like a hero
Ama kendini bir kahraman gibi savundu
He used his feet, which were of the hardest wood
En sert tahtadan olan ayaklarını kullandı
and he kept his enemies at a respectful distance
ve düşmanlarını saygılı bir mesafede tuttu
Wherever his feet touched they left a bruise

Ayaklarının değdiği her yerde bir çürük bıraktılar
The boys became furious with him
Çocuklar ona çok kızdılar
hand to hand they couldn't match the puppet
Göğüs göğüse kukla ile eşleşemediler
so they took other weapons into their hands
Bu yüzden ellerine başka silahlar aldılar
the boys loosened their satchels
Çocuklar çantalarını gevşetti
and they threw their school-books at him
Ve okul kitaplarını ona fırlattılar
grammars, dictionaries, and spelling-books
Dilbilgisi, sözlük ve imla kitapları
geography books and other scholastic works
Coğrafya kitapları ve diğer skolastik eserler
But Pinocchio was quick to react
Ancak Pinokyo tepki vermekte gecikmedi
and he had sharp eyes for these things
Ve bu şeyler için keskin gözleri vardı
he always managed to duck in time
Her zaman zamanında eğilmeyi başardı
so the books passed over his head
Böylece kitaplar başının üzerinden geçti

and instead the books fell into the sea
Ve bunun yerine kitaplar denize düştü
Imagine the astonishment of the fish!
Balığın şaşkınlığını hayal edin!
they thought the books were something to eat
Kitapların yiyecek bir şey olduğunu düşündüler
and they all arrived in large shoals of fish
Ve hepsi büyük balık sürüleri halinde geldiler
but they tasted a couple of the pages
ama birkaç sayfanın tadına baktılar
and they quickly spat the paper out again
Ve hızla kağıdı tekrar tükürdüler
and the fish made wry faces
Ve balıklar alaycı suratlar yaptı
"this isn't food for us at all"
"Bu bizim için hiç yiyecek değil"
"we are accustomed to something much better!"
"Çok daha iyi bir şeye alışkınız!"
The battle meantime had become fiercer than ever
Bu arada savaş her zamankinden daha şiddetli hale gelmişti
a big crab had come out of the water
Sudan büyük bir yengeç çıkmıştı
and he had climbed slowly up on the shore
ve yavaş yavaş kıyıya tırmanmıştı
he called out in a hoarse voice
Boğuk bir sesle seslendi
it sounded like a trumpet with a bad cold
Kötü bir soğuk algınlığı olan bir trompet gibi geliyordu
"enough of your fighting, you young ruffians"
"Yeter artık savaşın, sizi genç kabadayılar"
"because you are nothing other than ruffians!"
"Çünkü siz kabadayılardan başka bir şey değilsiniz!"
"These fights between boys seldom finish well"
"Erkekler arasındaki bu kavgalar nadiren iyi biter"
"Some disaster is sure to happen!"
"Bir felaket olacağı kesin!"
but the poor crab should have saved himself the trouble

Ama zavallı yengeç kendini bu beladan kurtarmalıydı
He might as well have preached to the wind
Rüzgâra da vaaz verebilirdi
Even that young rascal, Pinocchio, turned around
O genç Pinokyo bile arkasını döndü
he looked at him mockingly and said rudely:
Ona alaycı bir şekilde baktı ve kaba bir şekilde şöyle dedi:
"Hold your tongue, you tiresome crab!"
"Dilini tut, seni yorucu yengeç!"
"You had better suck some liquorice lozenges"
"Biraz meyan kökü pastilleri emsen iyi olur"
"cure that cold in your throat"
"Boğazınızdaki o soğuk algınlığına çare bulun"
Just then the boys had no more books
Tam o sırada oğlanların başka kitapları yoktu
at least, they had no books of their own
En azından kendilerine ait kitapları yoktu
they spied at a little distance Pinocchio's bag
Biraz öteden Pinokyo'nun çantasını gözetlediler
and they took possession of his things
ve onun eşyalarına el koydular
Amongst his books there was one bound in card
Kitapları arasında kartla ciltlenmiş bir tane vardı
It was a Treatise on Arithmetic
Aritmetik Üzerine Bir İncelemeydi
One of the boys seized this volume
Çocuklardan biri bu cildi ele geçirdi
and he aimed the book at Pinocchio's head
ve kitabı Pinokyo'nun kafasına doğrulttu
he threw it at him with all his strength
Tüm gücüyle ona fırlattı
but the book did not hit the puppet
Ancak kitap kuklaya çarpmadı
instead the book hit a companion on the head
bunun yerine kitap bir arkadaşının kafasına çarptı
the boy turned as white as a sheet
Oğlan bir çarşaf gibi bembeyaz oldu

"Oh, mother! help, I am dying!"
"Ah, anne! Yardım edin, ölüyorum!"
and he fell his whole length on the sand
Ve bütün boyu kumun üzerine düştü
the boys must have thought he was dead
Çocuklar onun öldüğünü düşünmüş olmalılar ki
and they ran off as fast as their legs could run
Ve bacaklarının koşabildiği kadar hızlı koştular
in a few minutes they were out of sight
Birkaç dakika içinde gözden kayboldular
But Pinocchio remained with the boy
Ama Pinokyo çocukla kaldı
although he would have rather ran off too
gerçi o da kaçmayı tercih ederdi
because his fear was also great
Çünkü korkusu da büyüktü
nevertheless, he ran over to the sea
Yine de denize doğru koştu
and he soaked his handkerchief in the water
Ve mendilini suya batırdı
he ran back to his poor school-fellow
Fakir okul arkadaşına geri döndü
and he began to bathe his forehead
Ve alnını yıkamaya başladı
he cried bitterly in despair
Umutsuzluk içinde acı acı ağladı
and he kept calling him by name
Ve ona ismiyle hitap etmeye devam etti
and he said many things to him:
Ve ona birçok şey söyledi:
"Eugene! my poor Eugene!"
"Eugene! benim zavallı Eugene'im!"
"Open your eyes and look at me!"
"Gözlerini aç ve bana bak!"
"Why do you not answer?"
"Neden cevap vermiyorsun?"
"I did not do it to you"

"Ben sana yapmadım"
"it was not I that hurt you so!"
"Seni bu kadar inciten ben değildim!"
"believe me, it was not me!"
"İnan bana, ben değildim!"
"Open your eyes, Eugene"
"Gözlerini aç, Eugene"
"If you keep your eyes shut I shall die, too"
"Gözlerini kapalı tutarsan ben de ölürüm"
"Oh! what shall I do?"
"Eyvah! ne yapmalıyım?"
"how shall I ever return home?"
"Eve nasıl döneceğim?"
"How can I ever have the courage to go back to my good mamma?"
"İyi anneme geri dönme cesaretine nasıl sahip olabilirim?"
"What will become of me?"
"Bana ne olacak?"
"Where can I fly to?"
"Nereye uçabilirim?"
"had I only gone to school!"
"Keşke okula gitseydim!"
"Why did I listen to my companions?"
"Neden arkadaşlarımı dinledim?"
"they have been my ruin"
"Onlar benim mahvım oldular"
"The master said it to me"
"Usta bana söyledi"
"and my mamma repeated it often"
"Ve annem bunu sık sık tekrarladı"
'Beware of bad companions!'
'Kötü arkadaşlardan sakının!'
"Oh, dear! what will become of me?"
"Ah canım! Bana ne olacak?"
And Pinocchio began to cry and sob
Ve Pinokyo ağlamaya ve hıçkıra hıçkıra ağlamaya başladı
and he struck his head with his fists

Ve yumruklarıyla kafasına vurdu
Suddenly he heard the sound of footsteps
Aniden ayak seslerini duydu
He turned and saw two soldiers
Döndü ve iki asker gördü
"What are you doing there?"
"Orada ne yapıyorsun?"
"why are you lying on the ground?"
"Neden yerde yatıyorsun?"
"I am helping my school-fellow"
"Okul arkadaşıma yardım ediyorum"
"Has he been hurt?"
"Yaralandı mı?"
"It seems he has been hurt"
"Yaralanmış gibi görünüyor"
"Hurt indeed!" said one of them
"Gerçekten canım yandı!" dedi içlerinden biri
and he stooped down to examine Eugene closely
ve Eugene'i yakından incelemek için eğildi
"This boy has been wounded on the head"
"Bu çocuk başından yaralandı"
"Who wounded him?" they asked Pinocchio
"Onu kim yaraladı?" diye sordular Pinokyo
"Not I," stammered the puppet breathlessly
"Ben değil," diye kekeledi kukla nefes nefese
"If it was not you, who then did it?"
"Eğer sen değilsen, o zaman kim yaptı?"
"Not I," repeated Pinocchio
"Ben değilim," diye tekrarladı Pinokyo
"And with what was he wounded?"
"Peki neyle yaralandı?"
"he was hurt with this book"
"Bu kitapla canı yandı"
And the puppet picked up from the ground his book
Ve kukla yerden kitabını aldı
the Treatise on Arithmetic
Aritmetik Üzerine İnceleme

and he showed the book to the soldier
Ve kitabı askere gösterdi
"And to whom does this belong?"
"Peki bu kime ait?"
"It belongs to me," answered Pinocchio, honestly
"Bana ait," diye yanıtladı Pinokyo, dürüstçe
"That is enough, nothing more is wanted"
"Yeter artık, daha fazlası istenmiyor"
"Get up and come with us at once"
"Kalk ve hemen bizimle gel"
"But I..." Pinocchio tried to object
"Ama ben..." Pinokyo itiraz etmeye çalıştı
"Come along with us!" they insisted
"Bizimle gelin!" diye ısrar ettiler
"But I am innocent" he pleaded
"Ama ben masumum," diye yalvardı
but they didn't listen. "Come along with us!"
ama dinlemediler. "Bizimle gel!"
Before they left, the soldiers called a passing fishermen
Ayrılmadan önce askerler yoldan geçen bir balıkçıyı çağırdı
"We give you this wounded boy"
"Bu yaralı çocuğu sana veriyoruz"
"we leave him in your care"
"Onu sizin bakımınıza bırakıyoruz"
"Carry him to your house and nurse him"
"Onu evinize taşıyın ve emzirin"
"Tomorrow we will come and see him"
"Yarın gelip onu göreceğiz"
They then turned to Pinocchio
Daha sonra Pinokyo'ya döndüler
"Forward! and walk quickly"
"İleri! ve hızlı bir şekilde yürüyün"
"or it will be the worse for you"
"Yoksa senin için daha kötü olacak"
Pinocchio did not need to be told twice
Pinokyo'ya iki kez söylenmesine gerek yoktu
the puppet set out along the road leading to the village

Kukla köye giden yol boyunca yola çıktı
But the poor little Devil hardly knew where he was
Ama zavallı küçük Şeytan nerede olduğunu pek bilmiyordu
He thought he must be dreaming
Rüya görüyor olması gerektiğini düşündü
and what a dreadful dream it was!
Ve ne korkunç bir rüyaydı!
He saw double and his legs shook
Çift gördü ve bacakları titredi
his tongue clung to the roof of his mouth
Dili ağzının çatısına yapıştı
and he could not utter a word
Ve tek kelime edemedi
And yet, in the midst of his stupefaction and apathy
Ve yine de, sersemliği ve ilgisizliğinin ortasında
his heart was pierced by a cruel thorn
Kalbi acımasız bir diken tarafından delindi
he knew where he had to walk past
Nereden geçmesi gerektiğini biliyordu
under the windows of the good Fairy's house
iyi Peri'nin evinin pencerelerinin altında
and she was going see him with the soldiers
Ve askerlerle birlikte onu görmeye gidiyordu
He would rather have died
Ölmeyi tercih ederdi
soon they reached the village
Kısa süre sonra köye ulaştılar
a gust of wind blew Pinocchio's cap off his head
bir rüzgar Pinokyo'nun şapkasını kafasından uçurdu
"Will you permit me?" said the puppet to the soldiers
"Bana izin verir misiniz?" dedi kukla askerlere
"can I go and get my cap?"
"Gidip şapkamı alabilir miyim?"
"Go, then; but be quick about it"
"Git, o zaman; ama bu konuda hızlı olun"
The puppet went and picked up his cap
Kukla gitti ve şapkasını aldı

but he didn't put the cap on his head
Ama şapkayı kafasına takmadı
he put the cap between his teeth
Kapağı dişlerinin arasına koydu
and began to run as fast as he could
ve elinden geldiğince hızlı koşmaya başladı
he was running back towards the seashore!
Deniz kıyısına doğru geri koşuyordu!
The soldiers thought it would be difficult to overtake him
Askerler onu geçmenin zor olacağını düşündüler
so they sent after him a large mastiff
Bu yüzden arkasından büyük bir mastiff gönderdiler
he had won the first prizes at all the dog races
Tüm köpek yarışlarında birincilik ödülleri kazanmıştı
Pinocchio ran, but the dog ran faster
Pinokyo koştu ama köpek daha hızlı koştu
The people came to their windows
İnsanlar pencerelerine geldiler
and they crowded into the street
Ve sokağa yığıldılar
they wanted to see the end of the desperate race
Umutsuz yarışın sonunu görmek istediler

Pinocchio Runs the Danger of being Fried in a Pan like a Fish

Pinokyo, Balık Gibi Tavada Kızartılma Tehlikesiyle Karşı Karşıya

the race was not going well for the puppet
Yarış kukla için iyi gitmiyordu
and Pinocchio thought he had lost
ve Pinokyo kaybettiğini düşündü
Alidoro, the mastiff, had run swiftly
Mastiff Alidoro hızla koşmuştu
and he had nearly caught up with him
Ve neredeyse onu yakalamıştı

the dreadful beast was very close behind him
Korkunç canavar çok yakınındaydı
he could hear the panting of the dog
Köpeğin nefes nefese sesini duyabiliyordu
there was not a hand's breadth between them
Aralarında bir el kadar bile mesafe yoktu
he could even feel the dog's hot breath
Köpeğin sıcak nefesini bile hissedebiliyordu
Fortunately the shore was close
Neyse ki kıyı yakındı
and the sea was but a few steps off
Ve deniz sadece birkaç adım ötedeydi
soon they reached the sands of the beach
Kısa süre sonra sahilin kumlarına ulaştılar
they got there almost at the same time
Oraya neredeyse aynı anda vardılar
but the puppet made a wonderful leap
Ama kukla harika bir sıçrama yaptı
a frog could have done no better
Bir kurbağa daha iyisini yapamazdı
and he plunged into the water
Ve suya daldı
Alidoro, on the contrary, wished to stop himself
Alidoro ise tam tersine kendini durdurmak istedi
but he was carried away by the impetus of the race
Ancak yarışın itici gücüne kapıldı
he also went into the sea
O da denize girdi
The unfortunate dog could not swim
Talihsiz köpek yüzemedi
but he made great efforts to keep himself afloat
ama kendini ayakta tutmak için büyük çaba sarf etti
and he swam as well as he could with his paws
Ve pençeleriyle yüzebildiği kadar iyi yüzdü
but the more he struggled the farther he sank
Ama ne kadar çok mücadele ederse o kadar uzağa battı
and soon his head was under the water

Ve kısa süre sonra başı suyun altındaydı
his head rose above the water for a moment
Başı bir an için suyun üzerine çıktı
and his eyes were rolling with terror
Ve gözleri dehşetle yuvarlanıyordu
and the poor dog barked out:
Ve zavallı köpek havladı:
"I am drowning! I am drowning!"
"Boğuluyorum! Boğuluyorum!"
"Drown!" shouted Pinocchio from a distance
"Boğul!" diye bağırdı Pinokyo uzaktan
he knew that he was in no more danger
Artık tehlikede olmadığını biliyordu
"Help me, dear Pinocchio!"
"Bana yardım et, sevgili Pinokyo!"
"Save me from death!"
"Beni ölümden kurtar!"
in reality Pinocchio had an excellent heart
gerçekte Pinokyo'nun mükemmel bir kalbi vardı
he heard the agonizing cry from the dog
Köpeğin acı veren çığlığını duydu
and the puppet was moved with compassion
Ve kukla şefkatle hareket ettirildi
he turned to the dog, and said:
Köpeğe döndü ve şöyle dedi:
"I will save you," said Pinocchio
"Seni kurtaracağım," dedi Pinokyo
"but do you promise to give me no further annoyance?"
"Ama beni daha fazla rahatsız etmeyeceğine söz veriyor musun?"
"I promise! I promise!" barked the dog
"Söz veriyorum! Söz veriyorum!" diye havladı köpek
"Be quick, for pity's sake"
"Acıma aşkına hızlı ol"
"if you delay another half-minute I shall be dead"
"Yarım dakika daha geciktirirsen ölmüş olacağım"
Pinocchio hesitated for a moment

Pinokyo bir an tereddüt etti
but then he remembered what his father had often told him
Ama sonra babasının ona sık sık söylediklerini hatırladı
"a good action is never lost"
"İyi bir eylem asla kaybolmaz"
he quickly swam over to Alidoro
hızla Alidoro'ya doğru yüzdü
and he took hold of his tail with both hands
Ve iki eliyle kuyruğunu tuttu
soon they were on dry land again
Kısa süre sonra tekrar karaya çıktılar
and Alidoro was safe and sound
ve Alidoro güvende ve sağlamdı
The poor dog could not stand
Zavallı köpek dayanamadı
He had drunk a lot of salt water
Çok tuzlu su içmişti
and now he was like a balloon
Ve şimdi bir balon gibiydi
The puppet, however, didn't entirely trust him
Ancak kukla ona tamamen güvenmiyordu
he thought it more prudent to jump again into the water
Tekrar suya atlamanın daha ihtiyatlı olduğunu düşündü
he swam a little distance into the water
Suya biraz yüzdü
and he called out to his friend he had rescued
Ve kurtardığı arkadaşına seslendi
"Good-bye, Alidoro; a good journey to you"
"Güle güle Alidoro; Sana iyi yolculuklar"
"and take my compliments to all at home"
"Ve evdeki herkese iltifatlarımı götürün"
"Good-bye, Pinocchio," answered the dog
"Güle güle Pinokyo," diye cevap verdi köpek
"a thousand thanks for having saved my life"
"Hayatımı kurtardığın için binlerce şükür"
"You have done me a great service"
"Bana büyük bir hizmette bulundun"

"and in this world what is given is returned"
"Ve bu dünyada verilenin geri alındığı"
"If an occasion offers I shall not forget it"
"Bir fırsat çıkarsa onu unutmayacağım"
Pinocchio swam along the shore
Pinokyo kıyı boyunca yüzdü
At last he thought he had reached a safe place
Sonunda güvenli bir yere ulaştığını düşündü
so he gave a look along the shore
Bu yüzden kıyı boyunca bir bakış attı
he saw amongst the rocks a kind of cave
Kayaların arasında bir tür mağara gördü
from the cave there was a cloud of smoke
Mağaradan bir duman bulutu çıktı
"In that cave there must be a fire"
"O mağarada mutlaka bir ateş olmalı"
"So much the better," thought Pinocchio
"Çok daha iyi," diye düşündü Pinokyo
"I will go and dry and warm myself"
"Gidip kendimi kurutacağım ve ısıtacağım"
"and then?" Pinocchio wondered
"Ve sonra?" Pinokyo merak etti
"and then we shall see," he concluded
"Ve sonra göreceğiz," diye bitirdi
Having taken the resolution he swam landwards
Kararı aldıktan sonra karaya doğru yüzdü
he was was about to climb up the rocks
Kayalara tırmanmak üzereydi
but he felt something under the water
Ama suyun altında bir şey hissetti
whatever it was rose higher and higher
Her ne ise, daha da yükseldi ve yükseldi
and it carried him into the air
Ve onu havaya taşıdı
He tried to escape from it
Ondan kaçmaya çalıştı
but it was too late to get away

Ama kaçmak için çok geçti
he was extremely surprised when he saw what it was
Ne olduğunu görünce son derece şaşırdı
he found himself enclosed in a great net
Kendini büyük bir ağın içinde buldu
he was with a swarm of fish of every size and shape
Her büyüklükte ve şekilde bir balık sürüsüyle birlikteydi
they were flapping and struggling around
Çırpınıyorlar ve mücadele ediyorlardı
like a swarm of despairing souls
umutsuz ruhlar sürüsü gibi
At the same moment a fisherman came out of the cave
Aynı anda mağaradan bir balıkçı çıktı
the fisherman was horribly ugly
Balıkçı korkunç derecede çirkindi
and he looked like a sea monster
Ve bir deniz canavarı gibi görünüyordu
his head was not covered in hair
Başı saçla kaplı değildi
instead he had a thick bush of green grass
bunun yerine kalın bir yeşil çimen çalısı vardı
his skin was green and his eyes were green
Teni yeşildi ve gözleri yeşildi
and his long beard came down to the ground
ve uzun sakalı yere indi
and of course his beard was also green
Ve tabii ki sakalı da yeşildi
He had the appearance of an immense lizard
Muazzam bir kertenkele görünümündeydi
a lizard standing on its hind-paws
arka pençeleri üzerinde duran bir kertenkele

the fisherman pulled his net out of the sea
Balıkçı ağını denizden çıkardı
"Thank Heaven!" he exclaimed greatly satisfied
"Tanrıya şükür!" diye haykırdı büyük bir memnuniyetle.
"Again today I shall have a splendid feast of fish!"
"Bugün yine muhteşem bir balık ziyafeti çekeceğim!"
Pinocchio thought to himself for a moment
Pinokyo bir an kendi kendine düşündü
"What a mercy that I am not a fish!"
"Ne büyük bir merhamet ki ben balık değilim!"
and he regained a little courage
Ve biraz cesaretini geri kazandı
The netful of fish was carried into the cave
Balık ağı mağaraya taşındı
and the cave was dark and smoky
Ve mağara karanlık ve dumanlıydı
In the middle of the cave was a large frying-pan
Mağaranın ortasında büyük bir kızartma tavası vardı
and the frying-pan was full of oil
ve kızartma tavası yağ doluydu
there was a suffocating smell of mushrooms
boğucu bir mantar kokusu vardı

but the fisherman was very excited
Ama balıkçı çok heyecanlıydı
"Now we will see what fish we have taken!"
"Şimdi hangi balığı aldığımızı göreceğiz!"
and he put into the net an enormous hand
Ve ağa kocaman bir el koydu
his hand had the proportions of a baker's shovel
Elinde bir fırıncı küreği kadar büyüktü
and he pulled out a handful of fish
Ve bir avuç balık çıkardı
"These fish are good!" he said
"Bu balıklar iyi!" dedi
and he smelled the fish complacently
Ve balığın kokusunu gönül rahatlığıyla aldı
And then he threw the fish into a pan without water
Sonra balığı susuz bir tavaya attı
He repeated the same operation many times
Aynı işlemi defalarca tekrarladı
and as he drew out the fish his mouth watered
Balığı çekerken ağzı sulandı
and the Fisherman chuckled to himself
ve Balıkçı kendi kendine kıkırdadı
"What exquisite sardines I've caught!"
"Ne enfes sardalya yakaladım!"
"These mackerel are going to be delicious!"
"Bu uskumru çok lezzetli olacak!"
"And these crabs will be excellent!"
"Ve bu yengeçler mükemmel olacak!"
"What dear little anchovies they are!"
"Ne kadar sevgili küçük hamsiler onlar!"
The last to remain in the fisher's net was Pinocchio
Balıkçının ağında kalan son kişi Pinokyo'ydu
his big green eyes opened with astonishment
İri yeşil gözleri şaşkınlıkla açıldı
"What species of fish is this??"
"Bu hangi balık türü??"
"Fish of this kind I don't remember to have eaten"

"Bu tür balıkları yediğimi hatırlamıyorum"
And he looked at him again attentively
Ve ona tekrar dikkatle baktı
and he examined him well all over
ve onu her yönüyle iyice inceledi
"I know: he must be a craw-fish"
"Biliyorum: o bir sürüngen balığı olmalı"
Pinocchio was mortified at being mistaken for a craw-fish
Pinokyo, bir sürüngen balığı ile karıştırıldığı için utanmıştı
"Do you take me for a craw-fish?"
"Beni bir sürüngen balığı mı sanıyorsun?"
"that's no way to treat your guests!"
"Misafirlerinize böyle davranmanın bir yolu yok!"
"Let me tell you that I am a puppet"
"Size bir kukla olduğumu söyleyeyim"
"A puppet?" replied the fisherman
"Bir kukla mı?" diye cevap verdi balıkçı
"then I must tell you the truth"
"o zaman sana gerçeği söylemeliyim"
"a puppet is quite a new fish to me"
"Kukla benim için oldukça yeni bir balık"
"but that is even better!"
"Ama bu daha da iyi!"
"I shall eat you with greater pleasure"
"Seni daha büyük bir zevkle yiyeceğim"
"you can eat me all you want"
"Beni istediğin kadar yiyebilirsin"
"but will you understand that I am not a fish?"
"Ama benim bir balık olmadığımı anlayacak mısın?"
"Do you not hear that I talk?"
"Konuştuğumu duymuyor musun?"
"can you not see that I reason as you do?"
"Benim de senin gibi akıl yürüttüğümü görmüyor musun?"
"That is quite true," said the fisherman
"Bu çok doğru," dedi balıkçı
"you are indeed a fish with the talent of talking"
"Sen gerçekten konuşma yeteneğine sahip bir balıksın"

"and you are a fish that can reason as I do"
"ve sen de benim gibi akıl yürütebilen bir balıksın"
"I must treat you with appropriate attention"
"Sana gereken ilgiyle yaklaşmalıyım"
"And what would this attention be?"
"Peki bu dikkat ne olurdu?"
"let me give you a token of my friendship"
"Size dostluğumun bir işaretini vereyim"
"and let me show my particular regard"
"Ve özel saygımı göstermeme izin ver"
"I will let you choose how you would like to be cooked"
"Nasıl pişirilmek istediğinizi seçmenize izin vereceğim"
"Would you like to be fried in the frying-pan?
"Tavada kızartılmak ister misiniz?
"or would you prefer to be stewed with tomato sauce?"
"Yoksa domates sosuyla haşlanmayı mı tercih edersin?"
"let me tell you the truth," answered Pinocchio
"Sana gerçeği söyleyeyim," diye yanıtladı Pinokyo
"if I had to choose, I would like to be set free"
"Seçmek zorunda kalsaydım, serbest bırakılmak isterdim"
"You are joking!" laughed the fisherman
"Şaka yapıyorsun!" diye güldü balıkçı
"why would I lose the opportunity to taste such a rare fish?"
"Bu kadar nadir bir balığı tatma fırsatını neden kaybedeyim ki?"
"I can assure you puppet fish are rare here"
"Sizi temin ederim ki burada kukla balıklar nadirdir"
"one does not catch a puppet fish every day"
"HER GÜN KUKLA BALIĞI YAKALANMAZ"
"Let me make the choice for you"
"Seçimi senin için yapmama izin ver"
"you will be with the other fish"
"Diğer balıklarla birlikte olacaksın"
"I will fry you in the frying-pan"
"Seni tavada kızartacağım"
"and you will be quite satisfied"
"Ve oldukça memnun kalacaksınız"

"It is always consolation to be fried in company"
"Arkadaşlıkta kızartılmak her zaman tesellidir"
At this speech the unhappy Pinocchio began to cry
Bu konuşma üzerine mutsuz Pinokyo ağlamaya başladı
he screamed and implored for mercy
Çığlık attı ve merhamet için yalvardı
"How much better it would have been if I had gone to school!"
"Okula gitseydim ne kadar iyi olurdu!"
"I shouldn't have listened to my companions"
"Arkadaşlarımı dinlememeliydim"
"and now I am paying for it"
"ve şimdi bunun bedelini ödüyorum"
And he wriggled like an eel
Ve bir yılan balığı gibi kıvrandı
and he made indescribable efforts to slip out
Ve sıvışmak için tarif edilemez çabalar sarf etti
but he was tight in clutches of the green fisherman
Ama yeşil balıkçının pençelerine sıkı sıkıya bağlıydı
and all of Pinocchio's efforts were useless
ve Pinokyo'nun tüm çabaları boşunaydı
the fisherman took a long strip of rush
Balıkçı uzun bir koşuşturma şeridi aldı
and he bound the puppets hands and feet
Kuklaların ellerini ve ayaklarını bağladı
Poor Pinocchio was tied up like a sausage
Zavallı Pinokyo bir sosis gibi bağlandı
and he threw him into the pan with the other fish
Sonra onu diğer balıklarla birlikte tavaya attı
He then fetched a wooden bowl full of flour
Sonra un dolu tahta bir kase getirdi
and one by one he began to flour each fish
Ve teker teker her balığı unlamaya başladı
soon all the little fish were ready
Yakında tüm küçük balıklar hazırdı
and he threw them into the frying-pan
Sonra onları tavaya attı

The first to dance in the boiling oil were the poor whitings
Kaynayan yağda ilk dans edenler zavallı mezgitlerdi
the crabs were next to follow the dance
Yengeçler dansı takip etmek için sıradaydı
and then the sardines came too
Sonra sardalya da geldi
and finally the anchovies were thrown in
Ve sonunda hamsi atıldı
at last it had come to Pinocchio's turn
nihayet sıra Pinokyo'ya gelmişti
he saw the horrible death waiting for him
Kendisini bekleyen korkunç ölümü gördü
and you can imagine how frightened he was
Ve ne kadar korktuğunu tahmin edebilirsiniz
he trembled violently and with great effort
Şiddetle ve büyük bir çabayla titredi
and he had neither voice nor breath left for further entreaties
ve daha fazla yalvarmak için ne sesi ne de nefesi kalmıştı
But the poor boy implored with his eyes!
Ama zavallı çocuk gözleriyle yalvardı!
The green fisherman, however, didn't care the least
Ancak yeşil balıkçı hiç umursamadı
and he plunged him five or six times in the flour
Onu beş altı kez unun içine daldırdı
finally he was white from head to foot
Sonunda baştan ayağa bembeyazdı
and he looked like a puppet made of plaster
Ve alçıdan yapılmış bir kukla gibi görünüyordu

Pinocchio Returns to the Fairy's House
Pinokyo Perinin Evi'ne Geri Dönüyor

Pinocchio was dangling over the frying pan
Pinokyo kızartma tavasının üzerinde sarkıyordu
the fisherman was just about to throw him in
Balıkçı onu içeri atmak üzereydi
but then a large dog entered the cave
Ama sonra büyük bir köpek mağaraya girdi
the dog had smelled the savoury odour of fried fish
Köpek kızarmış balığın lezzetli kokusunu almıştı
and he had been enticed into the cave
ve mağaraya baştan çıkarılmıştı
"Get out!" shouted the fisherman
"Defol!" diye bağırdı balıkçı
he was holding the floured puppet in one hand
Bir elinde unlu kuklayı tutuyordu
and he threatened the dog with the other hand
Bir diğer eliyle de köpeği tehdit etti
But the poor dog was as hungry as a wolf
Ama zavallı köpek bir kurt kadar açtı
and he whined and wagged his tail
Ve sızlandı ve kuyruğunu salladı
if he could have talked he would have said:
Konuşabilseydi şöyle derdi:
"Give me some fish and I will leave you in peace"
"Bana biraz balık ver, seni huzur içinde bırakayım"
"Get out, I tell you!" repeated the fisherman
"Defol, sana söylüyorum!" diye tekrarladı balıkçı
and he stretched out his leg to give him a kick
Ve ona bir tekme atmak için bacağını uzattı
But the dog would not stand trifling
Ama köpek önemsiz şeylere dayanamazdı
he was too hungry to be denied the food
Yemekten mahrum bırakılamayacak kadar acıkmıştı
he started growling at the fisherman
Balıkçıya hırlamaya başladı

and he showed his terrible teeth
Ve korkunç dişlerini gösterdi
At that moment a little feeble voice called out
O anda biraz cılız bir ses seslendi
"Save me, Alidoro, please!"
"Kurtar beni, Alidoro, lütfen!"
"If you do not save me I shall be fried!"
"Beni kurtarmazsan, kızartılacağım!"
The dog recognized Pinocchio's voice
Köpek Pinokyo'nun sesini tanıdı
all he saw was the floured bundle in the fisherman's hand
Gördüğü tek şey balıkçının elindeki unlu bohçaydı
that must be where the voice had come from
Sesin geldiği yer orası olmalıydı
So what do you think he did?
Peki ne yaptı dersiniz?
Alidoro sprung up to the fisherman
Alidoro balıkçıya doğru fırladı
and he seized the bundle in his mouth
Ve bohçayı ağzına aldı
he held the bundle gently in his teeth
Bohçayı nazikçe dişlerinin arasında tuttu
and he rushed out of the cave again
Ve tekrar mağaradan dışarı fırladı
and then he was gone like a flash of lightning
Ve sonra bir şimşek çakması gibi gitti
The fisherman was furious
Balıkçı öfkeliydi
the rare puppet fish had been snatched from him
Nadir bulunan kukla balığı ondan kapılmıştı
and he ran after the dog
Ve köpeğin peşinden koştu
he tried to get his fish back
Balığını geri almaya çalıştı
but the fisherman did not run far
Ancak balıkçı fazla kaçmadı
because he had been taken by a fit of coughing

çünkü bir öksürük nöbeti geçirmişti

Alidoro ran almost to the village
Alidoro neredeyse köye koştu
when he got to the path he stopped
Yola geldiğinde durdu
he put his friend Pinocchio gently on the ground
arkadaşı Pinokyo'yu nazikçe yere koydu
"How much I have to thank you for!" said the puppet
"Sana ne kadar çok teşekkür etmem gerekiyor!" dedi kukla
"There is no necessity," replied the dog
"Gerek yok," diye cevap verdi köpek
"You saved me and I have now returned it"
"Beni kurtardın ve şimdi onu geri verdim"
"You know that we must all help each other in this world"
"Bu dünyada hepimizin birbirimize yardım etmesi gerektiğini biliyorsunuz"
Pinocchio was happy to have saved Alidoro
Pinokyo, Alidoro'yu kurtardığı için mutluydu
"But how did you get into the cave?"
"Ama mağaraya nasıl girdin?"

"I was lying on the shore more dead than alive"
"Kıyıda diriden çok ölü yatıyordum"
"then the wind brought to me the smell of fried fish"
"Sonra rüzgar bana kızarmış balık kokusunu getirdi"
"The smell excited my appetite"
"Koku iştahımı kabarttı"
"and I followed my nose"
"ve burnumu takip ettim"
"If I had arrived a second later..."
"Eğer bir saniye daha geç gelseydim..."
"Do not mention it!" sighed Pinocchio
"Sakın bahsetme!" diye iç geçirdi Pinokyo
he was still trembling with fright
Hala korkudan titriyordu
"I would be a fried puppet by now"
"Şimdiye kadar kızarmış bir kukla olurdum"
"It makes me shudder just to think of it!"
"Bunu düşünmek bile tüylerimi diken diken ediyor!"
Alidoro laughed a little at the idea
Alidoro bu fikre biraz güldü
but he extended his right paw to the puppet
Ama sağ pençesini kuklaya uzattı
Pinocchio shook his paw heartily
Pinokyo pençesini yürekten salladı
and then they went their separate ways
Ve sonra kendi yollarına gittiler
The dog took the road home
Köpek eve doğru yola çıktı
and Pinocchio went to a cottage not far off
ve Pinokyo çok uzakta olmayan bir kulübeye gitti
there was a little old man warming himself in the sun
Güneşte ısınan küçük yaşlı bir adam vardı
Pinocchio spoke to the little old man
Pinokyo küçük yaşlı adamla konuştu
"Tell me, good man," he started
"Söyle bana, iyi adam," diye başladı
"do you know anything of a poor boy called Eugene?"

"Eugene adında fakir bir çocuk hakkında bir şey biliyor musun?"
"he was wounded in the head"
"Başından yaralandı"
"The boy was brought by some fishermen to this cottage"
"Çocuğu bazı balıkçılar bu kulübeye getirdi"
"and now I do not know what happened to him"
"ve şimdi ona ne olduğunu bilmiyorum"
"And now he is dead!" interrupted Pinocchio with great sorrow
"Ve şimdi öldü!" diye sözünü kesti Pinokyo büyük bir üzüntüyle
"No, he is alive," interrupted the fisherman
"Hayır, yaşıyor," diye sözünü kesti balıkçı
"and he has been returned to his home"
"Ve evine geri döndü"
"Is it true?" cried the puppet
"Doğru mu?" diye bağırdı kukla
and Pinocchio danced with delight
ve Pinokyo zevkle dans etti
"Then the wound was not serious?"
"O zaman yara ciddi değil miydi?"
the little old man answered Pinocchio
küçük yaşlı adam Pinokyo'ya cevap verdi
"It might have been very serious"
"Çok ciddi olabilirdi"
"it could even have been fatal"
"Ölümcül bile olabilirdi"
"they threw a thick book at his head"
"Kafasına kalın bir kitap fırlattılar"
"And who threw it at him?"
"Peki onu ona kim attı?"
"One of his school-fellows, by the name of Pinocchio"
"Pinokyo adında okul arkadaşlarından biri"
"And who is this Pinocchio?" asked the puppet
"Peki kim bu Pinokyo?" diye sordu kukla
and he pretended his ignorance as best he could

Ve elinden geldiğince cehaletini iddia etti
"They say that he is a bad boy"
"Onun kötü bir çocuk olduğunu söylüyorlar"
"a vagabond, a regular good-for-nothing"
"Bir, sıradan bir hiçbir işe yaramaz"
"Calumnies! all calumnies!"
"İftiralar! tüm iftiralar!"
"Do you know this Pinocchio?"
"Bu Pinokyo'yu tanıyor musun?"
"By sight!" answered the puppet
"Görerek!" diye cevap verdi kukla
"And what is your opinion of him?" asked the little man
"Peki onun hakkında ne düşünüyorsun?" diye sordu küçük adam
"He seems to me to be a very good boy"
"Bana çok iyi bir çocuk gibi görünüyor"
"he is anxious to learn," added Pinocchio
"Öğrenmek için can atıyor," diye ekledi Pinokyo
"and he is obedient and affectionate to his father and family"
"Ve babasına ve ailesine itaatkar ve şefkatlidir"
the puppet fired off a bunch of lies
Kukla bir sürü yalan söyledi
but then he remembered to touch his nose
Ama sonra burnuna dokunmayı hatırladı
his nose seemed to have grown by more than a hand
Burnu bir elden daha fazla büyümüş gibiydi
Very much alarmed he began to cry:
Çok telaşlandı ve ağlamaya başladı:
"Don't believe me, good man"
"Bana inanma, iyi adam"
"what I said were all lies"
"Söylediklerimin hepsi yalandı"
"I know Pinocchio very well"
"Pinokyo'yu çok iyi tanıyorum"
"and I can assure you that he is a very bad boy"
"ve sizi temin ederim ki o çok kötü bir çocuk"
"he is disobedient and idle"

"İtaatsiz ve tembeldir"
"instead of going to school, he runs off with his companions"
"Okula gitmek yerine arkadaşlarıyla birlikte kaçıyor"
He had hardly finished speaking when his nose became shorter
Konuşmasını henüz bitirmişti ki burnu kısaldı
and finally his nose returned to the old size
Ve sonunda burnu eski boyutuna döndü
the little old man noticed the boys' colour
Küçük yaşlı adam çocukların rengini fark etti
"And why are you all covered with white?"
"Peki neden hepiniz beyazlarla kaplısınız?"
"I will tell you why," said Pinocchio
"Sana nedenini söyleyeceğim," dedi Pinokyo
"Without observing it I rubbed myself against a wall"
"Farkına varmadan kendimi duvara sürttüm"
"little did I know that the wall had been freshly whitewashed"
"Duvarın yeni badanalı olduğunu çok az biliyordum"
he was ashamed to confess the truth
Gerçeği itiraf etmekten utanıyordu
in fact he had been floured like a fish
Aslında bir balık gibi unlanmıştı
"And what have you done with your jacket?"
"Peki ceketini ne yaptın?"
"where are your trousers, and your cap?"
"Pantolonun ve şapkan nerede?"
"I met some robbers on my journey"
"Yolculuğum sırasında bazı soyguncularla karşılaştım"
"and they took all my things from me"
"Ve tüm eşyalarımı benden aldılar"
"Good old man, I have a favour to ask"
"İyi yaşlı adam, sormam gereken bir iyilik var"
"could you perhaps give me some clothes to return home in?"
"Belki bana eve dönmem için birkaç kıyafet verebilir misin?"

"My boy, I would like to help you"
"Oğlum, sana yardım etmek istiyorum"
"but I have nothing but a little sack"
"ama küçük bir çuvaldan başka hiçbir şeyim yok"
"it is but a sack in which I keep beans"
"içinde fasulye bulundurduğum bir çuvaldan başka bir şey değil"
"but if you have need of it, take it"
"Ama ihtiyacın varsa, al"
Pinocchio did not wait to be asked twice
Pinokyo iki kez sorulmayı beklemedi
He took the sack at once
Hemen çuvalı aldı
and he borrowed a pair of scissors
Ve bir makas ödünç aldı
and he cut a hole at the end of the sack
Ve çuvalın ucunda bir delik açtı
at each side, he cut out small holes for his arms
Her iki tarafta da kolları için küçük delikler açtı
and he put the sack on like a shirt
Ve çuvalı bir gömlek gibi giydi
And with his new clothing he set off for the village
Ve yeni kıyafetleriyle köye doğru yola çıktı
But as he went he did not feel at all comfortable
Ama giderken kendini hiç rahat hissetmiyordu
for each step forward he took another step backwards
İleriye doğru attığı her adım için geriye doğru bir adım daha attı
"How shall I ever present myself to my good little Fairy?"
"Kendimi küçük ve güzel perime nasıl tanıtabilirim ki?"
"What will she say when she sees me?"
"Beni gördüğünde ne diyecek?"
"Will she forgive me this second escapade?"
"Bu ikinci kaçışımı affedecek mi?"
"Oh, I am sure that she will not forgive me!"
"Ah, beni affetmeyeceğinden eminim!"
"And it serves me right, because I am a rascal"

"Ve bu bana doğru hizmet ediyor, çünkü ben bir serseriyim"
"I am always promising to correct myself"
"Her zaman kendimi düzelteceğime söz veriyorum"
"but I never keep my word!"
"ama asla sözümü tutmam!"
When he reached the village it was night
Köye vardığında gece olmuştu
and it had gotten very dark
Ve hava iyice kararmıştı
A storm had come in from the shore
Kıyıdan bir fırtına gelmişti
and the rain was coming down in torrents
Ve yağmur sağanak halinde yağıyordu
he went straight to the Fairy's house
doğruca Peri'nin evine gitti
he was resolved to knock at the door
Kapıyı çalmaya kararlıydı
But when he was there his courage failed him
Ama oradayken cesareti onu hayal kırıklığına uğrattı
instead of knocking he ran away some twenty paces
Kapıyı çalmak yerine yirmi adım kadar kaçtı
He returned to the door a second time
İkinci kez kapıya döndü
and he held the door knocker in his hand
ve kapı tokmağını elinde tutuyordu
trembling, he gave a little knock at the door
Titreyerek kapıyı küçük bir kez çaldı
He waited and waited for his mother to open the door
Bekledi ve annesinin kapıyı açmasını bekledi
Pinocchio must have waited no less than half an hour
Pinokyo yarım saatten az beklememiş olmalı
At last a window on the top floor was opened
Sonunda en üst kattaki bir pencere açıldı
the house was four stories high
Ev dört katlıydı
and Pinocchio saw a big Snail
ve Pinokyo büyük bir Salyangoz gördü

it had a lighted candle on her head to look out
Dışarı bakmak için kafasında yanan bir mum vardı
"Who is there at this hour?"
"Bu saatte kim var?"
"Is the Fairy at home?" asked the puppet
"Peri evde mi?" diye sordu kukla
"The Fairy is asleep," answered the snail
"Peri uyuyor," diye cevap verdi salyangoz
"and she must not be awakened"
"Ve o uyandırılmamalı"
"but who are you?" asked the Snail
"Ama sen kimsin?" diye sordu Salyangoz
"It is I," answered Pinocchio
"Benim," diye yanıtladı Pinokyo
"Who is I?" asked the Snail
"Ben kimim?" diye sordu Salyangoz
"It is I, Pinocchio," answered Pinocchio
"Benim, Pinokyo," diye cevap verdi Pinokyo
"And who is Pinocchio?" asked the Snail
"Peki Pinokyo kim?" diye sordu Salyangoz
"The puppet who lives in the Fairy's house"
"Perinin evinde yaşayan kukla"
"Ah, I understand!" said the Snail
"Ah, anladım!" dedi Salyangoz
"Wait for me there"
"Beni orada bekle"
"I will come down and open the door"
"Aşağı ineceğim ve kapıyı açacağım"
"Be quick, for pity's sake"
"Acıma aşkına hızlı ol"
"because I am dying of cold"
"Çünkü soğuktan ölüyorum"
"My boy, I am a snail"
"Oğlum, ben bir salyangozum"
"and snails are never in a hurry"
"Ve salyangozlar asla acele etmez"
An hour passed, and then two

Bir saat geçti ve sonra iki
and the door was still not opened
Ve kapı hala açılmadı
Pinocchio was wet through and through
Pinokyo baştan sona ıslaktı
and he was trembling from cold and fear
Soğuktan ve korkudan titriyordu
at last he had the courage to knock again
Sonunda kapıyı tekrar çalmaya cesaret edebildi
this time he knocked louder than before
Bu sefer eskisinden daha yüksek sesle kapıyı çaldı
At this second knock a window on the lower story opened
Bu ikinci vuruşta alt kattaki bir pencere açıldı
and the same Snail appeared at the window
ve aynı Salyangoz pencerede belirdi
"Beautiful little Snail," cried Pinocchio
"Güzel küçük Salyangoz," diye bağırdı Pinokyo
"I have been waiting for two hours!"
"İki saattir bekliyorum!"
"two hours on such a night seems longer than two years"
"Böyle bir gecede iki saat, iki yıldan daha uzun görünüyor"
"Be quick, for pity's sake"
"Acıma aşkına hızlı ol"
"My boy," answered the calm little animal
"Oğlum," diye cevap verdi sakin küçük hayvan
"you know that I am a snail"
"benim bir salyangoz olduğumu biliyorsun"
"and snails are never in a hurry"
"Ve salyangozlar asla acele etmez"
And the window was shut again
Ve pencere tekrar kapatıldı
Shortly afterwards midnight struck
Kısa bir süre sonra gece yarısı vurdu
then one o'clock, then two o'clock
Sonra saat bir, sonra saat iki
and the door still remained unopened
Ve kapı hala açılmadı

Pinocchio finally lost all patience
Pinokyo sonunda tüm sabrını kaybetti
he seized the door knocker in a rage
Öfkeyle kapı tokmağını yakaladı
he intended bang the door as hard as he could
Kapıyı elinden geldiğince sert bir şekilde çarpmaya niyetlendi
a blow that would resound through the house
Evin içinde yankılanacak bir darbe
the door knocker was made from iron
kapı tokmağı demirden yapılmıştır
but suddenly it turned into an eel
Ama aniden bir yılan balığına dönüştü
and the eel slipped out of Pinocchio's hand
ve yılan balığı Pinokyo'nun elinden kayıp gitti
down the street was a stream of water
Caddenin aşağısında bir su akışı vardı
and the eel disappeared down the stream
Ve yılan balığı derede kayboldu
Pinocchio was blinded with rage
Pinokyo öfkeden kör oldu
"Ah! so that's the way it is?"
"Ah! Yani bu böyle mi?"
"then I will kick with all my might"
"o zaman tüm gücümle tekme atacağım"
Pinocchio took a little run up to the door
Pinokyo biraz koşarak kapıya geldi
and he kicked the door with all his might
Ve tüm gücüyle kapıyı tekmeledi
it was indeed a mighty strong kick
Gerçekten çok güçlü bir vuruştu
and his foot went through the door
Ve ayağı kapıdan içeri girdi
Pinocchio tried to pull his foot out
Pinokyo ayağını çekmeye çalıştı
but then he realized his predicament
Ama sonra içinde bulunduğu çıkmazın farkına vardı
it was as if his foot had been nailed down

Sanki ayağı çivilenmiş gibiydi
Think of poor Pinocchio's situation!
Zavallı Pinokyo'nun durumunu düşünün!
He had to spend the rest of the night on one foot
Gecenin geri kalanını tek ayak üzerinde geçirmek zorunda kaldı
and the other foot was in the air
Ve diğer ayağı havadaydı
after many hours daybreak finally came
Saatler sonra nihayet şafak söktü
and at last the door was opened
Ve sonunda kapı açıldı
it had only taken the Snail nine hours
Salyangozun sadece dokuz saatini almıştı
he had come all the way from the fourth story
Dördüncü öyküden itibaren buraya kadar gelmişti
It is evident that her exertions must have been great
Çabalarının büyük olması gerektiği açıktır
but she was equally confused by Pinocchio
ama Pinokyo tarafından da aynı derecede kafası karışmıştı
"What are you doing with your foot in the door?"
"Ayağını kapıda ne yapıyorsun?"
"It was an accident," answered the puppet
"Bu bir kazaydı," diye cevapladı kukla
"oh beautiful snail, please help me"
"Ah güzel salyangoz, lütfen bana yardım et"
"try and get my foot out the door"
"Ayağımı kapıdan çıkarmaya çalış"
"My boy, that is the work of a carpenter""
"Oğlum, bu bir marangozun işidir."
"and I have never been a carpenter"
"ve ben hiç marangoz olmadım"
"in that case please get the Fairy for me!"
"o zaman lütfen benim için Peri'yi al!"
"The Fairy is still asleep"
"Peri hala uyuyor"
"and she must not be awakened"

"Ve o uyandırılmamalı"
"But what can I do with me foot stuck in the door?"
"Ama ayağım kapıya sıkışmışken ne yapabilirim?"
"there are many ants in this area"
"Bu bölgede çok sayıda karınca var"
"Amuse yourself by counting all the little ants"
"Tüm küçük karıncaları sayarak kendinizi eğlendirin"
"Bring me at least something to eat"
"Bana en azından yiyecek bir şeyler getir"
"because I am quite exhausted and hungry"
"Çünkü oldukça yorgun ve açım"
"At once," said the Snail
"Hemen," dedi Salyangoz
it was in fact almost as fast as she had said
Aslında neredeyse söylediği kadar hızlıydı
after three hours she returned to Pinocchio
üç saat sonra Pinokyo'ya döndü
and on her head was a silver tray
Ve başında gümüş bir tepsi vardı
The tray contained a loaf of bread
Tepside bir somun ekmek vardı
and there was a roast chicken
Ve kızarmış bir tavuk vardı
and there were four ripe apricots
Ve dört olgun kayısı vardı
"Here is the breakfast that the Fairy has sent you"
"İşte Peri'nin sana gönderdiği kahvaltı"
these were all things Pinocchio liked to eat
bunların hepsi Pinokyo'nun yemeyi sevdiği şeylerdi
The puppet felt very much comforted at the sight
Kukla bu manzara karşısında çok rahatladı
But then he began to eat the food
Ama sonra yemeği yemeye başladı
and he was most disgusted by the taste
Ve en çok tadından iğreniyordu
he discovered that the bread was plaster
Ekmeğin alçı olduğunu keşfetti

the chicken was made of cardboard
Tavuk kartondan yapıldı
and the four apricots were alabaster
ve dört kayısı kaymaktaşı idi
Poor Pinocchio wanted to cry
Zavallı Pinokyo ağlamak istedi
In his desperation he tried to throw away the tray
Çaresizlik içinde tepsiyi atmaya çalıştı
perhaps it was because of his grief
Belki de üzüntüsü yüzündendi
or it could have been that he was exhausted
Ya da bitkin düşmüş olabilirdi
and the little puppet fainted from the effort
Ve küçük kukla çabadan bayıldı
eventually he regained consciousness
Sonunda bilincini geri kazandı
and he found that he was lying on a sofa
Ve bir kanepede yattığını fark etti
and the good Fairy was beside him
ve iyi Peri onun yanındaydı
"I will pardon you once more," the Fairy said
"Seni bir kez daha affedeceğim," dedi Peri
"but woe to you if you behave badly a third time!"
"Ama üçüncü kez kötü davranırsanız vay halinize!"
Pinocchio promised and swore that he would study
Pinokyo çalışacağına söz verdi ve yemin etti
and he swore he would always conduct himself well
ve her zaman iyi davranacağına yemin etti
And he kept his word for the remainder of the year
Ve yılın geri kalanında sözünü tuttu
Pinocchio got very good grades at school
Pinokyo okulda çok iyi notlar aldı
and he had the honour of being the best student
Ve en iyi öğrenci olma onuruna sahipti
his behaviour in general was very praiseworthy
Genel olarak davranışı çok övgüye değerdi
and the Fairy was very much pleased with him

ve Peri ondan çok memnun kaldı
"Tomorrow your wish shall be gratified"
"Yarın dileğin yerine getirilecek"
"what wish was that?" asked Pinocchio
"Bu nasıl bir dildi?" diye sordu Pinokyo
"Tomorrow you shall cease to be a wooden puppet"
"Yarın tahta bir kukla olmaktan çıkacaksın"
"and you shall finally become a boy"
"Ve sonunda bir çocuk olacaksın"
you could not have imagined Pinocchio's joy
Pinokyo'nun sevincini hayal bile edemezdiniz
and Pinocchio was allowed to have a party
ve Pinokyo'nun bir parti vermesine izin verildi
All his school-fellows were to be invited
Tüm okul arkadaşları davet edilecekti
there would be a grand breakfast at the Fairy's house
Peri'nin evinde büyük bir kahvaltı olurdu
together they would celebrate the great event
Birlikte büyük olayı kutlayacaklardı
The Fairy had prepared two hundred cups of coffee and milk
Peri iki yüz fincan kahve ve süt hazırlamıştı
and four hundred rolls of bread were cut
ve dört yüz rulo ekmek kesildi
and all the bread was buttered on each side
ve tüm ekmeğin her iki tarafı da tereyağlıydı
The day promised to be most happy and delightful
Günün en mutlu ve keyifli olacağına söz verdi
but...
ama...
Unfortunately in the lives of puppets there is always a "but" that spoils everything
Ne yazık ki, kuklaların hayatlarında her zaman her şeyi bozan bir "ama" vardır

The Land of the Boobie Birds
Bubi Kuşlarının Ülkesi

Of course Pinocchio asked the Fairy's permission
Tabii ki Pinokyo Peri'den izin istedi
"may I go round the town to give out the invitations?"
"Davetiyeleri dağıtmak için kasabayı dolaşabilir miyim?"
and the Fairy said to him:
ve Peri ona dedi ki:
"Go, if you like, you have my permission"
"Git, istersen, benden izin al"
"invite your companions for the breakfast tomorrow"
"Arkadaşlarınızı yarın kahvaltıya davet edin"
"but remember to return home before dark"
"Ama hava kararmadan eve dönmeyi unutma"
"Have you understood?" she checked
"Anladın mı?" diye kontrol etti
"I promise to be back in an hour"
"Bir saat içinde geri döneceğime söz veriyorum"
"Take care, Pinocchio!" she cautioned him
"Kendine iyi bak, Pinokyo!" diye uyardı onu
"Boys are always very ready to promise"
"Erkekler her zaman söz vermeye çok hazırdır"
"but generally boys struggle to keep their word"
"Ama genellikle erkekler sözlerini tutmakta zorlanıyor"
"But I am not like other boys"
"Ama ben diğer çocuklar gibi değilim"
"When I say a thing, I do it"
"Bir şey söylediğimde onu yaparım"
"We shall see if you will keep your promise"
"Sözünüzü tutup tutmayacağınızı göreceğiz"
"If you are disobedient, so much the worse for you"
"Eğer itaatsizseniz, sizin için çok daha kötüsü"
"Why would it be so much the worse for me?"
"Neden benim için bu kadar kötü olsun ki?"
"there are boys who do not listen to the advice"
"Tavsiyeleri dinlemeyen çocuklar var"

"advice from people who know more than them"
"Kendilerinden daha fazlasını bilen insanlardan tavsiyeler"
"and they always meet with some misfortune or other"
"Ve her zaman bir talihsizlik ya da başka bir şeyle karşılaşırlar"
"I have experienced that," said Pinocchio
"Ben bunu yaşadım," dedi Pinokyo
"but I shall never make that mistake again"
"ama bu hatayı bir daha asla yapmayacağım"
"We shall see if that is true"
"Bunun doğru olup olmadığını göreceğiz"
and the puppet took leave of his good Fairy
ve kukla iyi Perisini terk etti
the good Fairy was now like a mamma to him
iyi Peri artık onun için bir anne gibiydi
and he went out of the house singing and dancing
Ve şarkı söyleyip dans ederek evden dışarı çıktı
In less than an hour all his friends were invited
Bir saatten kısa bir süre içinde tüm arkadaşları davet edildi
Some accepted at once heartily
Bazıları hemen yürekten kabul etti
others at first required some convincing
diğerleri ilk başta biraz ikna etmek istedi
but then they heard that there would be coffee
Ama sonra kahve olacağını duydular
and the bread was going to be buttered on both sides
ve ekmeğin her iki tarafı da tereyağlı olacaktı
"We will come also, to do you a pleasure"
"Biz de size bir zevk vermek için geleceğiz"

Now I must tell you that Pinocchio had many friends
Şimdi size Pinokyo'nun birçok arkadaşı olduğunu söylemeliyim
and there were many boys he went to school with
Ve okula birlikte gittiği birçok erkek çocuk vardı
but there was one boy he especially liked
Ama özellikle sevdiği bir çocuk vardı
This boy's name was Romeo
Bu çocuğun adı Romeo'ydu
but he always went by his nickname
Ama her zaman takma adını kullandı
all the boys called him Candle-wick
bütün çocuklar ona Mum fitili derdi
because he was so thin, straight and bright
Çünkü çok zayıf, düz ve zekiydi
like the new wick of a little nightlight
Küçük bir gece lambasının yeni fitili gibi

Candle-wick was the laziest of the boys
Mum fitili oğlanların en tembeliydi
and he was naughtier than the other boys too
Ve o da diğer çocuklardan daha yaramazdı
but Pinocchio was devoted to him
ama Pinokyo ona bağlıydı
he had gone to Candle-wick's house before the others
Mum-fitili'in evine diğerlerinden önce gitmişti
but he had not found him
ama onu bulamamıştı
He returned a second time, but Candle-wick was not there
İkinci kez geri döndü ama Mum fitili orada değildi
He went a third time, but it was in vain
Üçüncü kez gitti, ama boşunaydı
Where could he search for him?
Onu nerede arayabilirdi?
He looked here, there, and everywhere
Buraya, oraya ve her yere baktı
and at last he found his friend Candle-wick
ve sonunda arkadaşı Mum-fitili'i buldu
he was hiding on the porch of a peasant's cottage
Bir köylünün kulübesinin verandasında saklanıyordu
"What are you doing there?" asked Pinocchio
"Orada ne yapıyorsun?" diye sordu Pinokyo
"I am waiting for midnight"
"Gece yarısını bekliyorum"
"I am going to run away"
"Kaçmaya gidiyorum"
"And where are you going?"
"Peki nereye gidiyorsun?"
"I am going to live in another country"
"Başka bir ülkede yaşayacağım"
"the most delightful country in the world"
"Dünyanın en keyifli ülkesi"
"a real land of sweetmeats!"
"Gerçek bir şekerleme ülkesi!"
"And what is it called?"

"Peki buna ne denir?"
"It is called the Land of Boobies"
"Adı Ülkesi"
"Why do you not come, too?"
"Neden sen de gelmiyorsun?"
"I? No, even if I wanted to!"
"Ben mi? Hayır, istesem bile!"
"You are wrong, Pinocchio"
"Yanılıyorsun Pinokyo"
"If you do not come you will repent it"
"Gelmezseniz tövbe edeceksiniz"
"Where could you find a better country for boys?"
"Erkekler için daha iyi bir ülke nerede bulabilirsin?"
"There are no schools there"
"Orada okul yok"
"there are no masters there"
"Orada usta yok"
"and there are no books there"
"Ve orada hiç kitap yok"
"In that delightful land nobody ever studies"
"O güzel topraklarda hiç kimse eğitim görmedi"
"On Saturday there is never school"
"Cumartesi günü hiç okul olmuyor"
"every week consists of six Saturdays"
"Her hafta altı cumartesiden oluşuyor"
"and the remainder of the week are Sundays"
"ve haftanın geri kalanı Pazar günleri"
"think of all the time there is to play"
"Oynamak için tüm zamanı düşünün"
"the autumn holidays begin on the first of January"
"Sonbahar tatili Ocak ayının ilk günü başlıyor"
"and they finish on the last day of December"
"ve Aralık ayının son günü bitiriyorlar"
"That is the country for me!"
"Benim için ülke orası!"
"That is what all civilized countries should be like!"
"Bütün medeni ülkeler böyle olmalı!"

"But how are the days spent in the Land of Boobies?"
"Ama Ülkesi'nde günler nasıl geçiyor?"
"The days are spent in play and amusement"
"Günler oyun ve eğlence içinde geçiyor"
"you enjoy yourself from morning till night"
"Sabahtan akşama kadar keyfinize bakıyorsunuz"
"and when night comes you go to bed"
"Ve gece olduğunda yatağa gidersin"
"and then you recommence the fun the next day"
"Ve sonra ertesi gün eğlenceye yeniden başlıyorsunuz"
"What do you think of it?"
"Bunun hakkında ne düşünüyorsun?"
"Hum!" said Pinocchio thoughtfully
"Hımm!" dedi Pinokyo düşünceli bir şekilde
and he shook his head slightly
Ve başını hafifçe salladı
the gesture did seem to say something
Jest bir şey söylüyor gibiydi
"That is a life that I also would willingly lead"
"Bu benim de seve seve yaşayacağım bir hayat"
but he had not accepted the invitation yet
Ancak daveti henüz kabul etmemişti
"Well, will you go with me?"
"Peki, benimle gelir misin?"
"Yes or no? Resolve quickly"
"Evet mi hayır mı? Hızlı bir şekilde çözün"
"No, no, no, and no again"
"Hayır, hayır, hayır ve yine hayır"
"I promised my good Fairy to be good boy"
"İyi perime iyi bir çocuk olacağına söz verdim"
"and I will keep my word"
"ve sözümü tutacağım"
"the sun will soon be setting"
"Güneş yakında batacak"
"so I must leave you and run away"
"Bu yüzden seni bırakıp kaçmalıyım"
"Good-bye, and a pleasant journey to you"

"Güle güle ve size keyifli bir yolculuk"
"Where are you rushing off to in such a hurry?"
"Bu kadar aceleyle nereye koşuyorsun?"
"I am going home," said Pinocchio
"Eve gidiyorum," dedi Pinokyo
"My good Fairy wishes me to be back before dark"
"Sevgili Perim hava kararmadan dönmemi diliyor"
"Wait another two minutes"
"İki dakika daha bekle"
"It will make me too late"
"Beni çok geç yapacak"
"Only two minutes," Candle-wick pleaded
"Sadece iki dakika," diye yalvardı Mum-fitili
"And if the Fairy scolds me?"
"Ya Peri beni azarlarsa?"
"Let her scold you," he suggested
"Bırak seni azarlasın," diye önerdi
Candle-wick was quite a persuasive rascal
Mum fitili oldukça ikna edici bir serseriydi
"When she has scolded well she will hold her tongue"
"İyi azarladığında dilini tutacak"
"And what are you going to do?"
"Peki ne yapacaksın?"
"Are you going alone or with companions?"
"Yalnız mı gidiyorsun yoksa arkadaşlarınla mı?"
"oh don't worry about that Pinocchio"
"oh o Pinokyo için endişelenme"
"I will not be alone in the Land of Boobies"
"Memeler Ülkesinde yalnız olmayacağım"
"there will be more than a hundred boys"
"Yüzden fazla erkek çocuk olacak"
"And do you make the journey on foot?"
"Peki yolculuğu yürüyerek mi yapıyorsun?"
"A coach will pass by shortly"
"Birazdan bir antrenör geçecek"
"the carriage will take me to that happy country"
"Araba beni o mutlu ülkeye götürecek"

"What would I not give for the coach to pass by now!"
"Koçun şimdi geçmesi için ne vermezdim ki!"
"Why do you want the coach to come by so badly?"
"Koçun gelmesini neden bu kadar çok istiyorsun?"
"so that I can see you all go together"
"Hepinizin bir araya geldiğini görebilmem için"
"Stay here a little longer, Pinocchio"
"Biraz daha burada kal, Pinokyo"
"stay a little longer and you will see us"
"Biraz daha kalın ve bizi göreceksiniz"
"No, no, I must go home"
"Hayır, hayır, eve gitmeliyim"
"just wait another two minutes"
"Sadece iki dakika daha bekle"
"I have already delayed too long"
"Zaten çok geciktim"
"The Fairy will be anxious about me"
"Peri benim için endişelenecek"
"Is she afraid that the bats will eat you?"
"Yarasaların seni yiyeceğinden mi korkuyor?"
Pinocchio had grown a little curious
Pinokyo biraz meraklanmıştı
"are you certain that there are no schools?"
"Okul olmadığından emin misin?"
"there is not even the shadow of a school"
"Bir okulun gölgesi bile yok"
"And are there no masters either?"
"Ve ustalar da yok mu?"
"the Land of the Boobies is free of masters"
"Ülkesi efendilerden arınmıştır"
"And no one is ever made to study?"
"Ve hiç kimse çalışmak için yaratılmaz mı?"
"Never, never, and never again!"
"Asla, asla ve bir daha asla!"
Pinocchio's mouth watered at the idea
Pinokyo'nun bu fikir karşısında ağzı sulandı
"What a delightful country!" said Pinocchio

"Ne güzel bir ülke!" dedi Pinokyo
"I have never been there," said Candle-wick
"Oraya hiç gitmedim," dedi Mum-fitili
"but I can imagine it perfectly well"
"ama bunu mükemmel bir şekilde hayal edebiliyorum"
"Why will you not come also?"
"Neden siz de gelmiyorsunuz?"
"It is useless to tempt me"
"Beni ayartmanın faydası yok"
"I made a promise to my good Fairy"
"İyi perime bir söz verdim"
"I will become a sensible boy"
"Aklı başında bir çocuk olacağım"
"and I will not break my word"
"ve sözümü bozmayacağım"
"Good-bye, then," said Candle-wick
"Güle güle o zaman," dedi Mum fitili
"give my compliments to all the boys at school"
"Okuldaki tüm erkeklere iltifatlarımı iletin"
"Good-bye, Candle-wick; a pleasant journey to you"
"Güle güle, Mum fitili; size keyifli bir yolculuk"
"amuse yourself in this pleasant land"
"Bu hoş topraklarda kendinizi eğlendirin"
"and think sometimes of your friends"
"Ve bazen arkadaşlarını düşün"
Thus saying, the puppet made two steps to go
Böylece kukla gitmek için iki adım attı
but then he stopped halfway in his track
Ama sonra yarı yolda durdu
and, turning to his friend, he inquired:
Ve arkadaşına dönerek sordu:
"But are you quite certain about all this?"
"Ama tüm bunlardan oldukça emin misin?"
"in that country all the weeks consist of six Saturdays?"
"Bu ülkede bütün haftalar altı cumartesiden mi oluşuyor?"
"and the rest of the week consists of Sundays?"
"ve haftanın geri kalanı Pazar günlerinden mi oluşuyor?"

"all the weekdays most certainly consist of six Saturdays"
"hafta içi tüm günler kesinlikle altı cumartesiden oluşuyor"
"and the rest of the days are indeed Sundays"
"ve geri kalan günler gerçekten Pazar"
"and are you quite sure about the holidays?"
"Ve tatillerden oldukça emin misin?"
"the holidays definitely begin on the first of January?"
"Tatiller kesinlikle Ocak ayının ilk günü mü başlıyor?"
"and you're sure the holidays finish on the last day of December?"
"ve tatillerin Aralık ayının son gününde bittiğinden emin misin?"
"I am assuredly certain that this is how it is"
"Bunun böyle olduğundan kesinlikle eminim"
"What a delightful country!" repeated Pinocchio
"Ne güzel bir ülke!" diye tekrarladı Pinokyo
and he was enchanted by all that he had heard
ve duyduğu her şey onu büyüledi
this time Pinocchio spoke more resolute
Pinokyo bu sefer daha kararlı konuştu
"This time really good-bye"
"Bu sefer gerçekten hoşçakal"
"I wish you pleasant journey and life"
"Keyifli bir yolculuk ve yaşam dilerim"
"Good-bye, my friend," bowed Candle-wick
"Güle güle dostum," diye eğildi Mum fitili
"When do you start?" inquired Pinocchio
"Ne zaman başlıyorsun?" diye sordu Pinokyo
"I will be leaving very soon"
"Çok yakında ayrılacağım"
"What a pity that you must leave so soon!"
"Bu kadar erken ayrılman ne yazık!"
"I would almost be tempted to wait"
"Neredeyse beklemek isteyeceğim"
"And the Fairy?" asked Candle-wick
"Ya Peri?" diye sordu Mum fitili
"It is already late," confirmed Pinocchio

"Zaten geç," diye onayladı Pinokyo
"I can return home an hour sooner"
"Eve bir saat daha erken dönebilirim"
"or I can return home an hour later"
"ya da bir saat sonra eve dönebilirim"
"really it will be all the same"
"Gerçekten hepsi aynı olacak"
"but what if the Fairy scolds you?"
"Ama ya Peri seni azarlarsa?"
"I must have patience!"
"Sabırlı olmalıyım!"
"I will let her scold me"
"Beni azarlamasına izin vereceğim"
"When she has scolded well she will hold her tongue"
"İyi azarladığında dilini tutacak"
In the meantime night had come on
Bu arada gece olmuştu
and by now it had gotten quite dark
Ve şimdiye kadar oldukça karanlık hale gelmişti
Suddenly they saw in the distance a small light moving
Birdenbire uzakta hareket eden küçük bir ışık gördüler

they heard a noise of talking
Bir konuşma sesi duydular
and there was the sound of a trumpet
Ve bir trompet sesi vardı
but the sound was still small and feeble
ama ses hala küçük ve zayıftı
so the sound still resembled the hum of a mosquito
Bu yüzden ses hala bir sivrisinek uğultusuna benziyordu
"Here it is!" shouted Candle-wick, jumping to his feet
"İşte burada!" diye bağırdı Mum-fitili, ayağa fırlayarak
"What is it?" asked Pinocchio in a whisper
"Ne oldu?" diye sordu Pinokyo fısıldayarak
"It is the carriage coming to take me"
"Beni almaya gelen araba"
"so will you come, yes or no?"
"Öyleyse gelecek misin, evet mi hayır mı?"
"But is it really true?" asked the puppet
"Ama bu gerçekten doğru mu?" diye sordu kukla
"in that country boys are never obliged to study?"
"O ülkede oğlanlar hiç okumak zorunda kalmazlar mı?"
"Never, never, and never again!"
"Asla, asla ve bir daha asla!"
"What a delightful country!"
"Ne güzel bir ülke!"

Pinocchio Enjoys Six Months of Happiness
Pinokyo altı aylık mutluluğun tadını çıkarıyor

At last the wagon finally arrived
Sonunda vagon nihayet geldi
and it arrived without making the slightest noise
Ve en ufak bir ses çıkarmadan geldi
because its wheels were bound with flax and rags
çünkü tekerlekleri keten ve paçavralarla bağlanmıştı
It was drawn by twelve pairs of donkeys
On iki çift eşek tarafından çekildi

all the donkeys were the same size
Bütün eşekler aynı büyüklükteydi
but each donkey was a different colour
Ama her eşek farklı bir renkti
Some of the donkeys were gray
Eşeklerin bazıları griydi
and some of the donkeys were white
Eşeklerin bir kısmı beyazdı
and some donkeys were brindled like pepper and salt
ve bazı eşekler biber ve tuz gibi haşlandı
and other donkeys had large stripes of yellow and blue
ve diğer eşeklerin büyük sarı ve mavi çizgileri vardı
But there was something most extraordinary about them
Ama onlarda çok sıra dışı bir şey vardı
they were not shod like other beasts of burden
Diğer yük hayvanları gibi nallı değillerdi
on their feet the donkeys had men's boots
Eşeklerin ayaklarında erkek çizmeleri vardı
"And the coachman?" you may ask
"Ya arabacı?" diye sorabilirsiniz
Picture to yourself a little man broader than long
Kendinize uzundan daha geniş küçük bir adam hayal edin
flabby and greasy like a lump of butter
bir parça tereyağı gibi gevşek ve yağlı
with a small round face like an orange
portakal gibi küçük yuvarlak bir yüze sahip
a little mouth that was always laughing
Her zaman gülen küçük bir ağız
and a soft, caressing voice of a cat
ve bir kedinin yumuşak, okşayıcı sesi
All the boys fought for their place in the coach
Bütün çocuklar koçtaki yerleri için savaştı
they all wanted to be conducted to the Land of Boobies
hepsi Ülkesi'ne götürülmek istedi
The carriage was, in fact, quite full of boys
Araba aslında oldukça erkek çocuklarla doluydu
and all the boys were between eight and fourteen years

Ve bütün oğlanlar sekiz ile on dört yaşları arasındaydı
the boys were heaped one upon another
Çocuklar birbiri üzerine yığıldı
just like herrings are squeezed into a barrel
Tıpkı ringa balıklarının bir fıçıya sıkıştırılması gibi
They were uncomfortable and packed closely together
Rahatsız oldular ve birbirlerine yakın bir şekilde paketlendiler
and they could hardly breathe
Ve zar zor nefes alabiliyorlardı
but not one of the boys thought of grumbling
Ama çocuklardan hiçbiri homurdanmayı düşünmedi
they were consoled by the promises of their destination
Gidecekleri yerin vaatleriyle teselli buldular
a place with no books, no schools, and no masters
Kitapları, okulları ve ustaları olmayan bir yer
it made them so happy and resigned
Bu onları çok mutlu etti ve istifa etti
and they felt neither fatigue nor inconvenience
Ve ne yorgunluk ne de rahatsızlık hissettiler
neither hunger, nor thirst, nor want of sleep
Ne açlık, ne susuzluk, ne de uyku isteği
soon the wagon had reached them
Kısa süre sonra vagon onlara ulaştı
the little man turned straight to Candle-wick
küçük adam doğruca Mum fitili'ne döndü
he had a thousand smirks and grimaces
Binlerce sırıtışı ve yüzünü buruşturması vardı
"Tell me, my fine boy;"
"Söyle bana, güzel oğlum;"
"would you also like to go to the fortunate country?"
"Siz de şanslı ülkeye gitmek ister misiniz?"
"I certainly wish to go"
"Kesinlikle gitmek istiyorum"
"But I must warn you, my dear child"
"Ama seni uyarmalıyım sevgili çocuğum"
"there is not a place left in the wagon"
"VAGONDA BİR YER KALMADI"

"You can see for yourself that it is quite full"
"Oldukça dolu olduğunu kendiniz görebilirsiniz"
"No matter," replied Candle-wick
"Önemli değil," diye yanıtladı Mum fitili
"I do not need to sit in the wagon"
"Vagonda oturmama gerek yok"
"I will sit on the arch of the wheel"
"Tekerleğin kemerine oturacağım"
And with a leap he sat above the wheel
Ve bir sıçrama ile tekerleğin üzerine oturdu
"And you, my love!" said the little man
"Ve sen, aşkım!" dedi küçük adam
and he turned in a flattering manner to Pinocchio
ve pohpohlayıcı bir tavırla Pinokyo'ya döndü
"what do you intend to do?"
"Ne yapmayı düşünüyorsun?"
"Are you coming with us?
"Bizimle mi geliyorsun?
"or are you going to remain behind?"
"Yoksa geride mi kalacaksın?"
"I will remain behind," answered Pinocchio
"Geride kalacağım," diye yanıtladı Pinokyo
"I am going home," he answered proudly
"Eve gidiyorum," diye gururla cevap verdi
"I intend to study, as all well conducted boys do"
"Tüm iyi yönetilen çocukların yaptığı gibi ben de okumak niyetindeyim"
"Much good may it do you!"
"Sana çok iyi gelsin!"
"Pinocchio!" called out Candle-wick
"Pinokyo!" diye bağırdı Mum fitili
"come with us and we shall have such fun"
"Bizimle gelin ve çok eğlenelim"
"No, no, and no again!" answered Pinocchio
"Hayır, hayır ve yine hayır!" diye cevap verdi Pinokyo
a chorus of hundred voices shouted from the the coach
Arabadan yüz sesli bir koro bağırdı

"Come with us and we shall have so much fun"
"Bizimle gelin ve çok eğlenelim"
but the puppet was not at all sure
Ama kukla hiç emin değildi
"if I come with you, what will my good Fairy say?"
"Seninle gelirsem, iyi Perim ne diyecek?"
and he was beginning to yield
Ve boyun eğmeye başlamıştı
"Do not trouble your head with melancholy thoughts"
"Melankolik düşüncelerle kafanızı yormayın"
"consider only how delightful it will be"
"Sadece ne kadar keyifli olacağını düşünün"
"we are going to the Land of the Boobies"
"Göğüsler Ülkesine gidiyoruz"
"all day we shall be at liberty to run riot"
"Bütün gün isyan çıkarmak için özgür olacağız"
Pinocchio did not answer, but he sighed
Pinokyo cevap vermedi ama içini çekti
he sighed again, and then sighed for the third time
Tekrar içini çekti ve sonra üçüncü kez iç çekti
finally Pinocchio made up his mind
sonunda Pinokyo kararını verdi
"Make a little room for me"
"Benim için küçük bir yer açın"
"because I would like to come, too"
"Çünkü ben de gelmek isterim"
"The places are all full," replied the little man
"Her yer dolu," diye cevap verdi küçük adam
"but, let me show you how welcome you are"
"Ama, sana ne kadar hoş karşılandığını göstereyim"
"I will let you have my seat on the box"
"Kutunun üzerine oturmanıza izin vereceğim"
"And where will you sit?"
"Peki nerede oturacaksın?"
"Oh, I will go on foot"
"Ah, yürüyerek gideceğim"
"No, indeed, I could not allow that"

"Hayır, gerçekten, buna izin veremezdim"
"I would rather mount one of these donkeys"
"Bu eşeklerden birine binmeyi tercih ederim"
so Pinocchio went up the the first donkey
böylece Pinokyo ilk eşeğe çıktı
and he attempted to mount the animal
Ve hayvana binmeye çalıştı
but the little donkey turned on him
Ama küçük eşek ona sırtını döndü
and the donkey gave him a great blow in the stomach
Ve eşek onun midesine büyük bir darbe indirdi
and it rolled him over with his legs in the air
ve bacakları havada onu devirdi
all the boys had been watching this
Bütün çocuklar bunu izliyordu
so you can imagine the laughter from the wagon
Böylece vagondan gelen kahkahaları hayal edebilirsiniz
But the little man did not laugh
Ama küçük adam gülmedi
He approached the rebellious donkey
Asi eşeğe yaklaştı
and at first he pretended to kiss him
Ve ilk başta onu öpüyormuş gibi yaptı
but then he bit off half of his ear
Ama sonra kulağının yarısını ısırdı
Pinocchio in the meantime had gotten up from the ground
Bu arada Pinokyo yerden kalkmıştı
he was still very cross with the animal
Hala hayvana karşı çok çaprazdı
but with a spring he jumped onto him
ama bir yay ile onun üzerine atladı
and he seated himself on the poor animal's back
Sonra da zavallı hayvanın sırtına oturdu
And he sprang so well that the boys stopped laughing
Ve o kadar iyi sıçradı ki çocuklar gülmeyi bıraktılar
and they began to shout: "Hurrah, Pinocchio!"
ve bağırmaya başladılar: "Yaşasın, Pinokyo!"

and they clapped their hands and applauded him
Ellerini çırptılar ve Onu alkışladılar
soon the donkeys were galloping down the track
Kısa süre sonra eşekler pistte dörtnala koşmaya başladılar
and the wagon was rattling over the stones
ve vagon taşların üzerinde takırdıyordu
but the puppet thought that he heard a low voice
Ama kukla alçak bir ses duyduğunu sandı
"Poor fool! you should have followed your own way"
"Zavallı aptal! kendi yolunu takip etmeliydin"
"but but you will repent having come!"
"Ama siz geldiğiniz için tövbe edeceksiniz!"
Pinocchio was a little frightened by what he had heard
Pinokyo duyduklarından biraz korkmuştu
he looked from side to side to see what it was
Ne olduğunu görmek için bir o yana bir bu yana baktı
he tried to see where these words could have come from
Bu sözlerin nereden gelmiş olabileceğini görmeye çalıştı
but regardless of of where he looked he saw nobody
Ama nereye bakarsa baksın kimseyi görmedi
The donkeys galloped and the wagon rattled
Eşekler dörtnala koştu ve vagon sallandı
and all the while the boys inside slept
Ve tüm bu süre boyunca içerideki çocuklar uyudu
Candle-wick snored like a dormouse
Mum fitili bir fındık faresi gibi horladı
and the little man seated himself on the box
Ve küçük adam kutunun üzerine oturdu
and he sang songs between his teeth
Ve dişlerinin arasında şarkılar söyledi
"During the night all sleep"
"Gece boyunca tüm uyku"
"But I sleep never"
"Ama ben hiç uyumuyorum"
soon they had gone another mile
Kısa süre sonra bir mil daha gitmişlerdi
Pinocchio heard the same little low voice again

Pinokyo aynı küçük kısık sesi tekrar duydu
"Bear it in mind, simpleton!"
"Aklında tut, ahmak!"
"there are boys who refuse to study"
"Okumayı reddeden çocuklar var"
"they turn their backs upon books"
"Kitaplara sırtlarını dönüyorlar"
"they think they're too good to go to school
"Okula gitmek için çok iyi olduklarını düşünüyorlar
"and they don't obey their masters"
"Ve efendilerine itaat etmiyorlar"
"they pass their time in play and amusement"
"Zamanlarını oyun ve eğlence içinde geçiriyorlar"
"but sooner or later they come to a bad end"
"Ama er ya da geç kötü bir sona ulaşırlar"
"I know it from my experience"
"Tecrübelerimden biliyorum"
"and I can tell you how it always ends"
"ve size her zaman nasıl bittiğini söyleyebilirim"
"A day will come when you will weep"
"Ağlayacağınız bir gün gelecek"
"you will weep just as I am weeping now"
"Benim şimdi ağladığım gibi sen de ağlayacaksın"
"but then it will be too late!"
"Ama o zaman çok geç olacak!"
the words had been whispered very softly
Kelimeler çok yumuşak bir şekilde fısıldanmıştı
but Pinocchio could be sure of what he had heard
ama Pinokyo duyduklarından emin olabilirdi
the puppet was more frightened than ever
Kukla her zamankinden daha çok korkmuştu
he sprang down from the back of his donkey
Eşeğinin sırtından aşağı fırladı
and he went and took hold of the donkey's mouth
Sonra gidip eşeğin ağzını tuttu
you can imagine Pinocchio's surprise at what he saw
Pinokyo'nun gördükleri karşısında şaşkınlığını tahmin

edebilirsiniz
the donkey was crying just like a boy!
Eşek tıpkı bir çocuk gibi ağlıyordu!
"Eh! Sir Coachman," cried Pinocchio
"Eyvah! Sör Arabacı," diye bağırdı Pinokyo
"here is an extraordinary thing!"
"İşte olağanüstü bir şey!"
"This donkey is crying"
"Bu eşek ağlıyor"
"Let him cry," said the coachman
"Bırak ağlasın," dedi arabacı
"he will laugh when he is a bridegroom"
"Damat olunca gülecek"
"But have you by chance taught him to talk?"
"Ama ona konuşmayı şans eseri mi öğrettin?"
"No; but he spent three years with learned dogs"
"Hayır; ama üç yılını bilgili köpeklerle geçirdi"
"and he learned to mutter a few words"
"Ve birkaç kelime mırıldanmayı öğrendi"
"Poor beast!" added the coachman
"Zavallı hayvan!" diye ekledi arabacı
"but don't you worry," said the little man
"Ama merak etme," dedi küçük adam
"don't let us waste time in seeing a donkey cry"
"Bir eşeğin ağladığını görerek zaman kaybetmemize izin vermeyin"
"Mount him and let us go on"
"Ona binin ve devam edelim"
"the night is cold and the road is long"
"Gece soğuk ve yol uzun"
Pinocchio obeyed without another word
Pinokyo başka bir şey söylemeden itaat etti

In the morning about daybreak they arrived
Sabahleyin şafak sökerken geldiler
they were now safely in the Land of Boobie Birds
artık güvenli bir şekilde Sümsük Kuşları Ülkesi'ndeydiler
It was a country unlike any other country in the world
Dünyadaki hiçbir ülkeye benzemeyen bir ülkeydi
The population was composed entirely of boys
Nüfus tamamen erkeklerden oluşuyordu
The oldest of the boys were fourteen
Erkeklerin en büyüğü on dört yaşındaydı
and the youngest were scarcely eight years old
ve en küçüğü ancak sekiz yaşındaydı
In the streets there was great merriment
Sokaklarda büyük bir neşe vardı
the sight of it was enough to turn anybody's head
Onu görmek herkesin başını döndürmek için yeterliydi
There were troops of boys everywhere
Her yerde erkek askerleri vardı
Some were playing with nuts they had found
Bazıları buldukları fındıklarla oynuyordu
some were playing games with battledores

Bazıları Battledores ile oyun oynuyordu
lots of boys were playing football
Bir sürü erkek futbol oynuyordu
Some rode velocipedes, others wooden horses
Bazıları velocipedes'e, diğerleri tahta atlara bindi
A party of boys were playing hide and seek
Bir grup erkek saklambaç oynuyordu
a few boys were chasing each other
Birkaç çocuk birbirini kovalıyordu
Some were reciting and singing songs
Bazıları şarkılar okuyor ve söylüyordu
others were just leaping into the air
diğerleri sadece havaya sıçrıyordu
Some amused themselves with walking on their hands
Bazıları elleri üzerinde yürüyerek kendilerini eğlendirdi
others were trundling hoops along the road
diğerleri yol boyunca çemberler sallıyordu
and some were strutting about dressed as generals
Bazıları da general kılığında ortalıkta dolaşıyordu
they were wearing helmets made from leaves
Yapraklardan yapılmış kasklar takıyorlardı
and they were commanding a squadron of cardboard soldiers
Ve kartondan askerlerden oluşan bir filoya komuta ediyorlardı
Some were laughing and some shouting
Bazıları gülüyor, bazıları bağırıyordu
and some were calling out silly things
Ve bazıları aptalca şeyler söylüyordu
others clapped their hands, or whistled
diğerleri ellerini çırptı ya da ıslık çaldı
some clucked like a hen who has just laid an egg
Bazıları yeni yumurtlamış bir tavuk gibi öttü
In every square, canvas theatres had been erected
Her meydanda kanvas tiyatrolar kurulmuştu
and they were crowded with boys all day long
ve bütün gün erkeklerle doluydular

On the walls of the houses there were inscriptions
Evlerin duvarlarında yazıtlar vardı
"Long live the playthings"
"Yaşasın oyuncaklar"
"we will have no more schools"
"Artık okulumuz olmayacak"
"down the toilet with arithmetic"
"Aritmetik ile tuvalete aşağı"
and similar other fine sentiments were written
ve bunun gibi başka güzel duygular kaleme alındı
of course all the slogans were in bad spelling
Tabii ki tüm sloganlar kötü yazılmıştı
Pinocchio, Candle-wick and the other boys went to the town
Pinokyo, Mum fitili ve diğer çocuklar kasabaya gittiler
they were in the thick of the tumult
Kargaşanın tam ortasındaydılar
and I need not tell you how fun it was
ve ne kadar eğlenceli olduğunu söylememe gerek yok
within minutes they acquainted themselves with everybody
Birkaç dakika içinde herkesle tanıştılar
Where could happier or more contented boys be found?
Daha mutlu veya daha mutlu erkekler nerede bulunabilir?
the hours, days and weeks passed like lightning
Saatler, günler ve haftalar şimşek gibi geçti
time flies when you're having fun
Eğlenirken zaman uçar
"Oh, what a delightful life!" said Pinocchio
"Ah, ne güzel bir hayat!" dedi Pinokyo
"See, then, was I not right?" replied Candle-wick
"Gördünüz mü yani, haksız mıyım?" diye cevap verdi Mum-fitil
"And to think that you did not want to come!"
"Ve gelmek istemediğini düşünmek!"
"imagine you had returned home to your Fairy"
"Eve, Perinize döndüğünüzü hayal edin"
"you wanted to lose your time in studying!"
"Ders çalışmak için zamanını kaybetmek istedin!"

"now you are free from the bother of books"
"Artık kitapların derdinden kurtuldunuz"
"you must acknowledge that you owe it to me"
"Bunu bana borçlu olduğunu kabul etmelisin"
"only friends know how to render such great services"
"Böyle büyük hizmetleri nasıl vereceğini sadece arkadaşlar bilir"
"It is true, Candle-wick!" confirmed Pinocchio
"Doğru, Mum fitili!" diye onayladı Pinokyo
"If I am now a happy boy, it is all your doing"
"Eğer şimdi mutlu bir çocuksam, hepsi senin işin"
"But do you know what the master used to say?"
"Ama ustanın ne dediğini biliyor musun?"
"Do not associate with that rascal Candle-wick"
"O rezil Mum fitili ile ilişki kurmayın"
"because he is a bad companion for you"
"Çünkü o sizin için kötü bir arkadaştır"
"and he will only lead you into mischief!"
"Ve o, sizi ancak bozguna sürükler."
"Poor master!" replied the other, shaking his head
"Zavallı efendi!" diye cevap verdi diğeri, başını sallayarak
"I know only too well that he disliked me"
"Benden hoşlanmadığını çok iyi biliyorum"
"and he amused himself by making my life hard"
"Ve hayatımı zorlaştırarak kendini eğlendirdi"
"but I am generous, and I forgive him!"
"Ama ben cömertim ve onu bağışlıyorum!"
"you are a noble soul!" said Pinocchio
"Sen asil bir ruhsun!" dedi Pinokyo
and he embraced his friend affectionately
Ve arkadaşını sevgiyle kucakladı
and he kissed him between the eyes
Ve onu gözlerinin arasından öptü
This delightful life had gone on for five months
Bu keyifli hayat beş aydır devam ediyordu
The days had been entirely spent in play and amusement
Günler tamamen oyun ve eğlenceyle geçmişti

not a thought was spent on books or school
Kitaplara ya da okula bir düşünce bile harcanmadı
but one morning Pinocchio awoke to a most disagreeable surprise
ama bir sabah Pinokyo çok tatsız bir sürprizle uyandı
what he saw put him into a very bad humour
Gördükleri onu çok kötü bir mizaha soktu

Pinocchio Turns into a Donkey
Pinokyo Eşeğe Dönüşüyor

when Pinocchio awoke he scratched his head
Pinokyo uyandığında başını kaşıdı
when scratching his head he discovered something...
Kafasını kaşıdığında bir şey keşfetti...
his ears had grown more than a hand!
Kulakları bir elden daha fazla büyümüştü!
You can imagine his surprise
Şaşkınlığını tahmin edebilirsiniz
because he had always had very small ears
Çünkü her zaman çok küçük kulakları vardı
He went at once in search of a mirror
Hemen bir ayna aramaya başladı
he had to have a better look at himself
Kendine daha iyi bakması gerekiyordu
but he was not able to find any kind of mirror
ama herhangi bir ayna bulamadı
so he filled the basin with water
Bu yüzden leğeni suyla doldurdu
and he saw a reflection he never wished to see
Ve hiç görmek istemediği bir yansıma gördü
a magnificent pair of donkey's ears embellished his head!
Muhteşem bir çift eşek kulağı başını süsledi!
think of poor Pinocchio's sorrow, shame and despair!
zavallı Pinokyo'nun üzüntüsünü, utancını ve umutsuzluğunu düşünün!

He began to cry and roar
Ağlamaya ve kükremeye başladı
and he beat his head against the wall
Ve başını duvara vurdu
but the more he cried the longer his ears grew
Ama ne kadar çok ağlarsa kulakları o kadar uzar
and his ears grew, and grew, and grew
Ve kulakları büyüdü, büyüdü ve büyüdü
and his ears became hairy towards the points
ve kulakları noktalara doğru kıllandı
a little Marmot heard Pinocchio's loud cries
küçük bir Marmot Pinokyo'nun yüksek sesli çığlıklarını duydu
Seeing the puppet in such grief she asked earnestly:
Kuklayı böyle bir keder içinde görünce ciddiyetle sordu:
"What has happened to you, my dear fellow-lodger?"
"Sana ne oldu sevgili kiracı arkadaşım?"
"I am ill, my dear little Marmot"
"Hastayım sevgili küçük Marmot"
"very ill, and my illness frightens me"
"Çok hastayım ve hastalığım beni korkutuyor"
"Do you understand counting a pulse?"
"Nabız saymayı anlıyor musun?"
"A little," sobbed Pinocchio
"Biraz," diye hıçkıra hıçkıra ağladı Pinokyo
"Then feel and see if by chance I have got fever"
"O zaman hissedin ve şans eseri ateşim olup olmadığını görün"
The little Marmot raised her right fore-paw
Küçük Marmot sağ ön pençesini kaldırdı
and the little Marmot felt Pinocchio's pulse
ve küçük Marmot Pinokyo'nun nabzını yokladı
and she said to him, sighing:
Ve iç çekerek ona dedi ki:
"My friend, it grieves me very much"
"Arkadaşım, bu beni çok üzüyor"
"but I am obliged to give you bad news!"

"Ama sana kötü haber vermek zorundayım!"
"What is it?" asked Pinocchio
"Ne oldu?" diye sordu Pinokyo
"You have got a very bad fever!"
"Çok kötü bir ateşin var!"
"What fever is it?"
"Ne ateşi?"
"you have a case of donkey fever"
"Eşek ateşi vakanız var"
"That is a fever that I do not understand"
"Bu anlamadığım bir ateş"
but he understood it only too well
ama bunu çok iyi anladı
"Then I will explain it to you," said the Marmot
"O zaman sana açıklayacağım," dedi Marmot
"soon you will no longer be a puppet"
"Yakında artık bir kukla olmayacaksın"
"it won't take longer than two or three hours"
"İki veya üç saatten fazla sürmeyecek"
"nor will you be a boy either"
"Sen de erkek olmayacaksın"
"Then what shall I be?"
"O zaman ben ne olayım?"
"you will well and truly be a little donkey"
"İyi ve gerçekten küçük bir eşek olacaksın"
"a donkey like those that draw the carts"
"Arabaları çekenler gibi bir eşek"
"a donkey that carries cabbages to market"
"Pazara lahana taşıyan bir eşek"
"Oh, how unfortunate I am!" cried Pinocchio
"Ah, ne kadar talihsizim!" diye bağırdı Pinokyo
and he seized his two ears with his hands
Ve iki kulağını elleriyle kavradı
and he pulled and tore at his ears furiously
Ve öfkeyle kulaklarını çekti ve yırttı
he pulled as if they had been someone else's ears
Sanki başkasının kulaklarıymış gibi çekti

"My dear boy," said the Marmot
"Sevgili oğlum," dedi Marmot
and she did her best to console him
Ve onu teselli etmek için elinden geleni yaptı
"you can do nothing about it"
"Bu konuda hiçbir şey yapamazsınız"
"It is your destiny to become a donkey"
"Eşek olmak senin kaderin"
"It is written in the decrees of wisdom"
"Hikmet hükümlerinde yazılıdır"
"it happens to all boys who are lazy"
"Tembel olan tüm erkeklerin başına gelir"
"it happens to the boys that dislike books"
"Kitapları sevmeyen erkek çocukların başına gelir"
"it happens to the boys that don't go to schools"
"Okula gitmeyen erkek çocukların başına geliyor"
"and it happens to boys who disobey their masters"
"Ve efendilerine itaatsizlik eden erkeklerin başına gelir"
"all boys who pass their time in amusement"
"Zamanlarını eğlence içinde geçiren tüm çocuklar"
"all the boys who play games all day"
"Bütün gün oyun oynayan tüm çocuklar"
"boys who distract themselves with diversions"
"Oyalanarak dikkatlerini dağıtan çocuklar"
"the same fate awaits all those boys"
"TÜM O ÇOCUKLARI AYNI KADER BEKLIYOR"
"sooner or later they become little donkeys"
"Er ya da geç küçük eşekler oluyorlar"
"But is it really so?" asked the puppet, sobbing
"Ama gerçekten öyle mi?" diye sordu kukla, hıçkıra hıçkıra ağlayarak
"It is indeed only too true!"
"Gerçekten de çok doğru!"
"And tears are now useless"
"Ve gözyaşları artık işe yaramaz"
"You should have thought of it sooner!"
"Bunu daha önce düşünmeliydin!"

"**But it was not my fault; believe me, little Marmot**"
"Ama bu benim hatam değildi; inan bana, küçük Marmot"
"**the fault was all Candle-wick's!**"
"hata tamamen Mum-fitili'e aitti!"
"**And who is this Candle-wick?**"
"Peki bu Mum fitili kim?"
"**Candle-wick is one of my school-fellows**"
"Mum fitili benim okul arkadaşlarımdan biri"
"**I wanted to return home and be obedient**"
"Eve dönmek ve itaatkar olmak istedim"
"**I wished to study and be a good boy**"
"Okuyup iyi bir çocuk olmak diledim"
"**but Candle-wick convinced me otherwise**"
"ama Mum-fitili beni aksi yönde ikna etti"
'**Why should you bother yourself by studying?**'
'Neden ders çalışmakla uğraşasın ki?'
'**Why should you go to school?**'
'Neden okula gitmelisin?'
'**Come with us instead to the Land of Boobies Birds**'
'Bizimle Kuşları Ülkesine gelin'
'**there we shall none of us have to learn**'
'Orada hiçbirimiz öğrenmek zorunda kalmayacağız'
'**we will amuse ourselves from morning to night**'
'Sabahtan akşama kadar kendimizi eğlendireceğiz'
'**and we shall always be merry**'
'Ve her zaman mutlu olacağız'
"**that friend of yours was false**"
"O arkadaşın sahteydi"
"**why did you follow his advice?**"
"Neden onun tavsiyesine uydun?"
"**Because, my dear little Marmot, I am a puppet**"
"Çünkü, sevgili küçük Marmot, ben bir kuklayım."
"**I have no sense and no heart**"
"Hiçbir aklım ve kalbim yok"
"**if I had had a heart I would never have left**"
"Bir kalbim olsaydı hiç gitmezdim"
"**I left my good Fairy who loved me like a mamma**"

"Beni bir anne gibi seven iyi perimi terk ettim"
"the good Fairy who had done so much for me!"
"Benim için çok şey yapmış olan iyi Peri!"
"And I was going to be a puppet no longer"
"Ve artık bir kukla olmayacaktım"
"I would by this time have become a little boy"
"Bu zamana kadar küçük bir çocuk olurdum"
"and I would be like the other boys"
"ve ben de diğer çocuklar gibi olurdum"
"But if I meet Candle-wick, woe to him!"
"Ama Mum-fitili'le karşılaşırsam, vay onun haline!"
"He shall hear what I think of him!"
"Onun hakkında ne düşündüğümü duyacak!"
And he turned to go out
Ve dışarı çıkmak için döndü
But then he remembered he had donkey's ears
Ama sonra eşek kulakları olduğunu hatırladı
of course he was ashamed to show his ears in public
Tabii ki kulaklarını toplum içinde göstermekten utanıyordu
so what do you think he did?
Peki ne yaptı dersiniz?
He took a big cotton hat
Kocaman pamuklu bir şapka aldı
and he put the cotton hat on his head
Ve pamuklu şapkayı kafasına koydu
and he pulled the hat well down over his nose
Ve şapkayı burnunun üzerine iyice çekti
He then set out in search of Candle-wick
Daha sonra Mum fitilini aramak için yola çıktı
He looked for him in the streets
Onu sokaklarda aradı
and he looked for him in the little theatres
Ve onu küçük tiyatrolarda aradı
he looked in every possible place
Mümkün olan her yere baktı
but he could not find him wherever he looked
Ama nereye bakarsa baksın onu bulamadı

He inquired for him of everybody he met
Tanıştığı herkesten onun için sordu
but no one seemed to have seen him
Ama kimse onu görmemiş gibiydi
He then went to seek him at his house
Daha sonra onu evinde aramaya gitti
and, having reached the door, he knocked
Ve kapıya ulaştıktan sonra kapıyı çaldı
"Who is there?" asked Candle-wick from within
"Kim var orada?" diye sordu Mum-fitili içeriden
"It is I!" answered the puppet
"Benim!" diye cevap verdi kukla
"Wait a moment and I will let you in"
"Bir dakika bekle ve seni içeri alacağım"
After half an hour the door was opened
Yarım saat sonra kapı açıldı
now you can imagine Pinocchio's feeling at what he saw
şimdi Pinokyo'nun gördükleri karşısında ne hissettiğini hayal edebilirsiniz
his friend also had a big cotton hat on his head
Arkadaşının da kafasında büyük bir pamuklu şapka vardı
At the sight of the cap Pinocchio felt almost consoled
Şapkayı görünce Pinokyo neredeyse teselli buldu
and Pinocchio thought to himself:
ve Pinokyo kendi kendine düşündü:
"Has my friend got the same illness that I have?"
"Arkadaşım da benim sahip olduğum aynı hastalığa sahip mi?"
"Is he also suffering from donkey fever?"
"O da eşek ateşinden muzdarip mi?"
but at first Pinocchio pretended not to have noticed
ama ilk başta Pinokyo fark etmemiş gibi yaptı
he just casually asked him a question, smiling:
Ona gelişigüzel bir şekilde gülümseyerek bir soru sordu:
"How are you, my dear Candle-wick?"
"Nasılsın sevgili Mum-fitil?"
"as well as a mouse in a Parmesan cheese"

"Parmesan peynirinde bir farenin yanı sıra"
"Are you saying that seriously?"
"Bunu ciddi mi söylüyorsun?"
"Why should I tell you a lie?"
"Sana neden yalan söyleyeyim?"
"but why, then, do you wear a cotton hat?"
"Ama o zaman neden pamuklu şapka takıyorsun?"
"is covers up all of your ears"
"IS tüm kulaklarınızı kapatıyor"
"The doctor ordered me to wear it"
"Doktor onu giymemi emretti"
"because I have hurt this knee"
"çünkü bu dizimi incittim"
"And you, dear puppet," asked Candle-wick
"Ve sen, sevgili kukla," diye sordu Mum-fitili
"why have you pulled that cotton hat passed your nose?"
"Burnundan geçen o pamuklu şapkayı neden çektin?"
"The doctor prescribed it because I have grazed my foot"
"Ayağımı sıyırdığım için doktor reçete etti"
"Oh, poor Pinocchio!" - "Oh, poor Candle-wick!"
"Ah, zavallı Pinokyo!" - "Ah, zavallı Mum Fitil!"
After these words a long silence followed
Bu sözlerden sonra uzun bir sessizlik oldu
the two friends did nothing but look mockingly at each other
İki arkadaş birbirlerine alaycı bir şekilde bakmaktan başka bir şey yapmadılar
At last the puppet said in a soft voice to his companion:
Sonunda kukla yumuşak bir sesle arkadaşına şöyle dedi:
"Satisfy my curiosity, my dear Candle-wick"
"Merakımı gider, sevgili Mum Fitil'im"
"have you ever suffered from disease of the ears?"
"Hiç kulak hastalığından muzdarip oldunuz mu?"
"I have never suffered from disease of the ears!"
"Hiç kulak hastalığından muzdarip olmadım!"
"And you, Pinocchio?" asked Candle-wick
"Ya sen, Pinokyo?" diye sordu Mum-fitili

"have you ever suffered from disease of the ears?"
"Hiç kulak hastalığından muzdarip oldunuz mu?"
"I have never suffered from that disease either"
"Ben de o hastalığa hiç yakalanmadım"
"Only since this morning one of my ears aches"
"Sadece bu sabahtan beri kulaklarımdan biri ağrıyor"
"my ear is also paining me"
"Kulağım da ağrıyor"
"And which of your ears hurts you?"
"Peki hangi kulağınız sizi acıtıyor?"
"Both of my ears happen to hurt"
"Her iki kulağım da ağrıyor"
"And what about you?"
"Peki ya sen?"
"Both of my ears happen to hurt too"
"Benim iki kulağım da ağrıyor"
Can we have got the same illness?"
Acaba biz de aynı hastalığa yakalanmış olabilir miyiz?"
"I fear we might have caught a fever"
"Ateşe yakalanmış olabiliriz korkusuyla"
"Will you do me a kindness, Candle-wick?"
"Bana bir iyilik yapar mısın, Mum fitili?"
"Willingly! With all my heart"
"İsteyerek! Tüm kalbimle"
"Will you let me see your ears?"
"Kulaklarını görmeme izin verir misin?"
"Why would I deny your request?"
"İsteğinizi neden reddedeyim ki?"
"But first, my dear Pinocchio, I should like to see yours"
"Ama önce, sevgili Pinokyo, seninkini görmek isterim."
"No: you must do so first"
"Hayır: önce bunu yapmalısın"
"No, dear. First you and then I!"
"Hayır canım. Önce sen, sonra ben!"
"Well," said the puppet
"Peki," dedi kukla
"let us come to an agreement like good friends"

"İyi Arkadaşlar Gibi Anlaşalım"
"Let me hear what this agreement is"
"Bu anlaşmanın ne olduğunu duymama izin verin"
"We will both take off our hats at the same moment"
"İkimiz de aynı anda şapka çıkaracağız"
"Do you agree to do it?"
"Bunu yapmayı kabul ediyor musun?"
"I agree, and you have my word"
"Katılıyorum ve sözüm var"
And Pinocchio began to count in a loud voice:
Ve Pinokyo yüksek sesle saymaya başladı:
"One, two, three!" he counted
"Bir, iki, üç!" diye saydı
At "Three!" the two boys took off their hats
"Üç!" deyince iki oğlan şapkalarını çıkardılar
and they threw their hats into the air
Ve şapkalarını havaya fırlattılar
and you should have seen the scene that followed
Ve takip eden sahneyi görmeliydin
it would seem incredible if it were not true
doğru olmasaydı inanılmaz görünürdü
they saw they were both struck by the same misfortune
İkisinin de aynı talihsizlikten etkilendiğini gördüler
but they felt neither mortification nor grief
Ama ne utanç ne de keder hissettiler
instead they began to prick their ungainly ears
bunun yerine hantal kulaklarını dikmeye başladılar
and they began to make a thousand antics
Ve bin maskaralık yapmaya başladılar
they ended by going into bursts of laughter
Kahkahalara boğularak sona erdiler
And they laughed, and laughed, and laughed
Ve güldüler, güldüler ve güldüler
until they had to hold themselves together
Ta ki kendilerini bir arada tutmak zorunda kalana kadar

But in the midst of their merriment something happened
Ama neşelerinin ortasında bir şey oldu
Candle-wick suddenly stopped laughing and joking
Mum fitili aniden gülmeyi ve şaka yapmayı bıraktı
he staggered around and changed colour
Etrafında sendeledi ve rengini değiştirdi
"Help, help, Pinocchio!" he cried
"İmdat, imdat, Pinokyo!" diye bağırdı
"What is the matter with you?"
"Senin sorunun ne?"
"Alas, I cannot any longer stand upright"
"Ne yazık ki artık dik duramıyorum"
"Neither can I," exclaimed Pinocchio
"Ben de yapamam," diye haykırdı Pinokyo
and he began to totter and cry
Ve sendeleyip ağlamaya başladı
And whilst they were talking, they both doubled up
Ve onlar konuşurken, ikisi de ikiye katlandı
and they began to run round the room on their hands and feet
Ve elleri ve ayakları üzerinde odanın etrafında koşmaya başladılar
And as they ran, their hands became hoofs

Ve koşarken elleri toynak oldu
their faces lengthened into muzzles
Yüzleri ağızlıklara kadar uzadı
and their backs became covered with a light gray hairs
ve sırtları açık gri bir tüyle kaplandı
and their hair was sprinkled with black
ve saçlarına siyah serpildi
But do you know what was the worst moment?
Ama en kötü anın ne olduğunu biliyor musun?
one moment was worse than all the others
Bir an diğerlerinden daha kötüydü
both of the boys grew donkey tails
Her iki oğlan da eşek kuyruğu yetiştirdi
the boys were vanquished by shame and sorrow
Çocuklar utanç ve üzüntü tarafından mağlup edildi
and they wept and lamented their fate
Ve ağladılar ve kaderlerine ağıt yaktılar
Oh, if they had but been wiser!
Ah, keşke daha akıllı olsalardı!
but they couldn't lament their fate
Ama kaderlerine ağıt yakamadılar
because they could only bray like asses
çünkü sadece eşek gibi yıpranabilirlerdi
and they brayed loudly in chorus: "Hee-haw!"
ve koro halinde yüksek sesle bağırdılar: "Hee-haw!"
Whilst this was going on someone knocked at the door
Bu devam ederken biri kapıyı çaldı
and there was a voice on the outside that said:
Ve dışarıdan bir ses şöyle diyordu:
"Open the door! I am the little man"
"Kapıyı aç! Ben küçük adamım"
"I am the coachman who brought you to this country"
"Seni bu ülkeye getiren arabacı benim"
"Open at once, or it will be the worse for you!"
"Bir kerede aç, yoksa senin için daha kötü olacak!"

Pinocchio gets Trained for the Circus
Pinokyo Sirk İçin Eğitim Aldı

the door wouldn't open at his command
Kapı onun emriyle açılmazdı
so the little man gave the door a violent kick
Bunun üzerine küçük adam kapıya şiddetli bir tekme attı
and the coachman burst into the room
Ve arabacı odaya daldı
he spoke with his usual little laugh:
Her zamanki küçük kahkahasıyla konuştu:
"Well done, boys! You brayed well"
"Aferin çocuklar! İyi cesaret ettin"
"and I recognized you by your voices"
"ve seni seslerinden tanıdım"
"That is why I am here"
"İşte bu yüzden buradayım"
the two little donkeys were quite stupefied
İki küçük eşek oldukça şaşkına dönmüştü
they stood with their heads down
Başları eğik durdular
they had their ears lowered
Kulaklarını indirdiler
and they had their tails between their legs
ve kuyruklarını bacaklarının arasına almışlardı
At first the little man stroked and caressed them
İlk başta küçük adam onları okşadı ve okşadı
then he took out a currycomb
Sonra bir köri peteği çıkardı
and he currycombed the donkeys well
Ve eşekleri güzelce taradı
by this process he had polished them
Bu işlemle onları cilalamıştı
and the two donkeys shone like two mirrors
Ve iki eşek iki ayna gibi parlıyordu
he put a halter around their necks
Boyunlarına bir yular geçirdi

and he led them to the market-place
Sonra onları pazar yerine götürdü

he was in hopes of selling them
Onları satma umudu içindeydi
he thought he could get a good profit
İyi bir kar elde edebileceğini düşündü
And indeed there were buyers for the donkeys
Ve gerçekten de eşekler için alıcılar vardı
Candle-wick was bought by a peasant
Mum fitili bir köylü tarafından satın alındı
his donkey had died the previous day
Eşeği önceki gün ölmüştü
Pinocchio was sold to the director of a company
Pinokyo bir şirketin yöneticisine satıldı
they were a company of buffoons and tight-rope dancers
Onlar soytarılar ve ip cambazlarından oluşan bir topluluktu
he bought him so that he might teach him to dance
Ona dans etmeyi öğretsin diye onu satın aldı
he could dance with the other circus animals
Diğer sirk hayvanlarıyla dans edebilirdi

And now, my little readers, you understand
Ve şimdi, küçük okuyucularım, anlıyorsunuz
the little man was just a businessman
Küçük adam sadece bir iş adamıydı
and it was a profitable business that he led
Ve önderlik ettiği karlı bir işti
The wicked little monster with a face of milk and honey
Süt ve bal yüzü olan kötü küçük canavar
he made frequent journeys round the world
Dünya çapında sık sık yolculuklar yaptı
he promised and flattered wherever he went
Gittiği her yerde söz verdi ve pohpohladı
and he collected all the idle boys
Ve bütün aylak çocukları topladı
and there were many idle boys to collect
Ve toplanacak çok sayıda boşta çocuk vardı
all the boys who had taken a dislike to books
Kitaplardan hoşlanmayan tüm çocuklar
and all the boys who weren't fond of school
Ve okulu sevmeyen tüm çocuklar
each time his wagon filled up with these boys
her seferinde vagonu bu çocuklarla doldu
and he took them all to the Land of Boobie Birds
ve hepsini Sümsük Kuşları Ülkesi'ne götürdü
here they passed their time playing games
Burada zamanlarını oyun oynayarak geçirdiler
and there was uproar and much amusement
Ve kargaşa ve çok fazla eğlence vardı
but the same fate awaited all the deluded boys
Ama aynı kader tüm kandırılmış çocukları bekliyordu
too much play and no study turned them into donkeys
Çok fazla oyun ve hiç çalışma onları eşeğe dönüştürdü
then he took possession of them with great delight
Sonra onları büyük bir zevkle ele geçirdi
and he carried them off to the fairs and markets
Ve onları panayırlara ve pazarlara götürdü
And in this way he made heaps of money

Ve bu şekilde yığınla para kazandı
What became of Candle-wick I do not know
Mum fitiline ne oldu bilmiyorum
but I do know what happened to poor Pinocchio
ama zavallı Pinokyo'ya ne olduğunu biliyorum
from the very first day he endured a very hard life
İlk günden itibaren çok zor bir hayat yaşadı
Pinocchio was put into his stall
Pinokyo ahırına konuldu
and his master filled the manger with straw
Ve efendisi yemliği samanla doldurdu
but Pinocchio didn't like eating straw at all
ama Pinokyo saman yemeyi hiç sevmezdi
and the little donkey spat the straw out again
Ve küçük eşek samanı tekrar tükürdü
Then his master, grumbling, filled the manger with hay
Sonra efendisi homurdanarak yemliği samanla doldurdu
but hay did not please Pinocchio either
ama saman da Pinokyo'yu memnun etmedi
"Ah!" exclaimed his master in a passion
"Ah!" diye haykırdı efendisi büyük bir tutkuyla
"Does not hay please you either?"
"Saman da seni memnun etmiyor mu?"
"Leave it to me, my fine donkey"
"Onu bana bırak, benim güzel eşeğim"
"I see you are full of caprices"
"Görüyorum ki kaprislerle dolusun"
"but worry not, I will find a way to cure you!"
"Ama endişelenme, seni iyileştirmenin bir yolunu bulacağım!"
And he struck the donkey's legs with his whip
Ve kırbacıyla eşeğin bacaklarına vurdu
Pinocchio began to cry and bray with pain
Pinokyo ağlamaya ve acıyla yıpranmaya başladı
"Hee-haw! I cannot digest straw!"
"Hee-haw! Samanı sindiremiyorum!"
"Then eat hay!" said his master
"O zaman saman ye!" dedi efendisi

he understood perfectly the asinine dialect
Asinin lehçesini mükemmel bir şekilde anladı
"Hee-haw! hay gives me a pain in my stomach"
"Hee-haw! saman midemi ağrıtıyor"
"I see how it is little donkey"
"Nasıl küçük bir eşek olduğunu görüyorum"
"you would like to be fed with capons in jelly"
"Jöleli caponlarla beslenmek istersiniz"
and he got more and more angry
Ve gittikçe daha da sinirlendi
and he whipped poor Pinocchio again
ve zavallı Pinokyo'yu tekrar kırbaçladı
the second time Pinocchio held his tongue
Pinokyo ikinci kez dilini tuttu
and he learned to say nothing more
Ve daha fazla bir şey söylememeyi öğrendi
The stable was then shut
Ahır daha sonra kapatıldı
and Pinocchio was left alone
ve Pinokyo yalnız kaldı
He had not eaten for many hours
Saatlerdir yemek yememişti
and he began to yawn from hunger
Ve açlıktan esnemeye başladı
his yawns seemed as wide as an oven
Esnemeleri bir fırın kadar geniş görünüyordu
but he found nothing else to eat
ama yiyecek başka bir şey bulamadı
so he resigned himself to his fate
Bu yüzden kendini kaderine teslim etti
and he gave in and chewed a little hay
Ve pes etti ve biraz saman çiğnedi
he chewed the hay well, because it was dry
Kuru olduğu için samanı iyi çiğnedi
and he shut his eyes and swallowed it
Ve gözlerini kapadı ve yuttu
"This hay is not bad," he said to himself

"Bu saman fena değil," dedi kendi kendine
"but better would have been if I had studied!"
"ama çalışsaydım daha iyi olurdu!"
"Instead of hay I could now be eating bread"
"Artık saman yerine ekmek yiyebilirdim"
"and perhaps I would have been eating fine sausages"
"ve belki de güzel sosisler yiyor olurdum"
"But I must have patience!"
"Ama sabırlı olmalıyım!"
The next morning he woke up again
Ertesi sabah tekrar uyandı
he looked in the manger for a little more hay
Biraz daha saman için yemliğe baktı
but there was no more hay to be found
Ama bulunacak daha fazla saman yoktu
for he had eaten all the hay during the night
çünkü gece boyunca bütün samanları yemişti
Then he took a mouthful of chopped straw
Sonra bir ağız dolusu kıyılmış saman aldı
but he had to acknowledge the horrible taste
Ama korkunç tadı kabul etmek zorunda kaldı
it tasted not in the least like macaroni or pie
En azından makarna ya da turta gibi tadı yoktu
"I hope other naughty boys learn from my lesson"
"Umarım diğer yaramaz çocuklar benim dersimden ders alır"
"But I must have patience!"
"Ama sabırlı olmalıyım!"
and the little donkey kept chewing the straw
Ve küçük eşek samanı çiğnemeye devam etti
"Patience indeed!" shouted his master
"Sabır gerçekten!" diye bağırdı efendisi
he had come at that moment into the stable
O sırada ahıra gelmişti
"but don't get too comfortable, my little donkey"
"Ama çok rahat olma, küçük eşeğim"
"I didn't buy you to give you food and drink"
"Seni yiyecek ve içecek vermek için satın almadım"

"I bought you to make you work"
"Seni çalıştırmak için satın aldım"
"I bought you so that you earn me money"
"Bana para kazandırman için seni satın aldım"
"Up you get, then, at once!"
"Kalk, o zaman, hemen!"
"you must come with me into the circus"
"Benimle sirke gelmelisin"
"there I will teach you to jump through hoops"
"Orada sana çemberlerden atlamayı öğreteceğim"
"you will learn to stand upright on your hind legs"
"Arka ayaklarınız üzerinde dik durmayı öğreneceksiniz"
"and you will learn to dance waltzes and polkas"
"Ve vals ve polka dansı yapmayı öğreneceksin"
Poor Pinocchio had to learn all these fine things
Zavallı Pinokyo tüm bu güzel şeyleri öğrenmek zorundaydı
and I can't say it was easy to learn
ve öğrenmenin kolay olduğunu söyleyemem
it took him three months to learn the tricks
Hileleri öğrenmesi üç ayını aldı
he got many a whipping that nearly took off his skin
Neredeyse derisini çıkaran birçok kırbaç yedi.
At last his master made the announcement
Sonunda efendisi duyuruyu yaptı
many coloured placards stuck on the street corners
Sokak köşelerine birçok renkli pankart yapıştırıldı
"Great Full Dress Representation"
"Harika Tam Elbise Temsili"
"TONIGHT will Take Place the Usual Feats and Surprises"
"Bu Gece Her Zamanki Başarılar ve Sürprizler Gerçekleşecek"
"Performances Executed by All the Artists and horses"
"Tüm Sanatçıların ve Atların Gerçekleştirdiği Performanslar"
"and moreover; The Famous LITTLE DONKEY PINOCCHIO"
"Ve dahası; Ünlü KÜÇÜK EŞEK PINOKYO"
"THE STAR OF THE DANCE"
"DANSIN YILDIZI"

"the theatre will be brilliantly illuminated"
"TİYATRO IŞIL IŞIL AYDINLANACAK"
you can imagine how crammed the theatre was
Tiyatronun ne kadar tıka basa dolu olduğunu tahmin edebilirsiniz
The circus was full of children of all ages
Sirk her yaştan çocukla doluydu
all came to see the famous little donkey Pinocchio dance
hepsi ünlü küçük eşek Pinokyo dansını görmeye geldi
the first part of the performance was over
Gösterinin ilk bölümü sona erdi
the director of the company presented himself to the public
Şirketin müdürü kendisini halka tanıttı
he was dressed in a black coat and white breeches
Siyah bir palto ve beyaz pantolon giymişti
and big leather boots that came above his knees
ve dizlerinin üzerine gelen büyük deri botlar
he made a profound bow to the crowd
Kalabalığa derin bir selam verdi
he began with much solemnity a ridiculous speech:
Büyük bir ciddiyetle gülünç bir konuşma yaptı:
"Respectable public, ladies and gentlemen!"
"Saygıdeğer halk, bayanlar ve baylar!"
"it is with great honour and pleasure"
"Büyük bir onur ve zevkle"
"I stand here before this distinguished audience"
"Bu güzide seyircinin karşısındayım"
"and I present to you the celebrated little donkey"
"ve size ünlü küçük eşeği takdim ediyorum"
"the little donkey who has already had the honour"
"Zaten onura sahip olan küçük eşek"
"the honour of dancing in the presence of His Majesty"
"Majestelerinin huzurunda dans etme onuru"
"And, thanking you, I beg of you to help us"
"Ve sana teşekkür ediyorum, bize yardım etmen için yalvarıyorum"
"help us with your inspiring presence"

"İlham verici varlığınızla bize yardımcı olun"
"and please, esteemed audience, be indulgent to us"
"Ve lütfen, saygıdeğer izleyiciler, bize karşı hoşgörülü olun"
This speech was received with much laughter and applause
Bu konuşma büyük kahkahalar ve alkışlarla karşılandı
but the applause soon was even louder than before
Ancak alkışlar kısa süre sonra öncekinden daha da yüksekti
the little donkey Pinocchio made his appearance
küçük eşek Pinokyo ortaya çıktı
and he stood in the middle of the circus
Ve sirkin ortasında durdu
He was decked out for the occasion
Bu vesileyle donatılmıştı
He had a new bridle of polished leather
Cilalı deriden yeni bir dizgini vardı
and he was wearing brass buckles and studs
ve pirinç tokalar ve çıtçıtlar giyiyordu
and he had two white camellias in his ears
Kulağında iki beyaz kamelya vardı
His mane was divided and curled
Yelesi bölünmüş ve kıvrılmıştı
and each curl was tied with bows of coloured ribbon
ve her bukle renkli kurdele fiyonklarla bağlandı
He had a girth of gold and silver round his body
Vücudunun etrafında altın ve gümüşten bir çevresi vardı
his tail was plaited with amaranth and blue velvet ribbons
Kuyruğu amaranth ve mavi kadife kurdelelerle örülmüştü
He was, in fact, a little donkey to fall in love with!
Aslında o, aşık olunacak küçük bir eşekti!
The director added these few words:
Yönetmen şu birkaç kelimeyi ekledi:
"My respectable auditors!"
"Saygıdeğer denetçilerim!"
"I am not here to tell you falsehoods"
"Size yalan söylemek için burada değilim"
"there were great difficulties I had to overcome"
"Üstesinden gelmem gereken büyük zorluklar vardı"

"I understood and subjugated this mammifer"
"Bu memeliyi anladım ve boyun eğdirdim"
"he was grazing at liberty amongst the mountains"
"Dağların arasında özgürce otluyordu"
"he lived in the plains of the torrid zone"
"Kızgın bölgenin ovalarında yaşıyordu"
"I beg you will observe the wild rolling of his eyes"
"Yalvarırım gözlerinin vahşi yuvarlanışını gözlemleyeceksin"
"Every means had been tried in vain to tame him"
"Onu evcilleştirmek için her yol boşuna denenmişti"
"I have accustomed him to the life of domestic quadrupeds"
"Onu yerli dört ayaklıların hayatına alıştırdım"
"and I spared him the convincing argument of the whip"
"ve onu kırbacın ikna edici argümanından kurtardım"
"But all my goodness only increased his viciousness"
"Ama tüm iyiliğim sadece onun kötülüğünü artırdı"
"However, I discovered in his cranium a bony cartilage"
"Ancak kafatasında kemikli bir kıkırdak keşfettim"
"I had him inspected by the Faculty of Medicine of Paris"
"Paris Tıp Fakültesi'ne muayene ettirdim"
"I spared no cost for my little donkey's treatment"
"Küçük eşeğimin tedavisi için hiçbir masraftan kaçınmadım"
"in him the doctors found the regenerating cortex of dance"
"Doktorlar onda dansın yenileyici korteksini buldular"
"For this reason I have not only taught him to dance"
"Bu nedenle ona sadece dans etmeyi öğretmedim"
"but I also taught him to jump through hoops"
"Ama aynı zamanda ona çemberlerden atlamayı da öğrettim"
"Admire him, and then pass your opinion on him!"
"Ona hayran olun ve sonra onun hakkındaki fikrinizi iletin!"
"But before taking my leave of you, permit me this;"
"Ama senden ayrılmadan önce, bana şuna izin ver;"
"ladies and gentlemen, esteemed members of the crowd"
"Bayanlar ve baylar, kalabalığın saygıdeğer üyeleri"
"I invite you to tomorrow's daily performance"
"Sizi yarınki günlük performansa davet ediyorum"
Here the director made another profound bow

Burada yönetmen başka bir derin yay yaptı
and, then turning to Pinocchio, he said:
ve sonra Pinokyo'ya dönerek şöyle dedi:
"Courage, Pinocchio! But before you begin:"
"Cesaret, Pinokyo! Ama başlamadan önce:"
"bow to this distinguished audience"
"Bu Güzide Seyircinin Önünde Saygıyla Eğilelim"
Pinocchio obeyed his master's commands
Pinokyo efendisinin emirlerine itaat etti
and he bent both his knees till they touched the ground
ve her iki dizini de yere değene kadar büktü
the director cracked his whip and shouted:
Yönetmen kırbacını şaklattı ve bağırdı:
"At a foot's pace, Pinocchio!"
"Bir adım hızında, Pinokyo!"
Then the little donkey raised himself on his four legs
Sonra küçük eşek dört ayağı üzerinde kendini kaldırdı
and he began to walk round the theatre
Ve tiyatronun etrafında dolaşmaya başladı
and the whole time he kept at a foot's pace
Ve tüm zaman boyunca bir ayak hızında kaldı
After a little time the director shouted again:
Bir süre sonra müdür tekrar bağırdı:
"Trot!" and Pinocchio, obeyed the order
"Tırıs!" ve Pinokyo emre itaat etti
and he changed his pace to a trot
Ve hızını tırısa çevirdi
"Gallop!" and Pinocchio broke into a gallop
"Dörtnala!" ve Pinokyo dörtnala koştu
"Full gallop!" and Pinocchio went full gallop
"Tam dörtnala!" ve Pinokyo tam dörtnala gitti
he was running round the circus like a racehorse
Sirkin etrafında bir yarış atı gibi koşuyordu
but then the director fired off a pistol
Ama sonra yönetmen bir tabanca ateşledi
at full speed he fell to the floor
Tam hızda yere düştü

and the little donkey pretended to be wounded
Ve küçük eşek yaralı numarası yaptı
he got up from the ground amidst an outburst of applause
Bir alkış patlaması arasında yerden kalktı
there were shouts and clapping of hands
Bağırışlar ve el çırpışları vardı
and he naturally raised his head and looked up
Ve doğal olarak başını kaldırdı ve yukarı baktı
and he saw in one of the boxes a beautiful lady
Ve kutulardan birinde güzel bir bayan gördü
she wore round her neck a thick gold chain
Boynuna kalın bir altın zincir takıyordu
and from the chain hung a medallion
Ve zincirden bir madalyon asılı
On the medallion was painted the portrait of a puppet
Madalyonun üzerine bir kukla portresi boyandı
"That is my portrait!" realized Pinocchio
"Bu benim portrem!" diye düşündü Pinokyo
"That lady is the Fairy!" said Pinocchio to himself
"O hanım Peri!" dedi Pinokyo kendi kendine
Pinocchio had recognized her immediately
Pinokyo onu hemen tanımıştı
and, overcome with delight, he tried to call her
Ve sevinçten yenik düşerek onu aramaya çalıştı
"Oh, my little Fairy! Oh, my little Fairy!"
"Ah, benim küçük perim! Ah, benim küçük Peri'm!"
But instead of these words a bray came from his throat
Ama bu sözler yerine boğazından bir yumruk geldi
a bray so prolonged that all the spectators laughed
O kadar uzun bir kavga ki tüm seyirciler güldü
and all the children in the theatre especially laughed
Ve tiyatrodaki tüm çocuklar özellikle güldü
Then the director gave him a lesson
Sonra müdür ona bir ders verdi
it is not good manners to bray before the public
Halkın önünde yıpranmak iyi bir davranış değildir
with the handle of his whip he smacked the donkey's nose

Kırbacının sapıyla eşeğin burnuna bir şaplak attı
The poor little donkey put his tongue out an inch
Zavallı küçük eşek dilini bir santim dışarı çıkardı
and he licked his nose for at least five minutes
Ve en az beş dakika boyunca burnunu yaladı
he thought perhaps that it would ease the pain
Belki de acıyı hafifleteceğini düşündü
But how he despaired when looking up a second time
Ama ikinci kez yukarı baktığında nasıl da umutsuzluğa kapıldı
he saw that the seat was empty
Koltuğun boş olduğunu gördü
the good Fairy of his had disappeared!
onun iyi Perisi ortadan kaybolmuştu!
He thought he was going to die
Öleceğini düşündü
his eyes filled with tears and he began to weep
Gözleri yaşlarla doldu ve ağlamaya başladı
Nobody, however, noticed his tears
Ancak kimse gözyaşlarını fark etmedi
"Courage, Pinocchio!" shouted the director
"Cesaret, Pinokyo!" diye bağırdı yönetmen
"show the audience how gracefully you can jump through the hoops"
"Seyirciye çemberlerden ne kadar zarif bir şekilde atlayabileceğinizi gösterin"
Pinocchio tried two or three times
Pinokyo iki ya da üç kez denedi
but going through the hoop is not easy for a donkey
Ancak çemberden geçmek bir eşek için kolay değildir
and he found it easier to go under the hoop
Ve çemberin altına girmeyi daha kolay buldu
At last he made a leap and went through the hoop
Sonunda bir sıçrama yaptı ve çemberin içinden geçti
but his right leg unfortunately caught in the hoop
Ama sağ bacağı ne yazık ki çembere takıldı
and that caused him to fall to the ground

Ve bu onun yere düşmesine neden oldu
he was doubled up in a heap on the other side
Diğer tarafta bir yığın halinde ikiye katlandı
When he got up he was lame
Ayağa kalktığında topaldı
only with great difficulty did he return to the stable
Ancak büyük zorluklarla ahıra döndü
"Bring out Pinocchio!" shouted all the boys
"Getirin Pinokyo!" diye bağırdı bütün çocuklar
"We want the little donkey!" roared the theatre
"Küçük eşeği istiyoruz!" diye kükredi tiyatro
they were touched and sorry for the sad accident
Üzücü kaza için duygulandılar ve üzüldüler
But the little donkey was seen no more that evening
Ama küçük eşek o akşam bir daha görülmedi
The following morning the veterinary paid him a visit
Ertesi sabah veteriner onu ziyaret etti
the vets are doctors to the animals
Veterinerler hayvanların doktorlarıdır
and he declared that he would remain lame for life
Ve ömür boyu topal kalacağını ilan etti
The director then said to the stable-boy:
Müdür daha sonra ahır çocuğuna şöyle dedi:
"What do you suppose I can do with a lame donkey?"
"Topal bir eşekle ne yapabileceğimi sanıyorsun?"
"He will eat food without earning it"
"Yemeği kazanmadan yiyecek"
"Take him to the market and sell him"
"Onu pazara götürün ve satın"
When they reached the market a purchaser was found at once
Pazara vardıklarında hemen bir alıcı bulundu
He asked the stable-boy:
Ahır çocuğuna sordu:
"How much do you want for that lame donkey?"
"O topal eşek için ne kadar istiyorsun?"
"Twenty dollars and I'll sell him to you"

"Yirmi dolar ve onu sana satacağım"
"I will give you two dollars"
"Sana iki dolar vereceğim"
"but don't suppose that I will make use of him"
"ama ondan yararlanacağımı sanma"
"I am buying him solely for his skin"
"Onu sadece cildi için alıyorum"
"I see that his skin is very hard"
"Cildinin çok sert olduğunu görüyorum"
"I intend to make a drum with him"
"Onunla davul çalmayı düşünüyorum"
he heard that he was destined to become a drum!
Kaderinde davul olmak olduğunu duydu!
you can imagine poor Pinocchio's feelings
zavallı Pinokyo'nun duygularını hayal edebilirsiniz
the two dollars were handed over
İki dolar teslim edildi
and the man was given his donkey
Adama da eşeği verildi
he led the little donkey to the seashore
Küçük eşeği deniz kıyısına götürdü
he then put a stone round his neck
Daha sonra boynuna bir taş geçirdi
and he gave him a sudden push into the water
Ve onu ani bir şekilde suya itti
Pinocchio was weighted down by the stone
Pinokyo taş tarafından ağırlaştırıldı
and he went straight to the bottom of the sea
Ve doğruca denizin dibine gitti
his owner kept tight hold of the cord
Sahibi kordonu sıkıca tuttu
he sat down quietly on a piece of rock
Sessizce bir kaya parçasının üzerine oturdu
and he waited until the little donkey was drowned
Ve küçük eşeğin boğulmasını bekledi
and then he intended to skin him
Ve sonra onun derisini yüzmeye niyetlendi

Pinocchio gets Swallowed by the Dog-Fish
Pinokyo Köpek Balığı Tarafından Yutuldu

Pinocchio had been fifty minutes under the water
Pinokyo suyun altında elli dakika kalmıştı
his purchaser said aloud to himself:
Alıcısı kendi kendine yüksek sesle şöyle dedi:
"My little lame donkey must by now be quite drowned"
"Benim küçük topal eşeğim şimdiye kadar epeyce boğulmuş olmalı"
"I will therefore pull him out of the water"
"Bu yüzden onu sudan çıkaracağım"
"and I will make a fine drum of his skin"
"ve ben onun derisinden güzel bir davul yapacağım"
And he began to haul in the rope
Ve ipi çekmeye başladı
the rope he had tied to the donkey's leg
eşeğin bacağına bağladığı ip
and he hauled, and hauled, and hauled
ve çekti, çekti ve çekti
he hauled until at last...
Sonunda çekene kadar çekti ...
what do you think appeared above the water?
Suyun üzerinde ne göründüğünü düşünüyorsun?
he did not pull a dead donkey to land
Ölü bir eşeği karaya çıkarmadı
instead he saw a living little puppet
Bunun yerine yaşayan küçük bir kukla gördü

and this little puppet was wriggling like an eel!
Ve bu küçük kukla bir yılan balığı gibi kıvranıyordu!
the poor man thought he was dreaming
Zavallı adam rüya gördüğünü sandı
and he was struck dumb with astonishment
ve şaşkınlıktan dumura uğradı
he eventually recovered from his stupefaction
Sonunda sersemliğinden kurtuldu
and he asked the puppet in a quavering voice:
Ve titreyen bir sesle kuklaya sordu:
"where is the little donkey I threw into the sea?"
"Denize attığım küçük eşek nerede?"
"I am the little donkey!" said Pinocchio
"Ben küçük eşeğim!" dedi Pinokyo
and Pinocchio laughed at being a puppet again
ve Pinokyo tekrar bir kukla olmaya güldü
"How can you be the little donkey??"
"Nasıl küçük eşek olabilirsin??"
"I was the little donkey," answered Pinocchio
"Ben küçük eşektim," diye cevap verdi Pinokyo

"and now I'm a little puppet again"
"ve şimdi yine küçük bir kuklayım"
"Ah, a young scamp is what you are!!"
"Ah, sen neysen genç bir!!"
"Do you dare to make fun of me?"
"Benimle dalga geçmeye cesaretin var mı?"
"To make fun of you?" asked Pinocchio
"Seninle dalga geçmek için mi?" diye sordu Pinokyo
"Quite the contrary, my dear master?"
"Tam tersine, sevgili efendim?"
"I am speaking seriously with you"
"Seninle ciddi bir şekilde konuşuyorum"
"a short time ago you were a little donkey"
"Kısa bir süre önce küçük bir eşektin"
"how can you have become a wooden puppet?"
"Nasıl tahta bir kukla haline gelebilirsin?"
"being left in the water does not do that to a donkey!"
"Suya bırakılmak bir eşeğe bunu yapmaz!"
"It must have been the effect of sea water"
"Deniz suyunun etkisi olmuş olmalı"
"The sea causes extraordinary changes"
"Deniz olağanüstü değişimlere neden oluyor"
"Beware, puppet, I am not in the mood!"
"Dikkat et kukla, havamda değilim!"
"Don't imagine that you can amuse yourself at my expense"
"Benim pahasına kendini eğlendirebileceğini düşünme"
"Woe to you if I lose patience!"
"Sabrımı kaybedersem vay halinize!"
"Well, master, do you wish to know the true story?"
"Peki, usta, gerçek hikayeyi bilmek ister misiniz?"
"If you set my leg free I will tell it you"
"Bacağımı serbest bırakırsan, sana söylerim"
The good man was curious to hear the true story
İyi adam gerçek hikayeyi duymak için sabırsızlanıyordu
and he immediately untied the knot
Ve hemen düğümü çözdü
Pinocchio was again as free as a bird in the air

Pinokyo yine havadaki bir kuş kadar özgürdü
and he commenced to tell his story
Ve hikayesini anlatmaya başladı
"You must know that I was once a puppet"
"Bir zamanlar kukla olduğumu bilmelisin"
"that is to say, I wasn't always a donkey"
"Yani ben her zaman bir eşek değildim"
"I was on the point of becoming a boy"
"Erkek olma noktasına gelmiştim"
"I would have been like the other boys in the world"
"Dünyadaki diğer çocuklar gibi olurdum"
"but like other boys, I wasn't fond of study"
"Ama diğer çocuklar gibi ben de ders çalışmayı sevmezdim"
"and I followed the advice of bad companions"
"ve kötü arkadaşların tavsiyesine uydum"
"and finally I ran away from home"
"ve sonunda evden kaçtım"
"One fine day when I awoke I found myself changed"
"Güzel bir gün uyandığımda kendimi değişmiş buldum"
"I had become a donkey with long ears"
"Uzun kulaklı bir eşek olmuştum"
"and I had grown a long tail too"
"ve ben de uzun bir kuyruk büyütmüştüm"
"What a disgrace it was to me!"
"Benim için ne büyük bir utançtı!"
"even your worst enemy would not inflict it upon you!"
"En kötü düşmanınız bile bunu size zarar vermez!"
"I was taken to the market to be sold"
"Satılmak üzere pazara götürüldüm"
"and I was bought by an equestrian company"
"ve ben bir binicilik şirketi tarafından satın alındım"
"they wanted to make a famous dancer of me"
"Beni ünlü bir dansçı yapmak istediler"
"But one night during a performance I had a bad fall"
"Ama bir gece bir performans sırasında kötü bir düşüş yaşadım"
"and I was left with two lame legs"

"ve iki topal bacakla kaldım"
"I was of no use to the circus no more"
"Artık sirke hiçbir faydam yoktu"
"and again I was taken to the market
"ve yine pazara götürüldüm"
"and at the market you were my purchaser!"
"Ve pazarda sen benim alıcımdın!"
"Only too true," remembered the man
"Çok doğru," diye hatırladı adam
"And I paid two dollars for you"
"Ve senin için iki dolar ödedim"
"And now, who will give me back my good money?"
"Ve şimdi, bana iyi paramı kim geri verecek?"
"And why did you buy me?"
"Peki neden beni satın aldın?"
"You bought me to make a drum of my skin!"
"Beni tenimden bir davul yapmam için aldın!"
"Only too true!" said the man
"Çok doğru!" dedi adam
"And now, where shall I find another skin?"
"Ve şimdi, başka bir cildi nerede bulacağım?"
"Don't despair, master"
"Umutsuzluğa kapılma usta"
"There are many little donkeys in the world!"
"Dünyada bir sürü küçük eşek var!"
"Tell me, you impertinent rascal;"
"Söyle bana, seni;"
"does your story end here?"
"Hikayeniz burada mı bitiyor?"
"No," answered the puppet
"Hayır," diye cevap verdi kukla
"I have another two words to say"
"Söyleyecek iki sözüm daha var"
"and then my story shall have finished"
"Ve sonra hikayem bitmiş olacak"
"you brought me to this place to kill me"
"Beni öldürmek için bu yere getirdin"

"but then you yielded to a feeling of compassion"
"Ama sonra bir merhamet duygusuna teslim oldun"
"and you preferred to tie a stone round my neck
"Ve sen boynuma bir taş bağlamayı tercih ettin
"and you threw me into the sea"
"Ve sen beni denize attın"
"This humane feeling does you great honour"
"Bu insani duygu size büyük onur veriyor"
"and I shall always be grateful to you"
"ve sana her zaman minnettar olacağım"
"But, nevertheless, dear master, you forgot one thing"
"Ama yine de sevgili usta, bir şeyi unuttunuz."
"you made your calculations without considering the Fairy!"
"Periyi düşünmeden hesaplamalarını yaptın!"
"And who is the Fairy?"
"Peki Peri kim?"
"She is my mamma," replied Pinocchio
"O benim annem," diye yanıtladı Pinokyo
"and she resembles all other good mammas"
"Ve diğer tüm iyi annelere benziyor"
"and all good mammas care for their children"
"Ve tüm iyi anneler çocuklarına bakar"
"mammas who never lose sight of their children""
"Çocuklarını asla gözden kaçırmayan anneler"
"mammas who help their children lovingly"
"Çocuklarına sevgiyle yardım eden anneler"
"and they love them even when they deserve to be abandoned"
"Ve terk edilmeyi hak ettiklerinde bile onları seviyorlar"
"my good mamma kept me in her sight"
"İyi annem beni gözünün önünde tuttu"
"and she saw that I was in danger of drowning"
"ve boğulma tehlikesi altında olduğumu gördü"
"so she immediately sent an immense shoal of fish"
"Bu yüzden hemen büyük bir balık sürüsü gönderdi"
"first they really thought I was a little dead donkey"
"Önce gerçekten beni küçük bir ölü eşek sandılar"

"**and so they began to eat me in big mouthfuls**"
"Ve böylece beni büyük ağız dolusu yemeye başladılar"
"**I never knew fish were greedier than boys!**"
"Balıkların erkeklerden daha açgözlü olduğunu hiç bilmiyordum!"
"**Some ate my ears and my muzzle**"
"Bazıları kulaklarımı ve ağzımı yedi"
"**and other fish my neck and mane**"
"ve diğer balıklar boynum ve yelem"
"**some of them ate the skin of my legs**"
"Bazıları bacaklarımın derisini yedi"
"**and others took to eating my fur**"
"Ve diğerleri kürkümü yemeye başladı"
"**Amongst them there was an especially polite little fish**"
"Aralarında özellikle kibar küçük bir balık vardı"
"**and he condescended to eat my tail**"
"Ve kuyruğumu yemeye tenezzül etti"
the purchaser was horrified by what he heard
Alıcı duydukları karşısında dehşete düştü
"**I swear that I will never touch fish again!**"
"Yemin ederim bir daha asla balığa dokunmayacağım!"
"**imagine opening a mullet and finding a donkey's tail!**"
"Bir kefal açtığınızı ve bir eşeğin kuyruğunu bulduğunuzu hayal edin!"
"**I agree with you,**" said the puppet, laughing
"Sana katılıyorum," dedi kukla gülerek
"**However, I must tell you what happened next**"
"Ancak, size daha sonra ne olduğunu anlatmalıyım"
"**the fish had finished eating the donkey's hide**"
"Balık eşeğin postunu yemeyi bitirmişti"
"**the donkey's hide that had covered me**"
"Üzerimi örten eşek postu"
"**then they naturally reached the bone**"
"Sonra doğal olarak kemiğe ulaştılar"
"**but it was not bone, but rather wood**"
"Ama kemik değil, tahtaydı"
"**for, as you see, I am made of the hardest wood**"

"Çünkü, gördüğünüz gibi, ben en sert ağaçtan yapılmışım"
"they tried to take a few more bites"
"Birkaç ısırık daha almaya çalıştılar"
"But they soon discovered I was not for eating"
"Ama kısa süre sonra yemek için olmadığımı keşfettiler"
"disgusted with such indigestible food, they swam off"
"Bu kadar sindirilemeyen yiyeceklerden iğrenerek yüzdüler"
"and they left without even saying thank you"
"Ve teşekkür bile etmeden gittiler"
"And now, at last, you have heard my story"
"Ve şimdi, sonunda, hikayemi duydun"
"and that is why you didn't find a dead donkey"
"İşte bu yüzden ölü bir eşek bulamadın"
"and instead you found a living puppet"
"Ve bunun yerine yaşayan bir kukla buldun"
"I laugh at your story," cried the man in a rage
"Hikayene gülüyorum," diye bağırdı adam öfkeyle
"I only know that I spent two dollars to buy you"
"Sadece seni satın almak için iki dolar harcadığımı biliyorum"
"and I will have my money back"
"ve paramı geri alacağım"
"Shall I tell you what I will do?"
"Sana ne yapacağımı söyleyeyim mi?"
"I will take you back to the market"
"Seni pazara geri götüreceğim"
"and I will sell you by weight as seasoned wood"
"ve seni terbiyeli odun olarak kilosuyla satacağım"
and the purchaser can light fires with you"
ve alıcı sizinle ateş yakabilir"
Pinocchio was not too worried about this
Pinokyo bu konuda çok endişeli değildi
"Sell me if you like; I am content"
"İstersen beni sat; Ben memnunum"
and he plunged back into the water
Ve tekrar suya daldı
he swam gaily away from the shore
Kıyıdan neşeyle yüzerek uzaklaştı

and he called to his poor owner
Ve fakir sahibine seslendi
"Good-bye, master, don't forget me"
"Güle güle usta, beni unutma"
"the wooden puppet you wanted for its skin"
"Derisi İçin İstediğin Tahta Kukla"
"and I hope you get your drum one day"
"ve umarım bir gün davulunu alırsın"
And he laughed and went on swimming
Ve güldü ve yüzmeye devam etti
and after a while he turned around again
Ve bir süre sonra tekrar döndü
"Good-bye, master," he shouted louder
"Güle güle usta," diye daha yüksek sesle bağırdı
"and remember me when you need well seasoned wood"
"Ve iyi terbiyeli ahşaba ihtiyacın olduğunda beni hatırla"
"and think of me when you're lighting a fire"
"Ve ateş yakarken beni düşün"
soon Pinocchio had swam towards the horizon
kısa süre sonra Pinokyo ufka doğru yüzdü
and now he was scarcely visible from the shore
Ve şimdi kıyıdan neredeyse hiç görünmüyordu
he was a little black speck on the surface of the sea
Denizin yüzeyinde küçük siyah bir lekeydi
from time to time he lifted out of the water
Zaman zaman sudan çıkardı
and he leaped and capered like a happy dolphin
Ve mutlu bir yunus gibi sıçradı ve kıvrıldı
Pinocchio was swimming and he knew not whither
Pinokyo yüzüyordu ve nerede olduğunu bilmiyordu
he saw in the midst of the sea a rock
Denizin ortasında bir kaya gördü
the rock seemed to be made of white marble
Kaya beyaz mermerden yapılmış gibi görünüyordu
and on the summit there stood a beautiful little goat
Ve zirvede güzel bir küçük keçi duruyordu
the goat bleated lovingly to Pinocchio

keçi Pinokyo'ya sevgiyle meledi
and the goat made signs to him to approach
Keçi ona yaklaşması için işaretler yaptı
But the most singular thing was this:
Ama en tuhaf şey şuydu:
The little goat's hair was not white nor black
Küçük keçinin kılı ne beyaz ne de siyahtı
nor was it a mixture of two colours
ne de iki rengin karışımı
this is usual with other goats
Bu, diğer keçilerde olağandır
but the goat's hair was a very vivid blue
Ama keçinin kılı çok canlı bir maviydi
a vivid blue like the hair of the beautiful Child
güzel çocuğun saçları gibi canlı bir mavi
imagine how rapidly Pinocchio's heart began to beat
Pinokyo'nun kalbinin ne kadar hızlı atmaya başladığını hayal edin
He swam with redoubled strength and energy
İki kat daha güçlü ve enerjik bir şekilde yüzdü
and in no time at all he was halfway there
Ve hiç vakit kaybetmeden yolun yarısına gelmişti
but then he saw something came out the water
Ama sonra sudan bir şey çıktığını gördü
the horrible head of a sea-monster!
Bir deniz canavarının korkunç kafası!
His mouth was wide open and cavernous
Ağzı tamamen açık ve mağara gibiydi
there were three rows of enormous teeth
Üç sıra devasa diş vardı
even a picture of if would terrify you
Eğer seni dehşete düşürürse bir resmi bile
And do you know what this sea-monster was?
Ve bu deniz canavarının ne olduğunu biliyor musun?
it was none other than that gigantic Dog-Fish
o devasa Köpek Babalığı'ndan başkası değildi
the Dog-Fish mentioned many times in this story

bu hikayede birçok kez bahsedilen Köpek-Balık
I should tell you the name of this terrible fish
Size bu korkunç balığın adını söylemeliyim
Attila of Fish and Fishermen
Balıkların ve Balıkçıların Attila'sı
on account of his slaughter and insatiable voracity
katletmesi ve doymak bilmez açgözlülüğü nedeniyle
think of poor Pinocchio's terror at the sight
zavallı Pinokyo'nun manzara karşısındaki dehşetini düşünün
a true sea monster was swimming at him
Gerçek bir deniz canavarı ona doğru yüzüyordu.
He tried to avoid the Dog-Fish
Köpek Babalığından kaçmaya çalıştı
he tried to swim in other directions
başka yönlere yüzmeye çalıştı
he did everything he could to escape
Kaçmak için elinden gelen her şeyi yaptı
but that immense wide-open mouth was too big
Ama o kocaman açık ağız çok büyüktü
and it was coming with the velocity of an arrow
Ve bir ok hızıyla geliyordu
the beautiful little goat tried to bleat
Güzel küçük keçi melemeye çalıştı
"Be quick, Pinocchio, for pity's sake!"
"Çabuk ol Pinokyo, merhamet aşkına!"
And Pinocchio swam desperately with all he could
Ve Pinokyo elinden geldiğince umutsuzca yüzdü
his arms, his chest, his legs, and his feet
kolları, göğsü, bacakları ve ayakları
"Quick, Pinocchio, the monster is close upon you!"
"Çabuk, Pinokyo, canavar sana çok yakın!"
And Pinocchio swam quicker than ever
Ve Pinokyo her zamankinden daha hızlı yüzdü
he flew on with the rapidity of a ball from a gun
Bir silahtan çıkan bir topun hızıyla uçtu
He had nearly reached the rock
Neredeyse kayaya ulaşmıştı

and he had almost reached the little goat
Ve neredeyse küçük keçiye ulaşmıştı
and the little goat leaned over towards the sea
Ve küçük keçi denize doğru eğildi
she stretched out her fore-legs to help him
Ona yardım etmek için ön bacaklarını uzattı
perhaps she could get him out of the water
Belki onu sudan çıkarabilirdi
But all their efforts were too late!
Ama tüm çabaları için çok geçti!
The monster had overtaken Pinocchio
Canavar Pinokyo'yu ele geçirmişti
he drew in a big breath of air and water
Kocaman bir hava ve su nefesi çekti
and he sucked in the poor puppet
Ve zavallı kuklayı içine çekti
like he would have sucked a hen's egg
Sanki bir tavuğun yumurtasını emmiş gibi
and the Dog-Fish swallowed him whole
ve Köpek-Balık onu bütün olarak yuttu

Pinocchio tumbled through his teeth
Pinokyo dişlerinin arasından yuvarlandı
and he tumbled down the Dog-Fish's throat
ve Köpek-Balığın boğazından aşağı yuvarlandı
and finally he landed heavily in his stomach
Ve sonunda ağır bir şekilde midesine indi
he remained unconscious for a quarter of an hour
Çeyrek saat boyunca baygın kaldı
but eventually he came to himself again
Ama sonunda tekrar kendine geldi
he could not in the least imagine in what world he was
Hangi dünyada olduğunu en ufak bir şekilde hayal bile edemezdi
All around him there was nothing but darkness
Etrafında karanlıktan başka bir şey yoktu
it was as if he had fallen into a pot of ink
Sanki bir mürekkep kabının içine düşmüş gibiydi
He listened, but he could hear no noise
Dinledi, ama hiçbir ses duyamadı
occasionally great gusts of wind blew in his face
Ara sıra yüzünde büyük rüzgarlar esiyordu
first he could not understand from where it came from
Önce nereden geldiğini anlayamadı
but at last he discovered the source
Ama sonunda kaynağı keşfetti
it came out of the monster's lungs
Canavarın ciğerlerinden çıktı
there is one thing you must know about the Dog-Fish
Köpek Balığı hakkında bilmeniz gereken bir şey var
the Dog-Fish suffered very much from asthma
Köpek-Balık astımdan çok acı çekti
when he breathed it was exactly like the north wind
Nefes aldığında tıpkı kuzey rüzgarı gibiydi
Pinocchio at first tried to keep up his courage
Pinokyo ilk başta cesaretini korumaya çalıştı
but the reality of the situation slowly dawned on him

Ancak durumun gerçekliği yavaş yavaş aklına geldi
he was really shut up in the body of this sea-monster
Gerçekten de bu deniz canavarının bedenine kapatılmıştı
and he began to cry and scream and sob
Ve ağlamaya, çığlık atmaya ve hıçkıra hıçkıra ağlamaya başladı
"Help! help! Oh, how unfortunate I am!"
"Yardım! Yardım! Ah, ne kadar talihsizim!"
"Will nobody come to save me?"
"Kimse beni kurtarmaya gelmeyecek mi?"
from the dark there came a voice
Karanlıktan bir ses geldi
the voice sounded like a guitar out of tune
Ses, akortsuz bir gitar gibi geliyordu
"Who do you think could save you, unhappy wretch?"
"Sence seni kim kurtarabilir, mutsuz zavallı?"
Pinocchio froze with terror at the voice
Pinokyo ses karşısında dehşetle dondu
"Who is speaking?" asked Pinocchio, finally
"Kim konuşuyor?" diye sordu Pinokyo sonunda
"It is I! I am a poor Tunny Fish"
"Benim! Ben zavallı bir Ton Balığıyım"
"I was swallowed by the Dog-Fish along with you"
"Seninle birlikte Köpek Balığı tarafından yutuldum"
"And what fish are you?"
"Peki sen hangi balıksın?"
"I have nothing in common with fish"
"Balıkla hiçbir ortak yanım yok"
"I am a puppet," added Pinocchio
"Ben bir kuklayım," diye ekledi Pinokyo
"Then why did you let yourself be swallowed?"
"Öyleyse neden yutulmasına izin verdin?"
"I didn't let myself be swallowed"
"Yutkunmama izin vermedim"
"it was the monster that swallowed me!"
"Beni yutan canavardı!"
"And now, what are we to do here in the dark?"

"Ve şimdi, burada karanlıkta ne yapacağız?"
"there's not much we can do but to resign ourselves"
"İstifa etmekten başka yapabileceğimiz pek bir şey yok"
"and now we wait until the Dog-Fish has digested us"
"ve şimdi Köpek Balığı bizi sindirene kadar bekliyoruz"
"But I do not want to be digested!" howled Pinocchio
"Ama sindirilmek istemiyorum!" diye uludu Pinokyo
and he began to cry again
Ve tekrar ağlamaya başladı
"Neither do I want to be digested," added the Tunny Fish
"Ben de sindirilmek istemiyorum," diye ekledi Ton Balığı
"but I am enough of a philosopher to console myself"
"ama kendimi teselli edecek kadar filozofum"
"when one is born a Tunny Fish life can be made sense of"
"İnsan doğduğunda bir Ton Balığı hayatı anlamlandırılabilir"
"it is more dignified to die in the water than in oil"
"Suda ölmek petrolde ölmekten daha onurludur"
"That is all nonsense!" cried Pinocchio
"Bunların hepsi saçmalık!" diye bağırdı Pinokyo
"It is my opinion," replied the Tunny Fish
"Bu benim fikrim," diye yanıtladı Ton Balığı
"and opinions ought to be respected"
"Ve fikirlere saygı duyulmalı"
"that is what the political Tunny Fish say"
"Siyasi Tunny Fish böyle diyor"
"To sum it all up, I want to get away from here"
"Özetlemek gerekirse, buradan uzaklaşmak istiyorum"
"I do want to escape."
"Kaçmak istiyorum."
"Escape, if you are able!"
"Mümkünse kaç!"
"Is this Dog-Fish who has swallowed us very big?"
"Bizi yutan bu Köpek-Balık çok mu büyük?"
"Big? My boy, you can only imagine"
"Büyük? Oğlum, sadece hayal edebilirsin"
"his body is two miles long without counting his tail"
"Kuyruğunu saymazsak vücudu iki mil uzunluğunda"

they held this conversation in the dark for some time
Bu konuşmayı bir süre karanlıkta tuttular
eventually Pinocchio's eyes adjusted to the darkness
sonunda Pinokyo'nun gözleri karanlığa uyum sağladı
Pinocchio thought that he saw a light a long way off
Pinokyo çok uzakta bir ışık gördüğünü düşündü
"What is that little light I see in the distance?"
"Uzakta gördüğüm o küçük ışık da ne?"
"It is most likely some companion in misfortune"
"Büyük ihtimalle talihsizlikte bir arkadaştır"
"he, like us, is waiting to be digested"
"O da bizim gibi sindirilmeyi bekliyor"
"I will go and find him"
"Gidip onu bulacağım"
"perhaps it is an old fish that knows his way around"
"Belki de yolunu bilen yaşlı bir balıktır"
"I hope it may be so, with all my heart, dear puppet"
"Umarım öyle olur, tüm kalbimle, sevgili kukla"
"Good-bye, Tunny Fish" - "Good-bye, puppet"
"Güle güle, Ton Balığı" - "Güle güle kukla"
"and I wish a good fortune to you"
"ve sana iyi şanslar diliyorum"
"Where shall we meet again?"
"Bir daha nerede buluşalım?"
"Who can see such things in the future?"
"Gelecekte böyle şeyleri kim görebilir?"
"It is better not even to think of it!"
"Bunu düşünmemek bile daha iyi!"

A Happy Surprise for Pinocchio
Pinokyo için mutlu bir sürpriz

Pinocchio said farewell to his friend the Tunny Fish
Pinokyo, arkadaşı Ton Balığı'na veda etti
and he began to grope his way through the Dog-Fish
ve Köpek-Balık'ın arasından el yordamıyla geçmeye başladı
he took small steps in the direction of the light
Işık yönünde küçük adımlar attı
the small light shining dimly at a great distance
çok uzaklardan loş bir şekilde parlayan küçük ışık
the farther he advanced the brighter became the light
Ne kadar ilerlerse, ışık o kadar parlak hale geldi
and he walked and walked until at last he reached it
Ve yürüdü ve sonunda ona ulaşana kadar yürüdü
and when he reached the light, what did he find?
Ve ışığa ulaştığında ne buldu?
I will let you have a thousand and one guesses
Bin bir tahminde bulunmana izin vereceğim
what he found was a little table all prepared
Bulduğu şey, her şeyin hazırlanmış küçük bir masaydı
on the table was a lighted candle in a green bottle
Masanın üzerinde yeşil bir şişede yanan bir mum vardı
and seated at the table was a little old man
Masada küçük yaşlı bir adam oturuyordu
the little old man was eating some live fish
Küçük yaşlı adam canlı balık yiyordu
and the little live fish were very much alive
Ve küçük canlı balıklar çok canlıydı
some of the little fish even jumped out of his mouth
Hatta bazı küçük balıklar ağzından fırladı
at this sight Pinocchio was filled with happiness
bu manzara karşısında Pinokyo mutlulukla doldu
he became almost delirious with unexpected joy
Beklenmedik bir sevinçle neredeyse çılgına döndü
He wanted to laugh and cry at the same time
Aynı anda hem gülmek hem de ağlamak istiyordu

he wanted to say a thousand things at once
Aynı anda binlerce şey söylemek istedi
but all he managed were a few confused words
Ama tek yapabildiği birkaç karışık kelimeydi
At last he succeeded in uttering a cry of joy
Sonunda bir sevinç çığlığı atmayı başardı
and he threw his arm around the little old man
Ve kolunu küçük yaşlı adamın etrafına attı
"Oh, my dear papa!" he shouted with joy
"Ah, sevgili babacığım!" diye sevinçle bağırdı
"I have found you at last!" cried Pinocchio
"Sonunda seni buldum!" diye bağırdı Pinokyo
"I will never never never never leave you again"
"Seni bir daha asla asla, asla asla asla terk etmeyeceğim"
the little old man couldn't believe it either
Küçük yaşlı adam da buna inanamadı
"are my eyes telling the truth?" he said
"Gözlerim doğru mu söylüyor?" dedi
and he rubbed his eyes to make sure
Ve emin olmak için gözlerini ovuşturdu
"then you are really my dear Pinocchio?"
"O zaman sen gerçekten benim sevgili Pinokyo'msun?"
"Yes, yes, I am Pinocchio, I really am!"
"Evet, evet, ben Pinokyo'yum, gerçekten öyleyim!"
"And you have forgiven me, have you not?"
"Ve beni bağışladın, değil mi?"
"Oh, my dear papa, how good you are!"
"Ah, sevgili babacığım, ne kadar iyisin!"
"And to think how bad I've been to you"
"Ve sana ne kadar kötü davrandığımı düşünmek"
"but if you only knew what I've gone through"
"ama keşke neler yaşadığımı bilseydin"
"all the misfortunes I've had poured on me"
"Yaşadığım tüm talihsizlikler üzerime döküldü"
"and all the other things that have befallen me!"
"Ve başıma gelen diğer tüm şeyler!"
"oh think back to the day you sold your jacket"

"Oh, ceketini sattığın günü düşün"
"oh you must have been terribly cold"
"Ah, çok üşümüş olmalısın"
"but you did it to buy me a spelling book"
"Ama sen bunu bana bir heceleme kitabı almak için yaptın"
"so that I could study like the other boys"
"Diğer çocuklar gibi çalışabilmem için"
"but instead I escaped to see the puppet show"
"ama onun yerine kukla gösterisini izlemek için kaçtım"
"and the showman wanted to put me on the fire"
"Ve şovmen beni ateşe vermek istedi"
"so that I could roast his mutton for him"
"Koyun etini onun için kızartabilmem için"
"but then the same showman gave me five gold pieces"
"Ama sonra aynı şovmen bana beş altın verdi"
"he wanted me to give you the gold"
"Altınları sana vermemi istedi"
"but then I met the Fox and the Cat"
"ama sonra Tilki ve Kedi ile tanıştım"
"and they took me to the inn of The Red Craw-Fish"
"ve beni Kırmızı Kerevit'in hanına götürdüler"
"and at the inn they ate like hungry wolves"
"Ve handa aç kurtlar gibi yediler"
"and I left by myself in the middle of the night"
"ve gecenin bir yarısı tek başıma ayrıldım"
"and I encountered assassins who ran after me"
"ve peşimden koşan suikastçılarla karşılaştım"
"and I ran away from the assassins"
"ve ben suikastçılardan kaçtım"
"but the assassins followed me just as fast"
"Ama suikastçılar da aynı hızla beni takip etti"
"and I ran away from them as fast as I could"
"ve onlardan elimden geldiğince hızlı bir şekilde kaçtım"
"but they always followed me however fast I ran"
"Ama ne kadar hızlı koşarsam koşayım hep beni takip ettiler"
"and I kept running to get away from them"
"ve onlardan kaçmak için koşmaya devam ettim"

"but eventually they caught me after all"
"Ama sonunda beni yakaladılar"
"and they hung me to a branch of a Big Oak"
"ve beni büyük bir meşe dalına astılar"
"but then there was the beautiful Child with blue hair"
"ama bir de mavi saçlı güzel çocuk vardı"
"she sent a little carriage to fetch me"
"Beni getirmesi için küçük bir araba gönderdi"
"and the doctors all had a good look at me"
"Ve doktorların hepsi bana çok iyi baktı"
"and they immediately made the same diagnosis"
"Ve hemen aynı teşhisi koydular"
"If he is not dead, it is a proof that he is still alive"
"Ölmemişse, hala hayatta olduğunun bir kanıtıdır"
"and then by chance I told a lie"
"ve sonra şans eseri yalan söyledim"
"and my nose began to grow and grow and grow"
"Ve burnum büyümeye başladı, büyüdü ve büyüdü"
"and soon I could no longer get through the door"
"ve yakında artık kapıdan geçemedim"
"so I went again with the Fox and the Cat"
"bu yüzden Tilki ve Kedi ile tekrar gittim"
"and together we buried the four gold pieces"
"Ve birlikte dört altın parçayı gömdük"
"because one piece of gold I had spent at the inn"
"Çünkü handa bir parça altın harcamıştım"
"and the Parrot began to laugh at me"
"ve Papağan bana gülmeye başladı"
"and there were not two thousand pieces of gold"
"Ve iki bin altın parçası yoktu"
"there were no pieces of gold at all anymore"
"Artık hiç altın parçası yoktu"
"so I went to the judge of the town to tell him"
"bu yüzden ona söylemek için kasabanın hakimine gittim"
"he said I had been robbed, and put me in prison"
"Soyulduğumu söyledi ve beni hapse attı"
"while escaping I saw a beautiful bunch of grapes"

"Kaçarken çok güzel bir üzüm salkımı gördüm"
"but in the field I was caught in a trap"
"ama tarlada bir tuzağa düştüm"
"and the peasant had every right to catch me"
"Ve köylünün beni yakalamaya hakkı vardı"
"he put a dog-collar round my neck"
"Boynuma köpek tasması geçirdi"
"and he made me the guard dog of the poultry-yard"
"Ve beni kümes hayvanlarının bekçi köpeği yaptı"
"but he acknowledged my innocence and let me go"
"Ama masumiyetimi kabul etti ve gitmeme izin verdi"
"and the Serpent with the smoking tail began to laugh"
"ve dumanı tüten kuyruklu Yılan gülmeye başladı"
"but the Serpent laughed until he broke a blood-vessel"
"ama Yılan bir kan damarını kırana kadar güldü"
"and so I returned to the house of the beautiful Child"
"ve böylece güzel Çocuğun evine döndüm"
"but then the beautiful Child was dead"
"ama sonra güzel Çocuk öldü"
"and the Pigeon could see that I was crying"
"ve Güvercin ağladığımı görebiliyordu"
"and the Pigeon said, 'I have seen your father'"
"ve Güvercin, 'Babanı gördüm' dedi"
'he was building a little boat to search of you'
'Seni aramak için küçük bir tekne yapıyordu'
"and I said to him, 'Oh! if I also had wings,'"
"ve ona dedim ki, 'Ah! keşke benim de kanatlarım olsaydı'
dedi.
"and he said to me, 'Do you want to see your father?'"
"Ve bana dedi ki, 'Babanı görmek ister misin?'"
"and I said, 'Without doubt I would like to see him!'"
"Ben de 'Şüphesiz onu görmek isterim!' dedim."
"'but who will take me to him?' I asked"
"Ama beni ona kim götürecek?" Diye sordum"
"and he said to me, 'I will take you,'"
"ve bana, 'Seni alacağım' dedi."
"and I said to him, 'How will you take me?'"

"Ben de ona, 'Beni nasıl alacaksın?' dedim."
"and he said to me, 'Get on my back,'"
"ve bana 'Sırtıma çık' dedi."
"and so we flew through all that night"
"Ve böylece tüm o gece boyunca uçtuk"
"and then in the morning there were all the fishermen"
"Ve sonra sabahleyin bütün balıkçılar vardı"
"and the fishermen were looking out to sea"
"Ve balıkçılar denize bakıyorlardı"
"and one said to me, 'There is a poor man in a boat'"
"Ve biri bana, 'Kayıkta fakir bir adam var' dedi."
"he is on the point of being drowned"
"Boğulma noktasına geldi"
"and I recognized you at once, even at that distance
"ve seni hemen tanıdım, o mesafeden bile
"because my heart told me that it was you"
"Çünkü kalbim bana sen olduğunu söyledi"
"and I made signs so that you would return to land"
"Ve ben de karaya dönmeniz için işaretler yaptım"
"I also recognized you," said Geppetto
"Ben de seni tanıdım," dedi Geppetto
"and I would willingly have returned to the shore"
"ve ben de seve seve kıyıya dönerdim"
"but what was I to do so far out at sea?"
"Ama denizde bu kadar uzakta ne yapacaktım?"
"The sea was tremendously angry that day"
"Deniz o gün çok kızgındı"
"and a great wave came over and upset my boat"
"Ve büyük bir dalga geldi ve teknemi alt üst etti"
"Then I saw the horrible Dog-Fish"
"Sonra korkunç Köpek Balığını gördüm"
"and the horrible Dog-Fish saw me too"
"ve korkunç Köpek Balığı da beni gördü"
"and so the horrible Dog-Fish came to me"
"ve böylece korkunç Köpek Balığı bana geldi"
"and he put out his tongue and swallowed me"
"Ve dilini çıkardı ve beni yuttu"

"as if I had been a little apple tart"
"Sanki biraz elmalı tart olmuşum gibi"
"And how long have you been shut up here?"
"Peki ne zamandır burada kapalı kaldın?"
"that day must have been nearly two years ago"
"O gün neredeyse iki yıl önce olmalı"
"two years, my dear Pinocchio," he said
"İki yıl, sevgili Pinokyo," dedi
"those two years seemed like two centuries!"
"Bu iki yıl iki yüzyıl gibi görünüyordu!"
"And how have you managed to live?"
"Peki yaşamayı nasıl başardın?"
"And where did you get the candle?"
"Peki mumu nereden aldın?"
"And from where are the matches for the candle?
"Peki mum için kibritler nereden?
"Stop, and I will tell you everything"
"Dur, sana her şeyi anlatacağım"
"I was not the only one at sea that day"
"O gün denizde sadece ben değildim"
"the storm had also upset a merchant vessel"
"Fırtına bir ticaret gemisini de altüst etmişti"
"the sailors of the vessel were all saved"
"Geminin denizcilerinin hepsi kurtuldu"
"but the cargo of the vessel sunk to the bottom"
"AMA GEMİNİN YÜKÜ DİP BATTİ"
"the Dog-Fish had an excellent appetite that day"
"Köpek-Balık'ın o gün mükemmel bir iştahı vardı"
"after swallowing me he swallowed the vessel"
"Beni yuttuktan sonra kabı yuttu"
"How did he swallow the entire vessel?"
"Bütün kabı nasıl yuttu?"
"He swallowed the whole boat in one mouthful"
"Bütün tekneyi bir lokmada yuttu"
"the only thing that he spat out was the mast"
"Tükürdüğü tek şey direkti"
"it had stuck between his teeth like a fish-bone"

"Dişlerinin arasına balık kılçığı gibi yapışmıştı"
"Fortunately for me, the vessel was fully laden"
"Neyse ki gemi tamamen doluydu"
"there were preserved meats in tins, biscuit"
"Teneke kutularda, bisküvilerde konserve etler vardı"
"and there were bottles of wine and dried raisins"
"Ve şişe şişe şarap ve kuru üzüm vardı"
"and I had cheese and coffee and sugar"
"ve peynirim, kahvem ve şekerim vardı"
"and with the candles were boxes of matches"
"Ve mumlarla birlikte kibrit kutuları vardı"
"With this I have been able to live for two years"
"Bu sayede iki yıl yaşayabildim"
"But I have arrived at the end of my resources"
"Ama kaynaklarımın sonuna geldim"
"there is nothing left in the larder"
"Kilerde hiçbir şey kalmadı"
"and this candle is the last that remains"
"Ve bu mum kalan son mum"
"And after that what will we do?"
"Peki ondan sonra ne yapacağız?"
"oh my dear boy, Pinocchio," he cried
"Ah sevgili oğlum, Pinokyo," diye bağırdı
"After that we shall both remain in the dark"
"Bundan sonra ikimiz de karanlıkta kalacağız"
"Then, dear little papa there is no time to lose"
"O zaman sevgili küçük baba, kaybedecek zaman yok"
"We must think of a way of escaping"
"Bir kaçış yolu düşünmeliyiz"
"what way of escaping can we think of?"
"Hangi kaçış yolunu düşünebiliriz?"
"We must escape through the mouth of the Dog-Fish"
"Köpek Balığının Ağzından Kaçmalıyız"
"we must throw ourselves into the sea and swim away"
"Kendimizi denize atmalı ve yüzerek gitmeliyiz"
"You talk well, my dear Pinocchio"
"İyi konuşuyorsun sevgili Pinokyo"

"but I don't know how to swim"
"ama yüzmeyi bilmiyorum"
"What does that matter?" replied Pinocchio
"Ne önemi var ki?" diye yanıtladı Pinokyo
"I am a good swimmer," he suggested
"Ben iyi bir yüzücüm," diye önerdi
"you can get on my shoulders"
"Omuzlarıma binebilirsin"
"and I will carry you safely to shore"
"ve seni güvenli bir şekilde kıyıya taşıyacağım"
"All illusions, my boy!" replied Geppetto
"Bütün yanılsamalar, oğlum!" diye cevap verdi Geppetto
and he shook his head with a melancholy smile
Ve melankolik bir gülümsemeyle başını salladı
"my dear Pinocchio, you are scarcely a yard high"
"Sevgili Pinokyo, neredeyse bir metre yüksekliğindesin"
"how could you swim with me on your shoulders?"
"Benimle omuzlarında nasıl yüzebilirsin?"
"Try it and you will see!" replied Pinocchio
"Deneyin ve göreceksiniz!" diye yanıtladı Pinokyo
Without another word Pinocchio took the candle
Başka bir şey söylemeden Pinokyo mumu aldı
"Follow me, and don't be afraid"
"Beni takip et ve korkma"
and they walked for some time through the Dog-Fish
ve bir süre Köpek Balığı'nın içinde yürüdüler
they walked all the way through the stomach
Mideye kadar yürüdüler
and they were where the Dog-Fish's throat began
ve Köpek-Balık'ın boğazının başladığı yerdeydiler
and here they thought they should better stop
Ve burada durmaları gerektiğini düşündüler
and they thought about the best moment for escaping
Ve kaçmak için en güzel anı düşündüler
Now, I must tell you that the Dog-Fish was very old
Şimdi, size söylemeliyim ki, Köpek Balığı çok eskiydi
and he suffered from asthma and heart palpitations

ve astım ve kalp çarpıntısı çekiyordu
so he was obliged to sleep with his mouth open
Bu yüzden ağzı açık uyumak zorunda kaldı
and through his mouth they could see the starry sky
Ve ağzından yıldızlı gökyüzünü görebiliyorlardı
and the sea was lit up by beautiful moonlight
Ve deniz güzel ay ışığıyla aydınlandı
Pinocchio carefully and quietly turned to his father
Pinokyo dikkatlice ve sessizce babasına döndü
"This is the moment to escape," he whispered to him
"Şimdi kaçma anı," diye fısıldadı ona
"the Dog-Fish is sleeping like a dormouse"
"Köpek Balığı bir fındık faresi gibi uyuyor"
"the sea is calm, and it is as light as day"
"Deniz sakin ve gün gibi aydınlık"
"follow me, dear papa," he told him
"Beni takip et, sevgili baba," dedi ona
"and in a short time we shall be in safety"
"Ve kısa sürede güven içinde olacağız"
they climbed up the throat of the sea-monster
Deniz canavarının boğazına tırmandılar
and soon they reached his immense mouth
Ve çok geçmeden onun uçsuz bucaksız ağzına ulaştılar
so they began to walk on tiptoe down his tongue
Böylece sessizce yürümeye başladılar, dilinden aşağı
they were about to make the final leap
Son sıçramayı yapmak üzereydiler
the puppet turned around to his father
Kukla babasına döndü
"Get on my shoulders, dear Papa," he whispered
"Omuzlarıma çık sevgili babacığım," diye fısıldadı
"and put your arms tightly around my neck"
"Ve kollarını sıkıca boynuma dola"
"I will take care of the rest," he promised
"Gerisini ben halledeceğim" diye söz verdi
soon Geppetto was firmly settled on his son's shoulders
kısa süre sonra Geppetto oğlunun omuzlarına sıkıca yerleşti

Pinocchio took a moment to build up courage
Pinokyo cesaretini toplamak için biraz zaman ayırdı
and then he threw himself into the water
Ve sonra kendini suya attı
and began to swim away from the Dog-Fish
ve Köpek Babalığı'ndan yüzmeye başladı
The sea was as smooth as oil
Deniz yağ gibi pürüzsüzdü
the moon shone brilliantly in the sky
Ay gökyüzünde pırıl pırıl parlıyordu
and the Dog-Fish was in deep sleep
ve Köpek-Balık derin uykudaydı
even cannons wouldn't have awoken him
Toplar bile onu uyandıramazdı

Pinocchio at last Ceases to be a Puppet and Becomes a Boy
Pinokyo Sonunda Kukla Olmaktan Çıkıyor ve Erkek Oluyor

Pinocchio was swimming quickly towards the shore
Pinokyo hızla kıyıya doğru yüzüyordu.
Geppetto had his legs on his son's shoulders
Geppetto'nun bacakları oğlunun omuzlarındaydı
but Pinocchio discovered his father was trembling
ama Pinokyo babasının titrediğini keşfetti
he was shivering from cold as if in a fever
Soğuktan sanki ateşi varmış gibi titriyordu
but cold was not the only cause of his trembling
Ancak titremesinin tek nedeni soğuk değildi
Pinocchio thought the cause of the trembling was fear
Pinokyo, titremenin nedeninin korku olduğunu düşündü
and the Puppet tried to comfort his father
ve Kukla babasını teselli etmeye çalıştı
"Courage, papa! See how well I can swim?"
"Cesaret baba! Ne kadar iyi yüzebildiğimi görüyor musun?"
"In a few minutes we shall be safely on shore"
"Birkaç dakika içinde güvenli bir şekilde kıyıda olacağız"

but his father had a higher vantage point
Ama babasının daha yüksek bir bakış açısı vardı
"But where is this blessed shore?"
"Ama bu mübarek sahil nerede?"
and he became even more frightened
Ve daha da korktu
and he screwed up his eyes like a tailor
Ve bir terzi gibi gözlerini buruşturdu
when they thread string through a needle
bir iğneden ip geçirdiklerinde
"I have been looking in every direction"
"Her yöne bakıyordum"
"and I see nothing but the sky and the sea"
"ve ben gökyüzü ve denizden başka bir şey görmüyorum"
"But I see the shore as well," said the puppet
"Ama ben kıyıyı da görüyorum," dedi kukla
"You must know that I am like a cat"
"Bir kedi gibi olduğumu bilmelisin"
"I see better by night than by day"
"Geceleri gündüze göre daha iyi görüyorum"
Poor Pinocchio was making a pretence
Zavallı Pinokyo bir numara yapıyordu
he was trying to show optimism
İyimserlik göstermeye çalışıyordu
but in reality he was beginning to feel discouraged
Ama gerçekte cesareti kırılmaya başlamıştı
his strength was failing him rapidly
Gücü onu hızla başarısızlığa uğratıyordu
and he was gasping and panting for breath
Ve nefes nefese kalıyordu ve nefes nefese kalıyordu
He could not swim much further anymore
Artık daha fazla yüzemezdi
and the shore was still far off
Ve kıyı hala çok uzaktaydı
He swam until he had no breath left
Hiç nefesi kalmayana kadar yüzdü
and then he turned his head to Geppetto

ve sonra başını Geppetto'ya çevirdi
"Papa, help me, I am dying!" he said
"Baba, bana yardım et, ölüyorum!" dedi
The father and son were on the point of drowning
Baba ve oğul boğulma noktasına gelmişlerdi
but they heard a voice like an out of tune guitar
Ama akortsuz gitar gibi bir ses duydular
"Who is it that is dying?" said the voice
"Ölen kim?" dedi ses
"It is I, and my poor father!"
"Ben ve zavallı babam!"
"I know that voice! You are Pinocchio!"
"O sesi tanıyorum! Sen Pinokyo'sun!"
"Precisely; and you?" asked Pinocchio
"Kesinlikle; Ya sen?" diye sordu Pinokyo
"I am the Tunny Fish," said his prison companion
"Ben Ton Balığı'yım," dedi hapishane arkadaşı
"we met in the body of the Dog-Fish"
"Köpek-Balığın vücudunda tanıştık"
"And how did you manage to escape?"
"Peki kaçmayı nasıl başardın?"
"I followed your example"
"Senin örneğini takip ettim"
"You showed me the road"
"Bana yolu sen gösterdin"
"and I escaped after you"
"ve ben senin peşinden kaçtım"
"Tunny Fish, you have arrived at the right moment!"
"Tunny Fish, doğru zamanda geldiniz!"
"I implore you to help us or we are dead"
"Bize yardım etmen için yalvarıyorum yoksa ölürüz"
"I will help you willingly with all my heart"
"Sana tüm kalbimle seve seve yardım edeceğim"
"You must, both of you, take hold of my tail"
"İkiniz de kuyruğumu tutmalısınız"
"leave it to me to guide you
"Sana rehberlik etmeyi bana bırak

"I will take you both on shore in four minutes"
"İkinizi de dört dakika içinde kıyıya çıkaracağım"
I don't need to tell you how happy they were
Ne kadar mutlu olduklarını söylememe gerek yok
Geppetto and Pinocchio accepted the offer at once
Geppetto ve Pinokyo teklifi hemen kabul ettiler
but grabbing the tail was not the most comfortable
Ancak kuyruğu tutmak en rahat olanı değildi
so they got on the Tunny Fish's back
bu yüzden Ton Balığı'nın sırtına bindiler

The Tunny Fish did indeed take only four minutes
Ton Balığı gerçekten de sadece dört dakika sürdü
Pinocchio was the first to jump onto the land
Karaya ilk atlayan Pinokyo oldu
that way he could help his father off the fish
Bu şekilde babasının balıktan kurtulmasına yardım edebilirdi

He then turned to his friend the Tunny Fish
Daha sonra arkadaşı Ton Balığı'na döndü
"My friend, you have saved my papa's life"
"Arkadaşım, babamın hayatını kurtardın"
Pinocchio's voice was full of deep emotions
Pinokyo'nun sesi derin duygularla doluydu
"I can find no words with which to thank you properly"
"Size doğru dürüst teşekkür edecek kelime bulamıyorum"
"Permit me at least to give you a kiss"
"En azından sana bir öpücük vermeme izin ver"
"it is a sign of my eternal gratitude!"
"Bu benim sonsuz minnettarlığımın bir işaretidir!"
The Tunny put his head out of the water
Tunny başını sudan çıkardı
and Pinocchio knelt on the edge of the shore
ve Pinokyo kıyının kenarında diz çöktü
and he kissed him tenderly on the mouth
Ve onu şefkatle ağzından öptü
The Tunny Fish was not used to such warm affection
Ton Balığı bu kadar sıcak bir sevgiye alışkın değildi
he felt both very touched, but also ashamed
Hem çok duygulanmıştı hem de utanmıştı
because he had started crying like a small child
Çünkü küçük bir çocuk gibi ağlamaya başlamıştı
and he plunged back into the water and disappeared
Sonra tekrar suya daldı ve gözden kayboldu
By this time the day had dawned
Bu zamana kadar gün ağarmıştı
Geppetto had scarcely breath to stand
Geppetto'nun ayakta durmak için neredeyse nefesi yoktu
"Lean on my arm, dear papa, and let us go"
"Koluma yaslan sevgili baba ve gidelim"
"We will walk very slowly, like the ants"
"Karıncalar gibi çok yavaş yürüyeceğiz"
"and when we are tired we can rest by the wayside"
"Ve yorgun olduğumuzda yol kenarında dinlenebiliriz"
"And where shall we go?" asked Geppetto

"Peki nereye gidelim?" diye sordu Geppetto
"let us search for some house or cottage"
"Bir ev ya da yazlık arayalım"
"there they will give us some charity"
"Orada bize biraz sadaka verecekler"
"perhaps we will receive a mouthful of bread"
"Belki bir ağız dolusu ekmek alırız"
"and a little straw to serve as a bed"
"ve yatak görevi görecek küçük bir saman"
Pinocchio and his father hadn't walked very far
Pinokyo ve babası çok fazla yürümemişlerdi
they had seen two villainous-looking individuals
Kötü görünümlü iki kişi görmüşlerdi
the Cat and the Fox were at the road begging
Kedi ve Tilki yolda dileniyorlardı

but they were scarcely recognizable
ama neredeyse tanınmıyorlardı
the Cat had feigned blindness all her life
Kedi hayatı boyunca kör numarası yapmıştı
and now she became blind in reality
Ve şimdi gerçekte kör oldu

and a similar fate must have met the Fox
ve benzer bir kader Tilki'yi de karşılamış olmalı
his fur had gotten old and mangy
Kürkü yaşlanmış ve uyuzlaşmıştı
one of his sides was paralyzed
Yanlarından biri felç oldu
and he had not even his tail left
Ve kuyruğu bile kalmamıştı
he had fallen in the most squalid of misery
Sefaletin en sefil içine düşmüştü
and one fine day he was obliged to sell his tail
Ve güzel bir gün kuyruğunu satmak zorunda kaldı
a travelling peddler bought his beautiful tail
Gezgin bir seyyar satıcı güzel kuyruğunu satın aldı
and now his tail was used for chasing away flies
Ve şimdi kuyruğu sinekleri kovalamak için kullanılıyordu
"Oh, Pinocchio!" cried the Fox
"Ah, Pinokyo!" diye bağırdı Tilki
"give a little in charity to two poor, infirm people"
"İki fakir, güçsüz insana biraz sadaka verin"
"Infirm people," repeated the Cat
"Güçsüz insanlar," diye tekrarladı Kedi
"Be gone, impostors!" answered the puppet
"Gidin gidin sahtekarlar!" diye cevap verdi kukla
"You fooled me once with your tricks"
"Hilelerinle beni bir kez kandırdın"
"but you will never catch me again"
"Ama beni bir daha asla yakalayamayacaksın"
"this time you must believe us, Pinocchio"
"Bu sefer bize inanmalısın, Pinokyo"
"we are now poor and unfortunate indeed!"
"Artık gerçekten fakir ve talihsiziz!"
"If you are poor, you deserve it"
"Fakirsen, bunu hak ediyorsun"
and Pinocchio asked them to recollect a proverb
ve Pinokyo onlardan bir atasözünü hatırlamalarını istedi
"Stolen money never fructifies"

"Çalınan para asla meyve vermez"
"Be gone, impostors!" he told them
"Gidin gidin sahtekarlar!" dedi onlara
And Pinocchio and Geppetto went their way in peace
Ve Pinokyo ve Geppetto barış içinde yollarına gittiler
soon they had gone another hundred yards
Kısa süre sonra yüz metre daha gitmişlerdi
they saw a path going into a field
Bir tarlaya giden bir yol gördüler
and in the field they saw a nice little hut
Ve tarlada küçük ve güzel bir kulübe gördüler
the hut was made from tiles and straw and bricks
Kulübe kiremit, saman ve tuğladan yapılmıştır
"That hut must be inhabited by someone"
"O kulübede birileri yaşıyor olmalı"
"Let us go and knock at the door"
"Gidip kapıyı çalalım"
so they went and knocked at the door
Onlar da gidip kapıyı çaldılar
from in the hut came a little voice
Kulübeden küçük bir ses geldi
"who is there?" asked the little voice
"Kim var orada?" diye sordu küçük ses
Pinocchio answered to the little voice
Pinokyo küçük sese cevap verdi
"We are a poor father and son"
"Biz fakir bir baba ve oğluz"
"we are without bread and without a roof"
"Ekmeksiz ve çatısızız"
the same little voice spoke again:
Aynı küçük ses tekrar konuştu:
"Turn the key and the door will open"
"Anahtarı çevirin ve kapı açılacaktır"
Pinocchio turned the key and the door opened
Pinokyo anahtarı çevirdi ve kapı açıldı
They went in and looked around
İçeri girdiler ve etrafa baktılar

they looked here, there, and everywhere
Buraya, oraya ve her yere baktılar
but they could see no one in the hut
Ama kulübede kimseyi göremediler
Pinocchio was much surprised the hut was empty
Pinokyo kulübenin boş olmasına çok şaşırdı
"Oh! where is the master of the house?"
"Eyvah! Evin efendisi nerede?"
"Here I am, up here!" said the little voice
"İşte buradayım, buradayım!" dedi küçük ses
The father and son looked up to the ceiling
Baba ve oğul tavana baktılar
and on a beam they saw the talking little Cricket
ve bir kirişte konuşan küçük Cırcır Böceğini gördüler
"Oh, my dear little Cricket!" said Pinocchio
"Ah, benim sevgili küçük cırcır böceği!" dedi Pinokyo
and Pinocchio bowed politely to the little Cricket
ve Pinokyo küçük Cırcır Böceği'ne kibarca eğildi
"Ah! now you call me your dear little Cricket"
"Ah! şimdi bana sevgili küçük Kriket diyorsun"
"But do you remember when we first met?"
"Ama ilk tanıştığımız zamanı hatırlıyor musun?"
"you wanted me gone from your house"
"Evinden gitmemi istedin"
"and you threw the handle of a hammer at me"
"Ve sen bana bir çekicin sapını fırlattın"
"You are right, little Cricket! Chase me away also!"
"Haklısın küçük Kriket! Beni de kovala!"
"Throw the handle of a hammer at me"
"Bana bir çekicin sapını fırlat"
"but please, have pity on my poor papa"
"Ama lütfen, zavallı babama acıyın"
"I will have pity on both father and son"
"Hem babaya hem de oğula acıyacağım"
"but I wish to remind you of my ill treatment"
"ama size kötü muamelemi hatırlatmak istiyorum"
"the ill treatment I received from you"

"Sizden gördüğüm kötü muamele"
"but there's a lesson I want you to learn"
"ama öğrenmeni istediğim bir ders var"
"life in this world is not always easy"
"Bu dünyada hayat her zaman kolay değildir"
"when possible, we must be courteous to everyone"
"Mümkün olduğunda herkese karşı nazik olmalıyız"
"only so can we expect to receive courtesy"
"Ancak bu şekilde nezaket görmeyi bekleyebiliriz"
"because we never know when we might be in need"
"Çünkü ne zaman ihtiyaç duyacağımızı asla bilemeyiz"
"You are right, little Cricket, you are right"
"Haklısın küçük Kriket, haklısın"
"and I will bear in mind the lesson you have taught me"
"ve bana öğrettiğin dersi aklımda tutacağım"
"But tell me how you managed to buy this beautiful hut"
"Ama bana bu güzel kulübeyi nasıl satın almayı başardığını anlat"
"This hut was given to me yesterday"
"Bu kulübe bana dün verildi"
"the owner of the hut was a goat"
"KULÜBENİN SAHİBİ BİR KEÇİyİDİ"
"and she had wool of a beautiful blue colour"
"Ve güzel bir mavi renkte yünü vardı"
Pinocchio grew lively and curious at this news
Pinokyo bu haber üzerine canlandı ve merak etti
"And where has the goat gone?" asked Pinocchio
"Peki keçi nereye gitti?" diye sordu Pinokyo
"I do not know where she has gone"
"Nereye gittiğini bilmiyorum"
"And when will the goat come back?" asked Pinocchio
"Peki keçi ne zaman geri dönecek?" diye sordu Pinokyo
"oh she will never come back, I'm afraid"
"oh asla geri gelmeyecek, korkarım"
"she went away yesterday in great grief"
"Dün büyük bir üzüntü içinde gitti"
"her bleating seemed to want to say something"

"Melemesi bir şey söylemek istiyor gibiydi"
"Poor Pinocchio! I shall never see him again"
"Zavallı Pinokyo! Onu bir daha asla göremeyeceğim"
"by now the Dog-Fish must have devoured him!"
"Şimdiye kadar Köpek-Balık onu yutmuş olmalı!"
"Did the goat really say that?"
"Keçi bunu gerçekten söyledi mi?"
"Then it was she, the blue goat"
"Sonra o, mavi keçiydi"
"It was my dear little Fairy," exclaimed Pinocchio
"O benim sevgili küçük perimdi," diye haykırdı Pinokyo
and he cried and sobbed bitter tears
Ve ağladı ve acı gözyaşları döktü
When he had cried for some time he dried his eyes
Bir süre ağladıktan sonra gözlerini kuruladı
and he prepared a comfortable bed of straw for Geppetto
ve Geppetto için rahat bir saman yatağı hazırladı
Then he asked the Cricket for more help
Sonra Kriket'ten daha fazla yardım istedi
"Tell me, little Cricket, please"
"Söyle bana, küçük Kriket, lütfen"
"where can I find a tumbler of milk"
"bir bardak sütü nerede bulabilirim"
"my poor papa has not eaten all day"
"Zavallı babam bütün gün yemek yemedi"
"Three fields from here there lives a gardener"
"Buradan üç tarlada bir bahçıvan yaşıyor"
"the gardener is called Giangio"
"bahçıvanın adı Giangio"
"and in his garden he also has cows"
"Ve bahçesinde de var"
"he will let you have the milk you want"
"İstediğiniz sütü almanıza izin verecek"
Pinocchio ran all the way to Giangio's house
Pinokyo, Giangio'nun evine kadar koştu
and the gardener asked him:
Ve bahçıvan ona sordu:

"How much milk do you want?"
"Ne kadar süt istiyorsun?"
"I want a tumblerful," answered Pinocchio
"Bir bardak dolusu istiyorum," diye yanıtladı Pinokyo
"A tumbler of milk costs five cents"
"Bir bardak süt beş kuruşa mal oluyor"
"Begin by giving me the five cents"
"Bana beş sent vererek başla"
"I have not even one cent," replied Pinocchio
"Bir kuruşum bile yok," diye yanıtladı Pinokyo
and he was grieved from being so penniless
Ve bu kadar meteliksiz kaldığı için üzüldü
"That is bad, puppet," answered the gardener
"Bu kötü, kukla," diye cevap verdi bahçıvan
"If you have not one cent, I have not a drop of milk"
"Senin bir kuruşun yoksa, benim bir damla sütüm yok"
"I must have patience!" said Pinocchio
"Sabırlı olmalıyım!" dedi Pinokyo
and he turned to go again
Ve tekrar gitmek için döndü
"Wait a little," said Giangio
"Biraz bekle," dedi Giangio
"We can come to an arrangement together"
"Birlikte bir anlaşmaya varabiliriz"
"Will you undertake to turn the pumping machine?"
"Pompalama makinesini döndürmeyi taahhüt edecek misiniz?"
"What is the pumping machine?"
"Pompalama makinesi nedir?"
"It is a kind of wooden screw"
"Bir çeşit tahta vidası"
"it serves to draw up the water from the cistern"
"Sarnıçtan suyun çekilmesine hizmet ediyor"
"and then it waters the vegetables"
"Ve sonra sebzeleri suluyor"
"I can try to turn the pumping machine"
"Pompalama makinesini çalıştırmayı deneyebilirim"

"great, I need a hundred buckets of water"
"harika, yüz kova suya ihtiyacım var"
"and for the work you'll get a tumbler of milk"
"Ve iş için bir bardak süt alacaksın"
"we have an agreement," confirmed Pinocchio
"Bir anlaşmamız var," diye onayladı Pinokyo
Giangio then led Pinocchio to the kitchen garden
Giangio daha sonra Pinokyo'yu mutfak bahçesine götürdü
and he taught him how to turn the pumping machine
Ve ona pompalama makinesini nasıl çevireceğini öğretti
Pinocchio immediately began to work
Pinokyo hemen çalışmaya başladı
but a hundred buckets of water was a lot of work
Ama yüz kova su çok işti
the perspiration was pouring from his head
Başından ter akıyordu
Never before had he undergone such fatigue
Daha önce hiç böyle bir yorgunluk yaşamamıştı
the gardener came to see Pinocchio's progress
bahçıvan Pinokyo'nun ilerlemesini görmeye geldi
"my little donkey used to do this work"
"Benim küçük eşeğim bu işi yapardı"
"but the poor animal is dying"
"Ama zavallı hayvan ölüyor"
"Will you take me to see him?" said Pinocchio
"Beni onu görmeye götürür müsün?" dedi Pinokyo
"sure, please come to see my little donkey"
"Tabii, lütfen küçük eşeğimi görmeye gel"
Pinocchio went into the stable
Pinokyo ahıra girdi
and he saw a beautiful little donkey
Ve güzel bir küçük eşek gördü
but the donkey was stretched out on the straw
Ama eşek saman üzerine uzandı
he was worn out from hunger and overwork
Açlıktan ve fazla çalışmaktan bitkin düşmüştü
Pinocchio was much troubled by what he saw

Pinokyo gördüklerinden çok rahatsız oldu
"I am sure I know this little donkey!"
"Bu küçük eşeği tanıdığıma eminim!"
"His face is not new to me"
"Yüzü benim için yeni değil"
and Pinocchio came closer to the little Donkey
ve Pinokyo küçük Eşeğe yaklaştı
and he spoke to him in asinine language:
Ve onunla asinine bir dille konuştu:
"Who are you?" asked Pinocchio
"Sen kimsin?" diye sordu Pinokyo
the little donkey opened his dying eyes
Küçük Eşek ölmekte olan gözlerini açtı
and he answered in broken words in the same language:
Ve aynı dilde kırık dökük kelimelerle cevap verdi:
"I... am... Candle-wick"
"Ben... öyleyim... Mum fitili"
And, having again closed his eyes, he died
Ve tekrar gözlerini kapattıktan sonra öldü
"Oh, poor Candle-wick!" said Pinocchio
"Ah, zavallı Mum fitili!" dedi Pinokyo
and he took a handful of straw
Ve bir avuç saman aldı
and he dried a tear rolling down his face
Ve yüzünden aşağı yuvarlanan bir gözyaşı kurudu
the gardener had seen Pinocchio cry
bahçıvan Pinokyo'nun ağladığını görmüştü
"Do you grieve for a dead donkey?"
"Ölü bir eşek için üzülüyor musun?"
"it was not even your donkey"
"Eşeğin bile değildi"
"imagine how I must feel"
"Nasıl hissetmem gerektiğini hayal et"
Pinocchio tried to explain his grief
Pinokyo kederini açıklamaya çalıştı
"I must tell you, he was my friend!"
"Sana söylemeliyim ki, o benim arkadaşımdı!"

"Your friend?" wondered the gardener
"Arkadaşın mı?" diye merak etti bahçıvan
"yes, one of my school-fellows!"
"Evet, okul arkadaşlarımdan biri!"
"How?" shouted Giangio, laughing loudly
"Nasıl?" diye bağırdı Giangio, yüksek sesle gülerek
"Did you have donkeys for school-fellows?"
"Okul arkadaşları için eşekleriniz var mıydı?"
"I can imagine the wonderful school you went to!"
"Gittiğin harika okulu hayal edebiliyorum!"
The puppet felt mortified at these words
Kukla bu sözler karşısında utanç duydu
but Pinocchio did not answer the gardener
ama Pinokyo bahçıvana cevap vermedi
he took his warm tumbler of milk
Ilık süt bardağını aldı
and he returned back to the hut
Ve kulübeye geri döndü
for more than five months he got up at daybreak
Beş aydan fazla bir süre şafakta kalktı
every morning he turned the pumping machine
Her sabah pompalama makinesini çevirdi
and each day he earned a tumbler of milk
Ve her gün bir bardak süt kazandı
the milk was of great benefit to his father
Sütün babasına büyük faydası oldu
because his father was in a bad state of health
Çünkü babasının sağlık durumu kötüydü
but Pinocchio was now satisfied with working
ama Pinokyo artık çalışmaktan memnundu
during the daytime he still had time
Gündüzleri hala zamanı vardı
so he learned to make baskets of rushes
Böylece acele sepetleri yapmayı öğrendi
and he sold the baskets in the market
Ve sepetleri pazarda sattı
and the money covered all their expenses

Ve para tüm masraflarını karşıladı
he also constructed an elegant little wheel-chair
Ayrıca zarif bir küçük tekerlekli sandalye yaptı
and he took his father out in the wheel-chair
Ve babasını tekerlekli sandalyeye bindirerek dışarı çıkardı
and his father got to breathe fresh air
Ve babası temiz hava solumak zorunda kaldı
Pinocchio was a hard working boy
Pinokyo çalışkan bir çocuktu
and he was ingenious at finding work
Ve iş bulma konusunda ustaydı
he not only succeeded in helping his father
Sadece babasına yardım etmeyi başarmakla kalmadı
but he also managed to save five dollars
Ama aynı zamanda beş dolar tasarruf etmeyi de başardı
One morning he said to his father:
Bir sabah babasına şöyle dedi:
"I am going to the neighbouring market"
"Komşu pazara gidiyorum"
"I will buy myself a new jacket"
"Kendime yeni bir ceket alacağım"
"and I will buy a cap and pair of shoes"
"ve bir şapka ve bir çift ayakkabı alacağım"
and Pinocchio was in jolly spirits
ve Pinokyo neşeli bir ruh hali içindeydi
"when I return you'll think I'm a gentleman"
"Döndüğümde beni bir beyefendi sanacaksın"
And he began to run merrily and happily along
Ve neşeyle ve mutlu bir şekilde koşmaya başladı
All at once he heard himself called by name
Birdenbire kendisine ismiyle hitap edildiğini duydu
he turned around and what did he see?
Arkasını döndü ve ne gördü?
he saw a Snail crawling out from the hedge
çitten sürünerek çıkan bir salyangoz gördü
"Do you not know me?" asked the Snail
"Beni tanımıyor musun?" diye sordu Salyangoz

"I'm sure I know you," thought Pinocchio
"Eminim seni tanıyorum," diye düşündü Pinokyo
"and yet I don't know from where I know you"
"ve yine de seni nereden tanıdığımı bilmiyorum"
"Do you not remember the Snail?"
"Salyangozu hatırlamıyor musun?"
"the Snail who was a lady's-maid"
"Bir hanımın hizmetçisi olan Salyangoz"
"a maid to the Fairy with blue hair"
"Mavi saçlı Peri'nin hizmetçisi"
"Do you not remember when you knocked on the door?"
"Kapıyı ne zaman çaldığını hatırlamıyor musun?"
"and I came downstairs to let you in"
"ve seni içeri almak için aşağı indim"
"and you had your foot caught in the door"
"Ve ayağın kapıya takıldı"
"I remember it all," shouted Pinocchio
"Hepsini hatırlıyorum," diye bağırdı Pinokyo
"Tell me quickly, my beautiful little Snail"
"Çabuk söyle bana, benim güzel küçük Salyangozum"
"where have you left my good Fairy?"
"Nerede kaldın benim güzel Peri?"
"What is she doing?"
"O ne yapıyor?"
"Has she forgiven me?"
"Beni affetti mi?"
"Does she still remember me?"
"Beni hala hatırlıyor mu?"
"Does she still wish me well?"
"Hala bana iyi dileklerde bulunuyor mu?"
"Is she far from here?"
"Buradan uzakta mı?"
"Can I go and see her?"
"Gidip onu görebilir miyim?"
these were a lot of questions for a snail
Bunlar bir salyangoz için çok fazla soruydu
but she replied in her usual phlegmatic manner

Ama her zamanki soğukkanlı tavrıyla cevap verdi
"My dear Pinocchio," said the snail
"Sevgili Pinokyo," dedi salyangoz
"the poor Fairy is lying in bed at the hospital!"
"Zavallı Peri hastanede yatakta yatıyor!"
"At the hospital?" cried Pinocchio
"Hastanede mi?" diye bağırdı Pinokyo
"It is only too true," confirmed the snail
"Bu çok doğru," diye onayladı salyangoz
"she has been overtaken by a thousand misfortunes"
"Binlerce talihsizlik tarafından ele geçirildi"
"she has fallen seriously ill"
"Ciddi bir şekilde hastalandı"
"she has not even enough to buy herself a mouthful of bread"
"Kendine bir ağız dolusu ekmek alacak kadar bile yok"
"Is it really so?" worried Pinocchio
"Gerçekten öyle mi?" diye endişelendi Pinokyo
"Oh, what sorrow you have given me!"
"Ah, bana ne üzüntü verdin!"
"Oh, poor Fairy! Poor Fairy! Poor Fairy!"
"Ah, zavallı Peri! Zavallı Peri! Zavallı Peri!"
"If I had a million I would run and carry it to her"
"Bir milyonum olsaydı koşar ve ona götürürdüm"
"but I have only five dollars"
"ama sadece beş dolarım var"
"I was going to buy a new jacket"
"Yeni bir ceket alacaktım"
"Take my coins, beautiful Snail"
"Bozuk paralarımı al, güzel Salyangoz"
"and carry the coins at once to my good Fairy"
"ve paraları bir kerede benim güzel Perim'e götür"
"And your new jacket?" asked the snail
"Peki ya yeni ceketin?" diye sordu salyangoz
"What matters my new jacket?"
"Yeni ceketimin ne önemi var?"
"I would sell even these rags to help her"

"Ona yardım etmek için bu paçavraları bile satarım"
"Go, Snail, and be quick"
"Git, Salyangoz ve hızlı ol"
"return to this place, in two days"
"İki gün içinde bu yere dönün"
"I hope I can then give you some more money"
"Umarım o zaman sana biraz daha para verebilirim"
"Up to now I worked to help my papa"
"Şimdiye kadar babama yardım etmek için çalıştım"
"from today I will work five hours more"
"Bugünden itibaren beş saat daha çalışacağım"
"so that I can also help my good mamma"
"Böylece ben de iyi anneme yardım edebilirim"
"Good-bye, Snail," he said
"Güle güle Salyangoz," dedi
"I shall expect you in two days"
"İki gün içinde seni bekleyeceğim"
at this point the snail did something unusual
Bu noktada salyangoz alışılmadık bir şey yaptı
she didn't move at her usual pace
Her zamanki hızında hareket etmedi
she ran like a lizard across hot stones
Sıcak taşların arasında bir kertenkele gibi koştu
That evening Pinocchio sat up till midnight
O akşam Pinokyo gece yarısına kadar oturdu
and he made not eight baskets of rushes
Ve sekiz sepet acele etmedi
but be made sixteen baskets of rushes that night
ama o gece on altı sepet acele edilmeli
Then he went to bed and fell asleep
Sonra yatağa gitti ve uykuya daldı
And whilst he slept he thought of the Fairy
Ve uyurken Peri'yi düşündü
he saw the Fairy, smiling and beautiful
Peri'yi gülümseyen ve güzel gördü
and he dreamt she gave him a kiss
Ve rüyasında ona bir öpücük verdiğini gördü

"Well done, Pinocchio!" said the fairy
"Aferin Pinokyo!" dedi peri
"I will forgive you for all that is past"
"Geçmiş her şey için seni affedeceğim"
"To reward you for your good heart"
"İyi kalbiniz için sizi ödüllendirmek için"
"there are boys who minister tenderly to their parents"
"Anne babasına şefkatle bakan çocuklar var"
"they assist them in their misery and infirmities"
"Onların sefalet ve güçsüzlüklerinde onlara yardımcı oluyorlar"
"such boys are deserving of great praise and affection"
"Böyle çocuklar büyük övgü ve sevgiyi hak ediyor"
"even if they cannot be cited as examples of obedience"
"İtaat örneği olarak gösterilemeseler bile"
"even if their good behaviour is not always obvious"
"İyi davranışları her zaman açık olmasa bile"
"Try and do better in the future and you will be happy"
"Gelecekte daha iyisini yapmaya çalışın ve mutlu olacaksınız"
At this moment his dream ended
Şu anda rüyası sona erdi
and Pinocchio opened his eyes and awoke
ve Pinokyo gözlerini açtı ve uyandı
you should have been there for what happened next
Bundan sonra olanlar için orada olmalıydın
Pinocchio discovered that he was no longer a wooden puppet
Pinokyo artık tahta bir kukla olmadığını keşfetti
but he had become a real boy instead
ama onun yerine gerçek bir çocuk olmuştu
a real boy just like all other boys
Diğer tüm çocuklar gibi gerçek bir çocuk
Pinocchio glanced around the room
Pinokyo odanın etrafına baktı
but the straw walls of the hut had disappeared
Ama kulübenin saman duvarları yok olmuştu
now he was in a pretty little room

Şimdi şirin küçük bir odadaydı
Pinocchio jumped out of bed
Pinokyo yataktan fırladı
in the wardrobe he found a new suit of clothes
Gardıropta yeni bir takım elbise buldu
and there was a new cap and pair of boots
Ve yeni bir şapka ve bir çift bot vardı
and his new clothes fitted him beautifully
Ve yeni kıyafetleri ona çok yakıştı
he naturally put his hands in his pocket
Doğal olarak ellerini cebine koydu
and he pulled out a little ivory purse
Ve küçük bir fildişi çanta çıkardı
on on the purse were written these words:
Çantanın üzerinde şu sözler yazılıydı:
"From the Fairy with blue hair"
"Mavi Saçlı Peri'den"
"I return the five dollars to my dear Pinocchio"
"Beş doları sevgili Pinokyo'ya geri veriyorum"
"and I thank him for his good heart"
"ve ona iyi kalbi için teşekkür ediyorum"
He opened the purse to look inside
İçine bakmak için çantayı açtı
but there were not five dollars in the purse
Ama çantada beş dolar yoktu
instead there were fifty shining pieces of gold
bunun yerine elli parlayan altın parçası vardı
the coins had come fresh from the minting press
Madeni paralar darphane presinden yeni çıkmıştı
he then went and looked at himself in the mirror
Sonra gitti ve aynada kendine baktı
and he thought he was someone else
Ve kendini başka biri sanıyordu
because he no longer saw his usual reflection
çünkü artık her zamanki yansımasını görmüyordu
he no longer saw a wooden puppet in the mirror
Artık aynada tahta bir kukla görmüyordu

he was greeted instead by a different image
Bunun yerine farklı bir görüntü tarafından karşılandı
the image of a bright, intelligent boy
Parlak, zeki bir çocuğun görüntüsü
he had chestnut hair and blue eyes
Kestane rengi saçları ve mavi gözleri vardı
and he looked as happy as can be
Ve olabildiğince mutlu görünüyordu
as if it were the Easter holidays
sanki Paskalya tatiliymiş gibi
Pinocchio felt quite bewildered by it all
Pinokyo her şeyden oldukça şaşkın hissetti
he could not tell if he was really awake
Gerçekten uyanık olup olmadığını anlayamıyordu
maybe he was dreaming with his eyes open
Belki de gözleri açık rüya görüyordu
"Where can my papa be?" he exclaimed suddenly
"Babam nerede olabilir?" diye bağırdı aniden
and he went into the next room
Sonra yan odaya geçti
there he found old Geppetto quite well
orada yaşlı Geppetto'yu oldukça iyi buldu
he was lively, and in good humour
Hayat doluydu ve güler yüzlüydü
just as he had been formerly
Tıpkı daha önce olduğu gibi
He had already resumed his trade of wood-carving
Ahşap oymacılığı işine çoktan başlamıştı
and he was designing a beautiful picture frame
Ve çok güzel bir resim çerçevesi tasarlıyordu
there were leaves flowers and the heads of animals
Yapraklar, çiçekler ve hayvanların başları vardı
"Satisfy my curiosity, dear papa," said Pinocchio
"Merakımı gider, sevgili baba," dedi Pinokyo
and he threw his arms around his neck
ve kollarını boynuna attı
and he covered him with kisses

Ve onu öpücüklerle kapladı
"how can this sudden change be accounted for?"
"Bu ani değişim nasıl açıklanabilir?"
"it comes from all your good doing," answered Geppetto
"bu senin tüm iyiliklerinden geliyor," diye yanıtladı Geppetto
"how could it come from my good doing?"
"Bu benim iyiliğimden nasıl kaynaklanabilir?"
"something happens when naughty boys turn over a new leaf"
"Yaramaz çocuklar yeni bir sayfa açtığında bir şey olur"
"they bring contentment and happiness to their families"
"Böyle çocuklar ailelerine huzur ve mutluluk getirir"
"And where has the old wooden Pinocchio hidden himself?"
"Peki yaşlı tahta Pinokyo kendini nereye sakladı?"
"There he is," answered Geppetto
"İşte burada," diye yanıtladı Geppetto
and he pointed to a big puppet leaning against a chair
Ve bir sandalyeye yaslanmış büyük bir kuklayı işaret etti
the Puppet had its head on one side
Kuklanın başı bir taraftaydı
its arms were dangling at its sides
Kolları yanlarından sarkıyordu
and its legs were crossed and bent
ve bacakları çaprazlandı ve büküldü
it was really a miracle that it remained standing
Ayakta kalması gerçekten bir mucizeydi
Pinocchio turned and looked at it
Pinokyo döndü ve ona baktı
and he proclaimed with great complacency:
Ve büyük bir gönül rahatlığıyla ilan etti:
"How ridiculous I was when I was a puppet!"
"Kukla olduğumda ne kadar gülünçmüşüm!"
"And how glad I am that I have become a well-behaved little boy!"
"Ve iyi huylu küçük bir çocuk olduğum için ne kadar mutluyum!"

www.tranzlaty.com

www.ingramcontent.com/pod-product-compliance
Lightning Source LLC
Chambersburg PA
CBHW010019130526
44590CB00048B/3824